古田武彦
古代史コレクション
25

古田武彦 著

邪馬一国への道標

ミネルヴァ書房

刊行のことば

いま、なぜ古田武彦なのか――

古田武彦の古代史探究への歩みは、論文「邪馬壹国」（『史学雑誌』七八巻九号、一九六九年）から始まった。その後の『「邪馬台国」はなかった』（一九七一年）『失われた九州王朝』（一九七三年）『盗まれた神話』（一九七五年）の初期三部作と併せ、当時の「邪馬台国論争」に大きな一石を投じた。〈今まで「邪馬台国」という言葉を聞いてきた人よ。この本を読んだあとは、「邪馬一国」と書いてほしい。しゃべってほしい。…〉（『「邪馬台国」はなかった』文庫版によせて）という言葉が象徴するように、氏の理論の眼目「邪馬一国論」はそれまでの定説を根底からくつがえすものであった。

しかも、女王の都するところ「博多湾岸と周辺部」という、近畿説・九州説いずれの立場にもなかった所在地は、学界のみならず、一般の多くの古代史ファンにも新鮮な驚きと強烈な衝撃を与えたのである。

こうして古田説の登場によって、それまでの邪馬台国論争は、新たな段階に入ったかに思われた。古田説とは、⑴従来の古代史学の方法論のあやうさへの問い、⑵定説をめぐるタブーへのあくなき挑戦、⑶真実に対する真摯な取り組み、⑷大胆な仮説とその論証の手堅さ、を中核とし、我田引水と牽強付会に終始する従来の学説と無縁であることは、今日まで続々と発表されてきた諸著作をひもとけば明らかであろう。古田氏によって、邪馬台国「論争」は乗り越えられたのである。しかし、氏の提起する根元的な問いかけの数々に、学界はまともに応えてきたとはいいがたい。

われわれは、改めて問う。古田氏を抜きにして、論争は成立しうるのか。今までの、古田説があたかも存在しないかのような学界のあり方や論争の進め方は、科学としての古代史を標榜する限り公正ではなかろう。

ここにわれわれは、古田史学のこれまでの諸成果を「古田武彦・古代史コレクション」として順次復刊刊行し、大方の読者にその正否をゆだねたいと思う。そして名実ともに大いなる「論争」が起こりきたらんことを切望する次第である。

二〇一〇年一月

ミネルヴァ書房

復刊によせて

二〇一五年十月十四日、古田武彦氏が逝去されました。先生が日本古代史研究に遺された数々の業績、その独自性は当代にならぶもののないものでした。傑出した知性がこの世を去ったことを悔やみながらも、いまはただ、故人が安らかな眠りについていることを祈るばかりです。

私が古田先生に始めて直接お目にかかったのは古田先生の講演会でした。そこで、「神話は史実の伝承で、神武東侵の話はリアルだ」と筋道立った話を聞き、教科書に墨を塗らされ神話も神武天皇も嘘だったと敗戦後の教育によって教え込まれた私は、「そうだったのか、戦後の歴史学も間違っていたのか」と目から鱗が落ち「古田武彦と古代史を研究する会」（東京古田会）に入りました。以後四十年の間、古田先生の首都圏のほとんどの講演会、研究会に出席し、七ヶ国を含む国内外の旅行にも参加しその声咳に接してきました。

古田武彦が古代史の世界に本格的に姿を現したのは昭和四〇年代、宮崎康平著『まぼろしの邪馬台国』が五十万部を売る大ベストセラーとなったことをきっかけに、邪馬台国論争が白熱していた頃です。『「邪馬台国」はなかった』『失われた九州王朝』『盗まれた神話』の古田史学三部作が出版され、古田武彦の説く「邪馬壹国・九州王朝」説の全貌が提示されるや、世間の定説派から批判が相次ぎ、烈々たる論争が交わされました。それらの論争をまとめたのが『邪馬壹国の論理』（昭和五十年刊）です。

それにつづいて刊行されたのが、本書『邪馬一国への道標』。本書は、前四書の論文調の文体から一転して、一般の読者に語りかけるようにわかり易い文章で書かれています。他方その内容は非常に精密な論理に裏打ちされており、中国の典籍、史料を駆使した論証の連続などで、読者は数字パズルの迷宮へ誘い込まれてしまうかもしれません。しかしながら、やがて迷宮を抜け出すと今まで想像もしなかった古代史の新たな風景が読者の目の前に広がるのです。

その白眉は『論衡』をめぐる考察でしょう。

「周の時、倭人鬯草を貢す」「成王の時、倭人暢を貢す」とある『論衡』の著者王充は後漢西暦二七年の生まれ。他方、「楽浪海中、倭人有り」とある『漢書』地理志を書いた班固は西暦三二年生まれで両者は五歳違いの同時代人でした。周代に貢献を行った倭人と漢代の楽浪郡に姿を現した倭人。両者を結ぶ媒介は二人が共に学んだ太学と後漢光武帝の「金印授与のイベント」です。二人の意味する倭人は「あの金印を授与された倭人」ということで共通していました。そうした論理を積み重ね、縄文時代から七世紀まで中国と国交してきたのは一貫して九州王朝であったことがはっきり提示されるのです。

古田史学の方法論は鍵となる単語の全数調査です。例えば『三国志』全六十五巻中の「壹《いち》」（八十六個）、「臺《だい》」（五十八個、のち二例追加）を抜き出したところ、両者がとりちがえられている例は皆無でした。『「邪馬台国」はなかった』ではこの厳然たる事実をベースにして「邪馬壹国」が論証されています。本書でも『三国志』の「住《とどま》る」「暦年」「統属」、『後漢書』の「大乱」等の用法調査が話題となっています。

そもそも、「臺」でなく「壹」であるべきで間違ってはいけないと力説するのには、深い意味があるのです。

『三国志』の版本、紹興本も紹熙本も「邪馬臺国」ではなく「邪馬壹国」とあります。それに対し、壹は「いち」で「と」に通じないけれど臺（台）は「と」に通じると思われました。壹を臺（台）に直せば「大和《やまと》」と読めるではないかと言ったのは江戸時代の京都の医師松下見林でした。「日本の中心は大和にいらっしゃる天皇だ、中心は大和だ。『ヤマト』と読めなければならない」と原文を改定しているのです。本居宣長も邪馬臺（やまと）としています。

日本列島は永遠の昔から近畿天皇家が中心というイデオロギーを「論証無用」の前提としてきた戦前の「皇国史観」の亡霊はいまだに日本古代史学界を支配しているようです。九州王朝を認めることは、万世一系の天皇家を否定することに通じますから、邪馬台国を信じる大学教授やジャーナリストたちは古田史学に抵抗を続けるでしょう。

それに対し、自然科学者や法曹界の人たちは概して古田説に好意的です。本書に掲載されているSF作家小松左京氏との対談からも両者の波長がよく合っていることが伝わってきます。

古田先生が逝去されたため、本書には「古代史コレクション」で毎巻付されていた書下ろしの論考「日本の生きた歴史」は収録されていません。その内容は、古田史学におけるキイワードの解説、新知見の紹介、学問の方法論、批判への反論、質問への回答、選ばれた論文の掲載といったことでした。発刊ごとに新しい驚きで楽しく学ばせていただきました。古田先生の最新の研究状況を読者に届ける貴重な場所であっただけに、「日本の生きた歴史」がこれ以上読めなくなったことは非常に残念でなりません。

平成二十七年十二月一日

古田武彦と古代史を研究する会　会長　藤沢　徹

はじめに

　わたしが第一作『「邪馬台国」はなかった』を世に問うてから、はや十年余。その後も、孤立の道を歩んできました。古代史の諸大家の説に訣別《けつべつ》し、学界の一隅に身を置くことをせず、ただ自分自身のために、ひとつひとつの真実を求めつづけてきたのです。

　自分という、ささやかな人間の目で〝なるほど、そうだ〟とうなずけるものだけ、珠玉として掌《たなごころ》の中ににぎりしめ、これを喜びとし、他はかえりみませんでした。このようなわたしの姿を偏狭とし、冷笑をかたむけ、てんぜんと無視してきた学界や文筆界の大家たち。しかし、それらはすべて予期したこと。わたしには今さら何の感慨もさそいませんでした。

　けれども、そのようなわたしに向かって、淋しくはないか、と問われれば、すぐさま「否！」と答えをかえすことができます。なぜなら、わたしのまわりには、若い友人やささやかな家族たちがいます。彼らはわたしの新しい思いつきを聞いて、あるいはうなずき、あるいは容赦なくかぶりをふってくれるのです。ですから、その人々はわたしにとって〝無上の師〟なのです。女や子供や青年たち、また年老いた賢明な人たち。――わたしの学問の、尽きざる源泉に、わたしはいつも囲まれているのですから。

　その上、第一作を世に出してから、予期しなかった経験に遭遇しました。多くの読者たちからの、ひっきりなしの手紙。それには真率《しんそつ》な反応の渦《うず》があふれ、あるいは孤立のわたしを慰め、あるいは静かに激励し、いつもわたしを支えてくれる、力強い大樹となっています。

さらに一昨年来、東京や大阪に自然発生的に楽しい会が生れました。読者の会です。それらの会に招かれて、わたしの語ったこと、またこの本を書いてゆく中で――いつものことですが――偶然見つけた、新しい課題。それらがここに盛られています。よく見ていただければ、それらには無数の新たな探究への光源がふくまれていることをお目にとめていただけることと思います。わたしが発見した新倭国史料の重要な断片、それらの数々をこの本の中ではじめて明確に報告できたことを喜びとします。

ですが、この本の最大のねらい、それは次の一点です。かみしもを全くぬぎすてて読者のひとりひとりの方とじっくりお話してみよう。そういった感じで一行一行書きこんでいったことです。〝こんな話、あるか〟と憤慨していただいても結構。ここからさらに新しいアイデアをふくらまして下さっても、なお結構。要するにこれがわたしの、いつわらぬ今の声なのです。竹の林の朝夕の風の中からこぼれ落ち、ひろいあげたひとつ、ひとつ。このわたしのつぶやきがどなたかの胸の底深くにとどくなら、――それほどの幸せはありません。

最後に、小松左京さんとの対談をこの本にのせることができたのは、望外の幸。久しぶり、談論風発の喜びを味わいました。

なお、この文庫本を出すについて、市川端さん（講談社）と松田達さん（角川書店）をはじめ、お世話になった関係の方々に深い感謝をささげたいと思います。

昭和五十七年五月下旬

著者

邪馬一国への道標

目次

目　次

＊本書は『邪馬一国への道標』（角川文庫、一九八二年）を底本とし、「復刊によせて」を新たに加えたものである。なお、本文中に出てくる参照ページには適宜修正を加えた。

序章　邪馬一国探究に憑かれて

思索への道標

昭和五十二年（一九七七）の暮れから新発見がつづいています。古代史の文献方面と言わず、考古学方面と言わず、目まぐるしく新局面があらわれ、それこそ〝応接にいとまがない〟感じです。久しく遠ざかっていた私自身の研究テーマ・親鸞《しんらん》についてさえ、続々〝新史料〟の再発見があり、「何でこんなことが、今までに発見されなかったんだろう」と思う昨今なのです。

この六〜七月など、寝ても覚めても、あまり〝新発見や再発見〟がつづくので、私の単純な頭の機械が焼け切れそうで、〝頭よ止まれ！〟と思わず叫びたくなったほどでした。どうも、〝私〟が考えているのではない。ただ〝考え〟が私の頭を借り切っているだけなのではないか、そんな気ちがいじみた想念さえ浮かびました。そこで、今のうちにそれを書きとめておこう、と思い立ったのです。それもこれまでのような文体《スタイル》じゃない。ザックバランな語り口で……。

今までの私の古代史の本は、言ってみれば二正面作戦でした（『「邪馬台国」はなかった』『失われた九州王朝』『盗まれた神話』『邪馬壹国の論理』）。

片一方に専門家たち、学者、大家先生方の〝批判の目〟があります。今までの日本の古代史の〝間《ま》尺《しゃく》にあわない〟とてつもない結論を次々と展開するのですから、二重、三重に論証の装備をしなければ、嘲笑《わらわ》れてしまいます。「これでもか、これでもか」と、論証に論証を重ねて全身〝針ねずみ〟のように身がまえたのです。ところが、他の一方には読者がいます。もってまわった論文調の物の言い方でなく、率直に、ストレートに書きすすめてゆかなければ、とても〝読めた〟ものではありません。

もっとも、この〝率直な書き口〟は、わたし自身にとってすごく有益でした。もってまわった論文調なら〝ごまかせる〟ところが、ごまかせないのです。「……だ」と書いたとたん、「なぜそうなのだ」という反問が、自分の中から生れます。それがわたしを、しばしば新局面へと導いたのです。それはともあれ、こんな二正面作戦のため、少々本が〝重苦しく〟なったことはやむをえません。あのような内容の本の場合、それは、とりうる〝唯一の選択〟だったかもしれませんが――。

今回は、それとはちがったやり方をしたい、そう思っています。もっとストレートに〝語り〟たいのです。たとえば、洛西の竹藪の片ほとりの、わたしの住まいに、わざわざ訪れて下さった熱心な読者の方があった、とします。たった一人で、朝も夕も探究にとりくんでいるわたしは、〝人恋しい〟思いになっていて、最近の自分が到達した発見を、次々語り出すかもしれません。何も、もってまわった前おきやかたくるしい〝重装備〟なしに、ひとつ、ひとつ、自分が当面し、目撃してきた課題を〝投げ出してゆく〟でしょう。

そんな風に、この本でも〝語り〟たいのです。ですから、わたしの書斎（というほどのものではありませんが）の中で、本に埋もれて、たった二人くらいしか坐《すわ》れない場所で、わたしと向いあっている、そんな感じで〝聞いて〟下さったら、幸いです。

わたしの動機

五十一年はわたしにとって〝変った〟年でした。来る夜も来る朝も、昼中も、ズーッと机の前に坐って、大きな英語の辞書と首っ引き。そんな毎日でした。

『Man across the Sea』というアメリカの考古学の本です。五十二年の初夏、『倭人も太平洋を渡った』という訳書名で、東京の創世記から刊行されましたから、ご覧いただいた方もあるか、と思います。

C. L. ライリー編『倭人も太平洋を渡った』のカバー

この作業は、存外、わたしにとって楽しい仕事でした。英語を習いはじめの中学生よろしく、〝一字一字全部辞書で引く覚悟〟ではじめたのですが、ひとつひとつの論文の〝言葉のひだ〟を読みとれた、と思うとき、何とも言えず愉快でした。

江戸末期、杉田玄白の書いた、あの『蘭学事始《らんがくことはじめ》』に出てくる、有名な挿話《エピソード》がありますね。「フルヘッヘンド」というのが何を意味する言葉か。みんな手さぐりで四苦八苦する話です。あれ、さながら……。たとえば一例。〝pre-Anyan〟などという単語が出てきましたが、辞書にありません。わたしの手持ちの辞書類や百科事典などをさんざん渉猟しても、全く見当もつきません。あげくの果て、ギリシア語やラテン語の辞書まで引っぱり出す始末でしたが、やはり駄目。京大の図書館などであちら（米、英）の大百科辞典など種々探しあぐねてもわからず、ある朝、ふとしたきっかけで、〝Anyan〟は「安陽《あんよう》」という中国の地名だ、と気づいたときのうれしさ。飛びあがりました。

安陽は、有名な殷墟《いんきょ》が出土した地域です。ですから、そこから出土しながら、いわゆる殷の時代をさらにさかのぼる地層から出た遺物。それを呼んだ言葉だったのです。そこで、「先殷期」と訳しました。わたしたちは、その時期が中国の古典で「夏《か》」と呼ばれていたことを知っています。そう、あの聖天子・禹《う》が創建した、と伝えられる夏王朝。あの時代です。

話が横道に入りましたが、本筋にもどりましょう。

天然の通路

この本を訳してゆく中で、わたしがハッと思った個所。それは次の言葉です。「世界の島、海岸、そして河岸の多くの住民にとって、水は彼等を〝隔てる〟ものではなかった。水はむしろ彼等を〝結合〟したのだ」(『倭人も太平洋を渡った』一四九頁)。これは一九六五年、C・R・エドワーズという学者がのべた言葉です。

「もし何一つない海をへだてて二つの陸領域が相対しているならば、その分布は、真の意味では正に連続的なのである」(同右一五五頁)。これは、この本の中でももっとも精力的な力作を〝ものしている〟スティーブン・C・ジェットの言葉です。この二人の言いたいことは一つ。「海は、文明の伝播にとって、〝障害〟ではない。見事な、天然の通路なのだ」と。同じ立場から、すばらしいスケールの〝思想〟をしめしたのは、ソビエトの学者アルティウノフです。彼は一九六六年、一つの〝造語〟を発表しました——「アメロトララシア」(Amerautralasia)。

ご存じの方もあると思いますが、「アフロユーラシア」という造語があります。アフリカとユーラシア大陸(ヨーロッパ、近東)とを〝打って一丸として〟、一語としたものです。何のために。地中海を

〝アフロユーラシアの内海〟だ、と考えるために、です。アルティウノフは、このアイデアを拡大しました。アメリカ両大陸（America）と大洋州（Australia）とアジア（Asia）とを、〝打って一丸とした〟のです。そして言ったのです。「太平洋は、アメロトララシアの内海だ」と（右書一五五頁）。

言われてみれば、その通り。何の変哲もない話ですが、何とスケールの大きな〝造語〟でしょう、〝思想〟でしょう。その太平洋の一隅の島々に住む、わたしたち日本人の学者の中から、このアイデアが生れなかったのが不思議です。何か〝お恥かしい〟感じさえします。

わたしは、五十二年のはじめ、ＮＨＫの「スタジオ１０２」で話したとき、このアルティウノフの説を紹介しました。ただし、「アメロトララシア」では、日本人には一口に言いにくい。言ってみても、憶《おぼ》えにくい。そこで、日本人向きに〝造語し直して〟みました――「アジメリア」と。そう、やはりアジアとアメリカとオーストラリアを〝とりまとめた〟ものです。これなら、日本人にも言いやすい、と思うのですが――。

中国海

そのとき、わたしは考えました。「中国大陸と朝鮮半島と日本列島（九州と沖縄）に囲まれた海」――これも「内海」ではないか、と。そして東アジアの歴史を考える上で、この「内海」のもつ意義は絶大なのではないか、と。

朝鮮半島の歴史も、日本列島の歴史も、この「内海」の存在を抜きにして語れないのではないでしょうか。はるか悠遠な古代も――、そして現代も。ところが、この「内海」には、包括的《トータル》な名前がありません。北の方が渤海《ぼっかい》、真ん中が黄海、南の方が東シナ海。しかし、全体の名前がないのです。そこで〝造る〟ことにしました。――「中国海」です。お隣りの日本海や朝鮮海峡に比べてみても、これしかない。わたしにはそう思えたのです。

中国大陸の東岸域が、この三つの海にズーッと臨んでいるのですから、まず妥当な〝命名〟ではないか。自画自讃めいて恐縮なのですが、これがわたしの気持でした。とすると、中国、朝鮮半島、日本列島の三つは、〝中国海を内海とする〟文明圏だ。こういうことになります。これは東アジアの歴史を考える上で〝地政的に（政治現象と地理的条件との関係、といった目から）〟根本的な視点ではないでしょうか。

先達があります。「環東シナ海文明圏」という言葉です。古代史家国分直一《こくぶなおいち》さんだったでしょうか。「環太平洋圏」という言葉にならって作られたものと思います。中国の江南と朝鮮半島南部、九州、沖縄列島が東シナ海を媒介として結ばれていた、――こういう〝思想〟でしょう。その通りです。たとえば有名な「稲の道」を考える上でも、これは欠かせぬ見地でしょう。

しかし、この〝思想〟は、もっと大胆に拡大する必要があります。――「環中国海圏」です。これが東アジアの歴史の中で、いつも〝活気ある一世界〟として存在しつづけていたのです。

新しい探究

さて、わたしは翻訳という、苦しいけれど、なぜか心楽しい作業の中でいつも一つのフラストレーション（欲求不満）をもちつづけていました。「自分も、日本の古代史の探究に再びとりくみたい」。そういう気持がうずうずして、おさえきれませんでした。

一つには、目の前の「原文」の中で、アメリカの考古学者たちが自由に大胆闊達に自分自分のイメージをふくらませた刺戟《しげき》的な論議をくりひろげていたからでしょう。「自分も、その論議の中に入って一緒に論争したい」。〝翻訳者〟としては不謹慎な願いかもしれませんが、そういう〝自分の中の声〟と闘いながら、作業をつづけていたのです。そんな状況でしたから、昨年の秋の末、翻訳が終ると同時に、日本の古代史の森の中に、待ちかねたように飛びこんでいきました。ちょうど、真夏の太陽の中の旅人がオアシスをひそめた森のたたずまいを見つけたときのように。

わたしは京大の人文科学研究所の図書館に行き、『論衡《ろんこう》』という本を探し求めました。中国の古典などでは東洋で、否、全世界で屈指の所蔵量とその質を誇っている、ここは、わたしにとってまことに有難い〝宝庫〟です。目録をくると、すぐ何種類かの『論衡』が出てきました。それを借り出して閲覧室で読み進むうち、わたしはハッと胸を突かれました。他人《ひと》が見たら、きっと〝顔色を変えて〟いたにちがいありません。

——やがて夕暮れ。閉館時間になって晩秋の京都の冷え冷えした空気の中に立ったとき、わたしは興奮が全身を〝熱く〟ひたしているのを感じていました。

第一章　縄文の謎の扉を開く

縄文人が周王朝に貢献した――『論衡』をめぐって

わたしがこの本（論衡《ろんこう》）を〝目指した〟理由は、他でもありません。ここには、不思議な、気になる文句があるのを知っていたからです。

「周の時、天下太平、越裳《えっしょう》白雉《はくち》を献じ、倭人鬯草《ちょうそう》を貢す」（巻八、儒増篇）

「成王の時、越常《えっしょう》、雉《きじ》を献じ、倭人暢《ちょう》を貢す」（巻一九、恢国篇《かいこく》）

倭人の周代貢献

「ああ、これか。これなら知っている」。こうお思いの方もきっとありましょう。たとえば岩波文庫の『魏志倭人伝《ぎしわじんでん》』などの冒頭の解説でも、紹介されていますから。古代史好きの方なら、あちこちで〝目に触れた〟ことがあるかもしれません。けれども、ここに書かれた記事は、日本の古代史の学界では史実として認められていません。その証拠に、中学や高校の教科書でも、日本の古代史の史実として、最初に載せられているのは、ご存じの、次の一節です。

「楽浪《らくろう》海中、倭人有り。分れて百余国を為《な》す。歳時《さいじ》を以《もっ》て来り献見《けんけん》すと云う」（漢書地理志、燕地《えん》）

夷有以也師古曰論語稱孔子曰道不行乘桴浮於海從我者其由也與言欲乘桴筏而適東夷以其國有仁賢之化可以行道也桴音孚筏音伐夫樂浪海中有倭人分爲百餘國以歲時來獻見云如淳曰如墨委面在帶方東南萬里臣瓚曰倭是國名不謂用墨故謂之委也師古曰如淳云如墨委面蓋音委字耳此音非也倭音一戈反今猶有倭國魏略云倭在帶方東南大海中依山島爲國度海千里復有國皆倭種自危四度至斗六度謂之析木之次燕之分也齊地虚危之分野也東有甾川東萊琅邪高密膠東南

前漢地理志八下　二十九　徐淨

之言生稟自然此亦漢家所稟厚也絶而復屬死而復生世有死而復生之人人必謂之神漢統絶而復屬光武存亡可謂優矣武王伐紂庸蜀之夷佐戰牧野成王之時越常獻雉倭人貢暢幽厲衰微戎狄攻周平王東走以避其難至漢四夷朝貢孝平元始元年越常重譯獻白雉一黑雉二夫以

儒書言夏之方盛也遠方圖物貢金九牧鑄鼎象物而爲之備故入山澤不逢惡物用辟神姦故能叶於上下以承天休夫金之性物也用遠方貢之爲美鑄以爲鼎用象百物之奇安能入山澤不逢惡物辟除神姦乎周時天下太平越裳獻白雉倭人貢鬯草食白雉服鬯草不能除凶金鼎之器安

左から「楽浪海中有倭人」（漢書地理志），「成王之時越常献雉倭人貢暢」（論衡），「倭人貢鬯草」（論衡）

これが前漢末から後漢初頭、つまり西暦紀元前後の史実だ、というわけです。右の岩波文庫の解説（東大の和田清、石原道博さんによるもの）にも、そう書いてあります。つまり、〝倭人が中国に貢献する〟などというのは、日本列島では、弥生時代、中国では漢代がせいぜいのところだ。それ以前の周代など、そんなことはありえない。第一、日本列島では縄文時代の真っ最中じゃないか。そんなころ、「貢献」なんて。とんでもない話だ。これが今日までの日本の学界の通念、いわば「定説」だった、といっていいでしょう。

戦後の教科書は、その「定説」に従って書かれているのです。

従来の少数派

　もっとも、この史料を、のっけから否定する「定説」とはちがって、この記事に〝何がしかの信憑性〟を認め、この史料をもとに、自分の論をたてている、少数派もいます。たとえば、騎馬民族説で有名な江上波夫《えがみなみお》さん。江上さんはここで「倭人」の貢献物だとされている「鬯草」もしくは「暢草」なるものに目をつけます。

「鬯《ちょう》。黒黍《くろきび》を醸《かも》して酒と為す、鬯と曰《い》う。芳草を築き以て煮《に》る、鬱《うつ》と曰う。鬱を以て鬯に合し、鬱鬯と為す。之《これ》に因《よ》りて草を鬱金《うつこん》と曰い、亦《また》鬯草と曰う」（説文通訓定声）

　このように、この草は、中国の鬱林《うつりん》郡の名産の鬱金草だ、という解釈から、この「倭人」とは、鬱林郡に遠からぬ江南近辺に住んでいた種族だろう、と推定されます。つまり、日本列島の「倭人」ではないわけです。もっとも〝そのあと、この種族が日本列島へ民族移動したのではないか〟というあたり、いかにも江上さんらしい雄大な論法となるのですが、ともかく「日本列島→中国本土」という、貢献ルートではないわけです（『続日本古代史の謎』朝日新聞社刊所収講演）。

　もう一人の少数派、井上秀雄《いのうえひでお》さんとなると、もっと〝明確〟です。江上さんの言われるように、この「倭人」は〝江南の倭人〟だ。つまり〝古代の東アジアでは「倭人」と言っても、いろいろあったのだ。このわたしたちの祖先にかかわりのある「日本列島の倭人」には限らない〟というわけです。この立場から、のちにふれますように、東アジアの中の各地に「倭人」なるものの存在を〝想定〟しておられます。

――わたしはこれを「倭人多元説」と呼んでいます（井上秀雄『任那日本府と倭』東出版）。

　いずれにせよ、江上さんも井上さんも、せっかくこの記事に〝史料としての価値〟を認めて下さったものの、そのまま素直に〝日本列島の倭人〟〝わたしたちが聞き馴れている、あの倭人〟とは認められないのです。

このような研究界の情勢は、わたしも知っていました。知ってはいましたものの、わたし自身〝なるほど〟と〝胸におちる〟ものがまだありませんでした。たとえば「定説」の場合、そんな、史実でもないデタラメな記事を、なぜ『論衡』という本は載せたのだろう。その本の作者の作り話なのだろうか。それとも無責任な流言蜚語《ひご》のたぐいを、軽率に載せただけなのだろうか。つまり、その本の作者は無責任な記事収集家にすぎないような人物なのだろうかと。

一方の江上説の場合、その「倭人」が江南から日本列島へ民族移動した、という確証があるのだろうか。彼らが稲をもって渡来したという確証は？　では、なぜ〝江南の文物〟がもっと弥生期のはじめの九州などに現われないのだろう。中国文明圏の中にいたその「江南の倭人」なるものは、周末か漢初になっても、「文字」も知らなかったのか。

もし「文字」を知っていたなら、九州などの弥生期の開始と共に、中国式の「文字文明」も突如発生していいはずだ。また「文字」は別にしても、〝江南の食器・江南の住居様式・江南の祭祀物〟などが、突如九州などにはじまってもいいはずだ。――しかし、それはない。それに第一、「江南の倭人」渡来以前の、日本列島の原住民は何と呼ばれていたのだろう。「倭人」ではなかったのか、と。井上説も同じです。

古代の東アジアには、日本列島以外にも、各地に「倭人」と呼ばれる種族がいた、とします。では、それらの種族はその後、どこへ消えていったのか。それとも、突如種族名を変えてしまったのか。それは、なぜ。またそのことを中国という、あのとてつもない記録文明の主《ぬし》たちは、一切目をつぶっていて記録しようとしなかったのか。――そういった疑問が雲のように湧きおこってきます。

井上さんは、つい一昨年までわたしと同じ町（京都府向日市《むこう》）に住んでおられました。五つ辻《つじ》という、文字通り五つの道路の寄り集まった所、この町のかつての中心でしょうが、そのそばに住んでおられました。わたしは朝鮮半島関係の史料で何か疑問がおこると、すぐ井上さんの所へ飛んでゆきました。そうすると、いつも快く疑問に答えて下さったり、史料を貸して下さったのです。そしてそのつど古代史の問題について、お互いにいろいろと話し合っていたこと、それは楽しい思い出です。

だが、この「倭人多元説」については、――今や古代史通の方々には、おなじみになった説ですけれども、――何かわたしには〝ふっ切れない思い〟で残っていたのです。以上がこれまでのわたしの状況でした。簡単に言えば、大きな「?」がわたしの心の中にあったのです。それを今回新たに〝調べてみよう〟と思い立ったのは、ほかでもありません。あの翻訳の刺激です。

中国海を考える

古代東アジアで「中国海文明圏」というものが成立していたとすれば、その起源は相当に古いはずです。何しろ、そういう〝内海地形〟ができたのは、そんなに〝最近〟のことではないのですから（蓋培史石「黄河の水は江戸に通じる」〈人民中国、一九七七年十月〉は、「一～二万年前ごろは、最後の氷河期が訪れ、黄海が陸化していた時代だ」と、その立場から中国大陸と日本列島の文物《旧石器時代後期》の相似について論じています）。

あのエバンズ夫妻の、有名な南米エクアドルへの日本縄文土器波及論。エクアドルの西海岸、バルディビア遺跡に続々と出土した縄文式土器。それが日本列島の土器文化が伝播したしるしであるとすれば……。それは紀元前三〇〇〇～二〇〇〇年。実に縄文中期のことです。「あつものにこりてなますを吹く」のたとえ通り、「日本から世界へ」という矢印の方向をもつ影響などに対しては、一種のアレルギー症状を呈してきた、わたしたち敗戦後の日本人の物の考え方からすると辟易《へきえき》（しりごみ）させられるような、この学説ですが、現在のところ日本列島が地球上でも最古の土器製作地に属している、どうころんでも世界の中で屈指の古さをもつ土器生産地の一つであることは疑えない、という考古学上の事実を冷静に見つめれば、この学説を簡単には否定できないはずです(『倭人も太平洋を渡った』所収のエバンズ夫妻論文参照)。もっとも、この場合、長大な太平洋の海流、つまり黒潮から北太平洋海流に至るルートを、果して縄文人が利用できたかどうか。——こういう問題がおきて、これこそ右の本の主要テーマなのですが、それは今はさておきましょう。

これに比べれば、いま問題の中国海など、ほんの〝ささやか〟なものです。ことに九州と朝鮮半島の間など、まさに一衣帯水。これをしも、〝縄文人には渡れなかった〟と断定するとしたら、もはやその人は〝アメリカの原住者(いわゆるアメリカインディアン)が広い意味でモンゴロイドである〟という、現今一般的な考え方すら、否定するはめとなりましょう。なぜなら、少なくともあのベーリング海峡くらい渡らなくては、とてもアジアのモンゴロイドがアメリカ大陸へ行くことはできませんから(しかし、この本では、アメリカの新しい人類学者・考古学者たちは、この「ベーリング海峡渡海」を自明とする説を否定し、代って太平洋の〝潮流と風〟による渡来説をのべているのですが、詳細は右の本にゆずります)。

ともあれ、こんな壮大な地球的規模の大交流に比べると、いま問題の中国海交流や朝鮮海峡交流など、問題にならない、ささやかな海の領域です。これをしも、この間の古代交流を断乎《だんこ》否定するような論者がありとすれば、よほど〝勇敢な〟独断主義者《ドグマチスト》だ。——わたしには、そう思われたのです。このように考えてくると、もしわが縄文人がすでに中国大陸の文明と交流していたとしても、何の不思議もない。そういう筋道になるはずです。しかしこれは一つの〝理屈〟にすぎません。

何かそれを確かめる〝痕跡《こんせき》〟はあるか。ところがその受けとめ手は、無類の記録主義者、中国文明です。とすると、そこに何か〝記録されている〟可能性がないわけではない。ここまで考えがすすんできたとき、突如わたしの頭にひらめいたもの――、それがあの『論衡』の一節だったのです。
といっても「それがこれだ」、直ちにそう考える〝勇気〟はとてもわたしにはありませんでした。なぜなら、こんな古い時期の記録など、たとえあったとしても、〝そうかどうか分らない〟身元不明の断片として存在する。そんなところが関の山だ。わたしの中の常識的な状勢論が絶えずそうつぶやいていたからです。だから、『論衡』にその一句があるにはあったとしても、その史料としての信憑性を確かめることなど、まず無理だろう。九十九パーセントまで。わたしにはそう思われました。

だが、残りの一パーセントを、無駄でもいい、確かめてみよう。――それが翻訳を終え、人文科学研究所の図書館へ向ったときの、わたしの偽らぬ心理でした。

骨太い批判

わたしをハッとさせたのは、問題の一句をふくむ文脈でした。先にあげた巻八、儒増篇の「周の時、天下太平……」の一句のあと、次のように文章はつづきます。

「白雉《はくち》を食し、鬯草《ちょうそう》を服するも、凶を除く能《あた》わず」

白雉を献じたという越裳《えっしょう》とは、「交阯《こうち》の南」、つまり安南の南部にあった国。周公の居摂《きょせつ》六年白雉を献じた、と記録されています（後漢書、南蛮伝）。

この献上された白雉は、中国（周）の天子たちによって〝食べられた〟もののようです。つまり、これを食べれば、〝吉を招き凶を除く〟ことができる、と信ぜられたのでしょう。いわゆる〝縁起物〟です。

同じく鬯草の場合、「鬯」とは、「におひざけ」で、くろきびでつくった酒（詩経。大雅や周礼〈春官〉の注記にあらわれています）、これは神にそなえる酒だ、と言います。そして「鬯草」とは、その神酒にひたす、香りのいい草のことです（例の「鬱金草」も、その一つです）。

周の天子たちは、〝縁起物〟としてこれを飲んだもののようです（「服」は服用）。そしてこの香草を献上したのが問題の「倭人《わじん》」というわけです。ところが、それは〝効き目がなかった〟とここに書かれているのです。「凶を除く能わず」の一語がそれをしめします。なぜ、それが分るのか。ほかでもない、その周王朝は現に〝滅んだ〟からです。この『論衡』が書かれたのは漢代（後漢）ですから、すでに周が亡《ほろ》び、秦《しん》も滅亡した後です。ですから〝周滅亡〟は誰疑う者とてない、既定事実です。けれども、なぜ、それが「白雉」や「鬯草」の〝効き目〟と関係するのか。

思うに、これらの〝縁起物〟は、ただ天子ひとり、その〝個人の吉凶〟のためには限らなかったようです。つまり、その王朝自体が永遠に継続し、繁栄すること、それが真の「吉」だと考えられていたわけです。ですから、その〝縁起物〟服用も、天子個人の利己的行為（延命など）にとどまらず、「権力の永続」という、いつの世の権力者もとり憑かれた、あの最終願望を反映するものだったのでしょう。とすると、「周王朝滅亡」という現実は、この縁起物に効き目のなかった証拠。この本の著者はこう考えているのです。

さらにこの著者は、周の王朝のシンボルであった「鼎《かなえ》」についても言及し、それらも結局、周王朝に福をもたらすことができなかった（「福を致す能わず」）とのべ、それらの鼎（「九鼎《てい》」、つまりこの宝物は九つあった、と言います）の行方について、

「秦《しん》、周を滅ぼし、周の九鼎、秦に入る」

と記しています。これは『史記』（封禅書《ほうぜんしょ》）や『漢書』（郊祀志《こうしし》）にも見える記事です。つまり、この著者は「これら周の王朝の天子たちが霊能あり、と信じたものは、すべて空しかったのだ」と論断しているのです。

要するに、後漢代の〝合理主義〟の立場からする、周王朝の〝迷信〟信奉主義への批判です。簡潔な筆致で明確にのべられているその論旨の骨太さに、わたしは目を見張りました。このような〝合理主義〟の伝統は、もちろん漢以前に遡《さかのぼ》ります。たとえば『論語』の有名な言葉、

「子曰《いわ》く、怪力乱神を語らず」

「子曰く、人に事《つか》うる能わず。況《いわ》んや鬼神に事えんや」

も、その例です。周代中葉、その内部にすでにこのような〝合理主義〟が語られていたのです。しかし、ひたすら〝周王朝への忠誠〟を説いた孔子の口からは、当然のことながら、このような周王朝批判は語られませんでした。「青は藍《あい》より出《い》でて藍より青し」、わたしにはそういった感じさえしたのです。

さて、わたしにとって目をそらせることができなかったのは、次の一点でした。この著者が周王朝の迷信批判論の証拠として、この「倭人の鬯草貢献」を使っていることです。ということは、「この本の読者の間でこのことは周王朝の史実として疑われていない」——この著者はそう信じて筆をすすめているのです。「読者」とは、後漢当時の「読書階級」つまりインテリです。この「著者」もまた、当然その一人、と言っていいでしょう。とすると、「越裳の白雉、倭人の鬯草」が周王朝に貢献されていた——当時のインテリの間でそれは通念だったことになります。

それでなければこの著者の、こんな直截《ちょくせつ》な論法は、生れようがない。わたしにはそう思われたのです。

わたしは今までこう感じていました。従来、日本の学者の文の中に出てくるとき、断片的な言葉だけは引用されてはいるが、あまり信用されていない。とすると、もちろん『論衡』という本の中にこの句はたしかにあるにはあっても、たいして信用できるような形じゃないのだろう。おそらく無責任な伝聞

か、人目を引く奇語、珍談の類を造作して書きつけてみた、そんな程度の書き方なのだろう、――と。それこそ根拠のない、漠《ばく》たる印象なのですが、そんな感じがわたしの頭を占め、先入観となっていたのです。ですから、実際に『論衡』を見、その骨太い論理の礎石としてこの一句がズッシリとすえられているのを見たとき、わたしは全身からスーッと血の気が引いてゆくような緊張を覚えたのです。

この著者は誰だ。わたしの関心はまっすぐこの点に向いはじめました。後漢の王《おう》充《じゅう》という人物だ、ということは知っていたのですが、その王充が何者か、さっぱり知らなかったのです。

『論衡《ろんこう》』の自叙伝

中国の厖大な古代記録群。つまり「本」の中には、著者名は分っているが、その素性《すじょう》、経歴など一切伝わっていない。そういう〝名前だけ遺している〟人々は数多いのです。もしかしたらこの人も、それでは？　こういうわたしの危惧は、この本を読みすすむうち、僥倖《ぎょうこう》にも見事に粉砕されました。この本の最末巻である第三十巻、この巻全部が著者の自伝だったのです。こんなことは、日本の本ではあまりありません。日本人の〝テレ性《しょう》〟のせいなのか、自分の著作の最後を堂々と自分の自伝で飾る。そんな本は珍しいでしょう。

わたしが三十代の日々をうちこんだ親鸞。そのライフ・ワークというべき『教行信証』の末尾には、後序《こうじょ》と呼ばれる文章があり、そこに親鸞自身の自叙伝ようの部分があります。これが実は、親鸞の二十九歳、三十三歳、三十九歳、五十二歳の各年代に自分で書いた文章をこの本を書くとき連結してこの文面を作ったものだ、ということを、わたしは史料批判の結果、明らかにしました（古田『親鸞思想――その史料批判』冨山房刊）。ですが、これとてわずか五五四字。〝もっと精《くわ》しく書いておいてくれれば、こんなに苦労しなくてすむのに〟史料批判のための分析と調査を積み重ねながら、何度そう思ったかしれません。

親鸞伝でいつも研究者がみんなひっかかる、彼の妻の問題もそうです。一人説、二人説、三人説とまことに〝かまびすしい〟。五十二年の夏、幸いにもこの問題の根源に至る史料批判の道が見出されたのですが、こんな苦労も、本人がハッキリ叙述してくれていれば、はじめから雲散霧消です。

こんなぐちを言ってみても、仕方ありません。それが歴史学という学問の宿命ですから。でも、時にはそうぐちりたくなるほど、日本人は己を語ることをいさぎよしとしない〝歴史研究者泣かせ〟の性分のようです。

もっとも中国でも、すべてそうだ、いつも自己を語っている、というわけではありません。たとえば、『三国志』の著者、陳寿《ちんじゅ》が書いた自叙伝が出現したら、わたしたちは〝狂喜〟するでしょう。少なくとも倭人伝の記述の背景が明るみに出され、分析は格段に進展すること、疑いなしです。孔子が書いた、とされる歴史書『春秋』にも、もし孔子自身が執筆した自叙伝が付せられていたら、これは興味津々たるものとなりましょう。もっとも、例の論語にある「吾《われ》、十有五にして学に志し、……」は世界でもっとも簡潔な精神の自叙伝だとは、言えましょうけれども。

中国の正史でも、自叙伝つきのものはあります。たとえば『宋書』。例の五世紀、倭の五王を記録した同時代史書。『三国志』に次ぐ重要な倭国史料です。この『宋書』の末尾には、著者沈約《ちんやく》の詳細な自叙伝がやはり丸一巻分、付せられています。倭人伝ですら、「『三国志』全体から倭人伝を見る」という視点が従来は欠けていたのですから、「倭の五王を『宋書』全体から見る」という視点が乏しかったのは、当然かもしれません。

従ってこの沈約自叙伝も、日本の古代史研究者に、それほど注目されずに来たのです。ともあれ、王充には、みずからの手による自叙伝があります。その上、有難いことにのちにのべるように『後漢書』などにも「王充伝」があるのです。

先輩と後輩

脇道はこのくらいにして本筋にもどりましょう。『論衡』第三十巻の自叙伝によると、王充は揚子江《ようすこう》下流の会稽上虞《かいけいじょうぐ》の生れ。例の会稽山麓《さんろく》の町。後漢の光武帝の建武三年、つまり西暦二七年が彼の生年です。また彼のルーツは、魏郡《ぎぐん》の元城だったといいます。祖父の汎《はん》が「世の擾乱《じょうらん》」を避けてここ（会稽上虞）に移ってきたのだと彼は語っています。でも、ここで彼の全生涯を詳しくのべる必要はありますまい。まっすぐ、論証のキイ・ポイントに迫ってゆきましょう。

まず、わたしが目を見張ったのは、あの『漢書』の著者班固《はんこ》との関係です。班固は建武八年（西暦三二）の生れですから、王充とは五つちがいです。その上二人の間には――これは自叙伝の中ではありませんが――面白いエピソードが伝えられています。

「班固、年十三。王充、之《これ》を見、其《そ》の背を拊《ふ》して彪《ひょう》に謂《い》って曰《いわ》く、『此《こ》の児、必ず漢事を記さん』と」

これは王充の自叙伝ではなく、『後漢書』の一節です。『後漢書』といっても、あの范曄《はんよう》が書いた分ではなく、三世紀呉《ご》の人、謝承《しゃしょう》の書いた同名の本です。その全体は現存していませんが、注記に引用されたりした断片だけが伝わっているのです。この一句は范曄の『後漢書』に付せられた唐の李賢注《りけんちゅう》（二十四史百衲《のう》本）によるものです。

史料として言えば、五世紀に書かれた范曄の『後漢書』以上に信憑できましょう。後漢の直後の三国代に書かれたものである上、謝承は会稽、山陰の人。つまり王充と同郷です。王充は後半生は郷里の間にあって『論衡』の筆を続けたようですから、謝承はその遺風の影響下に育ったのかもしれません（謝承の姉は、呉の孫権の夫人です）。

さて、このエピソードを解読してみましょう。「班固が十三歳のとき、五つ年上の王充がその班固の背をなでながら、班固の父親の班彪《はんひょう》に言った。『見てなさい、こいつは今に漢の歴史を書く男になりますよ』と」。班彪は、『史記』をうけついで『漢書』を作ることを志し、光武帝にこれを許された人物です。いささか〝役者〟がそろいすぎている感じで、この話の信憑性を疑う人もあります(たとえば黄暉《こうき》撰『論衡校釈』)が、わたしにはそうとも思われません。

第一、この王充の言葉はそれほど、大それた内容の予言ではありません。「こいつはよく勉強する。それに歴史が好きだ。きっと史官か記録官の試験にパスするぜ」。こういった感じです。時は漢代。記録官になれば「漢事を記する」のは、あたりまえのことです。決して史上一、二を争う歴史学の名著であるあの『漢書』の作者となることを予言した、などというものではない。洛陽《らくよう》の学生たちの間でのほほえましいエピソードにすぎません。

この点、のちの『抱朴子《ほうぼくし》』(晋、葛洪《かっこう》撰)では、同じ話が、「王仲任(充の字《あざな》)、班固の背を撫でて曰く『此の児、必ず天下の知名と為《な》らん』と」ということになっていよいよ〝名著漢書の作者〟への予言めいてきます。まさに話に〝尾ひれが加わった〟わけです(葛洪は四世紀前半、東晋《とうしん》のはじめの人ですから、三世紀の呉の謝承よりあとです)。それだけ〝尾ひれ〟のつかない謝承の記事の信憑性がますわけです。ですが、今はこの些々《ささ》たるエピソードそのものの信憑性が問題なのではありません。要は王充と班固が五つちがいで、ほぼ同世代の人物であったこと。共に洛陽の光武帝が創設した「太学」に学んでいたこと。このことはこの二人の伝(范曄の後漢書など)や自叙伝から見ても動かせない事実です。つまり、二人は「同世代のインテリ」だったのです。ということは、『論衡』と『漢書』は、ともに同時代の同一の読者に対して書かれている。このことを意味します。つまり、「一世紀後半の後漢の高級官僚やインテリ」という、読書階級が対象なのです。

とすると、一方の『漢書』で、「楽浪海中に倭人有り……」と書き、他方の『論衡』で、「倭人、鬯草を貢す」と書いてあるとき、同じ読者は当然〝同じ倭人〟として読むのではないでしょうか。また著者たち自身も、そう受け取られることを百も承知で、書いているのではないでしょうか。そうでなければ、たとえば王充は「江南の倭人」といった形容句を入れるはずです。これはいとも簡単すぎる操作ではないでしょうか。

同様に『漢書』の倭人記事が班固ひとりの〝秘密の知識〟で、太学に学んだ二人の「共有の教養」ではなかった。――そう想定するのも不自然な話です。同じ「倭人」という単語を使っても、両者の実体は全く別。こんな理解は、何とも〝強引な区分け〟ではないでしょうか。してみると、この『論衡』で「鬯草を献じた」とされている「倭人」もまた、「楽浪海中」にありとされる、あのおなじみの「倭人」だ。――わたしは自然にそう結論せざるをえなかったのです。

金印は証言する

このようなわたしの探究にクッキリした新たな道標が現われました。それは「金印」をめぐるテーマです。そう、志賀島《しかのしま》（福岡県）から出土した金印です。「漢委奴国王」の五字が刻まれた、あの印が建武中元二年（五七）、後漢の光武帝から倭人に与えられたのは、有名な話です（これを定説のように「漢の委《わ》の奴《な》の国王」と読むのはあやまり。「漢の委奴《いどぬ》の国王」と読むべきです。このことは『失われた九州王朝』で論証しました）。

この金印が与えられたとき、いま問題の二人、王充と班固の二人はどこにいたのでしょうか。幸いに王充の所在をしめす史料があります。

「充、幼にして聡《そう》朗、太学に詣《いた》る。天子の辟雍《へきよう》に臨《のぞ》むを観《み》、六儒《りくじゅ》論を作る」（袁山松「後漢書」）

袁山松《えんざんしょう》は東晋、四世紀の人ですが、この人も『後漢書』を作りました。やはり現存していませんが、右の一節は范曄《はんよう》の『後漢書』の李賢注《りけんちゅう》に引用されたため、現代のわたしたちの眼前に残っています。

さて「天子の辟雍に臨むを観」とある「辟雍」とは太学の中央にあって「大射の礼」を行うところだといいます。これが完成したのは、光武帝の死んだ建武中元二年の翌々年。明帝の永平二年（五九）のことです。

「（永平二年、十月）辟雍に幸し、初めて養老の礼を行う」（後漢書、明帝紀）

王充はこの盛儀を見て、「六儒論」を作った、というのですから、当然このとき「洛陽《らくよう》にいた」ことになります。つまり「太学」にいたわけです。ときに三十三歳です。ですから、その前々年、三十一歳のとき、建武中元二年も、やはり洛陽の「太学」にあって「倭人への金印授与を見ていた」ことになります。なぜ、こんな微細な年時にこだわるか、というと、このあと王充は郷里（会稽《かいけい》）に帰り、以後、中央に出てこないからです。しかし、右の史料のしめすとおり、「金印授与」の頃には、まだ洛陽にいたのです。

これに対し、班固の方はどうでしょう。建武三十年（五四）、父の彪《ひょう》が死に、郷里（扶風《ふふう》郡の安陵県。長安の近く）に帰った、といいますから、この三年あとの「金印授与」の年には、もしかしたら洛陽にいなかったかも知れません。しかし、やがて永平年間、明帝に見出されて「郎・典校秘書」となり、「蘭臺令史《らんだいれいし》」に叙せられ、着々と中央の第一級史官としての道を歩みはじめたことは、彼自身、『漢書』末尾の自叙伝（巻百上、下）で語る通りですから、建武中元二年の「倭人への金印授与」についても、朝廷内の最上の資料に接していたこと、言うまでもありません。

わたしがこんなことをくどくど言うのは、なぜかと言いますと、王充にとっても、班固にとっても、

滇王の印

「倭人」と言えば、〝つい、この間、光武帝から金印を与えられた、あの倭人〟というイメージだった。そのことを立証するためです。

金印というものは、それほど頻繁に与えられるものではありません。中国の印書、印譜類を見るとすぐ分りますが、圧倒的にほとんど大部分は銅印。銀印はほんのわずか。次は鍍金《ときん》（金メッキ）印。これもわずかです。文字通りの金印となると、まさに稀有と言えましょう。ことに「夷蛮《いばん》」の国王に与えられた金印となると、今までに発見されているのは、東西たった一つずつ。一つは江戸時代天明年間に出土した、我が志賀島の金印。もう一つは戦後、中国の雲南省の滇池《てんち》のそばから出土した滇王《てんおう》の印。いずれも漢の天子から与えられたものです（当時は滇池付近も「夷蛮」の地だったわけです）。

というような状況ですから、〝夷蛮の国王に金印が与えられた〟というのは、注目すべき〝事件〟だったわけです。漢の王朝としては、〝遠方の夷蛮の王者が服属してきたのは、漢の天子の徳が天帝に認められた証拠〟としてコマーシャルしたかったわけで、盛大な儀式の中でこれらの金印が授与されたことと思われます。

ちょっとつけ加えますが、このような「金印授与」は、楽浪郡治《らくろうぐんち》（ピョンヤン付近）といった、〝中継地〟で行われるものではありません。その夷蛮の王の使者が都（後漢では洛陽）に来て、〝天子に拝謁〟して行われるのが原則です。

志賀島の金印のときも、

「（建武中元二年、春正月）東夷の倭奴国王、使を遣わして奉献す」（後漢書、光武帝紀下）

「建武中元二年、倭奴国、奉貢朝賀す。……光武、賜うに印綬《いんじゅ》を以てす」（後漢書、倭伝）とあるように、「朝賀」というのが、それ（朝廷への直接の拝謁）をしめしています。単に「貢献」なら、楽浪郡治へ行けば、それでいいのですが、それとこれとはちがうのです。この点、『三国志』の魏志倭人伝にも、その冒頭に、

「倭人は帯方東南大海の中に在り。……漢の時朝見する者有り」

というのは、同一の事実（朝廷への直接の拝謁）を指していたわけです。

この事実は、今のべたように王充、班固のよく知るところ。そして何よりも当時の洛陽のインテリたち、つまり当時の読者にとって鮮烈な印象を与えられた〝最近の事件〟だった。すなわち、「倭人」と言えば、当然〝あの、金印を与えられた倭人〟だったのです。――この一点をわたしは確認したかったのです。すなわち、〝周の時、鬯草を献じた〟とされているのは、「志賀島の金印の倭人」だ。わたしたちは、意図的な後代の〝読みかえ〟をやめ、原著者王充の意思を尊重する限り、率直にそう理解するほかはないのです。

伝播の証明

〝倭人の身元は分った。「鬯草貢献」が後漢代の常識だったことも認めよう。だが、だからと言って、それが本当に史実だった、と言えるのか〟。そう問い返される人もありましょう。この問いに対する、わたしの答えをズバリ言いましょう。〝どうも、史実と見る可能性が高い〟と。なぜなら、短い秦の王朝四十年あまりをはさんで、周王朝は漢の〝直前の王朝〟と言っていいくらいです。ですから、その王朝のことが、漢代に〝著者と読者間に周知の事実〟といった形で書かれている。とすると、これは事実である可能性は高い、と考えなければなりません。ことに周も漢も〝文字による記録〟を行う、十二分の実力をもった王朝なのですから（今、残っている記録は、「偶然の神々」の

掌《てのひら》にこぼれた遺存物にすぎません)。

それにこれを〝裏づける〟かに見える考古学的な徴証も、チラホラ散見するのが分ってきました。たとえば明刀銭。周代、東北端の国、燕《えん》の通貨だと言われています。今の北京を都とした国ですが、この通貨が日本列島内にあちこち、出土するのです。沖縄の城岳《ぐすくだけ》貝塚から発見されたのは、有名ですが、ほかにも広島県三原などからも出土したと伝えられています。また鹿児島県広田の貝製装身具もよく知られています。弥生中・後期の出土とされているものですが、その模様は、殷《いん》周の銅器の、あの饕餮文《とうてつもん》を思わせます。これらは殷末、周初のものが多く、日本の弥生期とはかなりな〝時のへだたり〟があります。ところが、フト気がついたのですが、やはり例の燕の瓦に、これとソックリな文様があったのです。これなら、地理的にも時間的にも、先の明刀銭と相重なる関連です。

燕の瓦(燕の下都出土)
『図説中国の歴史1』講談社刊より

少なくとも〝周末の戦国期から日本の弥生期へ〟という〝文化伝播〟の徴証が見られるのです。中国で文様が「伝世」して漢代に〝伝播〟してきたのか、それとも周代に日本列島へ〝伝播〟して日本側で「伝世」したのか。この量の〝少なさ〟のために確定はできませんが、何しろ、日本列島内に周王朝の統属下の一国である、東北端の燕文化が〝侵入〟した形跡は、歴然として疑えません。あっちこっちに「侵入者」のにおいが残っている。そんな感じなのです。ですから、わたしはこの『論衡』の記述の史料としての〝身元の確かさ〟が分ってきた今、〝これは迂闊に疑えないぞ。少なくとも、周末、戦国期あたりとして、なら〟。——こう考えたのです。

『山海経《せんがいきょう》』の秘密

燕と倭との関係をしめす、見のがせぬ史料があります。『山海経』です。

「蓋国《がい》は鉅燕《きょえん》の南、倭の北に在り、倭は燕に属す」（山海経、海内北経）

「蓋国」というのは、朝鮮半島の国です。『三国志』の魏志東沃沮伝《ぎしひがしよくそ》に、

「東沃沮は高句麗《こうくり》の蓋馬大山の東に在り」

とありますように、高句麗の故地に「蓋《がい》」という国があったようです。中国では「蓋」という姓があります（広韻《こういん》）。

「蓋氏、斉の大夫より出《い》ず。采《さい》を蓋より食し、邑《ゆう》を以て氏と為す」（古今姓氏書弁証）

中国海の北部（黄海）をはさんで西岸に蓋氏、東岸に蓋国。この両者の交渉は極めて興味深いところです。ですが、今その問題はさておき、蓋国が朝鮮半島北半（ピョンヤンあたり）を中心とする国であったことは、十分に察せられます（「鉅燕《きょえん》」の「鉅」は「巨」と同じで、〝大きい〟の意。戦国期には北京を中心に鴨緑江《おうりょっこう》北辺にまでのびていたとされています）。

さて、その「蓋国」は「倭の北に在り」と書かれています。これは〝海をへだてて倭と相対している〟といった表現ではなく、むしろ直接〝陸上で接している〟といった感じです。少なくとも「鉅燕の南」というのと、一対《つい》、同列の表現です。とすると、〝この「倭」とは、朝鮮半島南半の国ではないか〟。こういう理解が自然に生れます。

事実、井上秀雄さんなどは、例の「倭人多元説」の立場から、〝当時代、朝鮮半島内の朝鮮人を「倭人」と呼んでいるのだ〟という理解をとっておられます（井上秀雄『古代朝鮮』）。しかしこれも、客観的な文献処理からは、従いにくいところです。なぜなら、この『山海経』は周代、戦国期の成立で、前漢期に増補された、と言われます。それが前漢末の大歴史家、司馬遷《しばせん》によって、『史記』にも引用されて

います。

従って、後漢はじめの人たる、班固や王充にとっても、この『山海経』は、必須の教養のもと、共有の知識を与えた地理書だったはずです。ということは、班固や王充にとって「倭」と言えば、まず第一にこの『山海経』の一節。これを思い浮べたのではないでしょうか。そして同時代の読者もまた。

すなわち、「楽浪《らくろう》海中に倭人有り」も、「倭人鬯草を貢す」も、既存の知識との関係で言えば、いずれも「『山海経』に、蓋国の南にあり、とされた、あの『倭』は」という意味だったはずです。少なくとも、読者はそう受け取った。ですから、もし〝それとは別〟の、同名の国や人を指したい、と思ったら、当然そのことを直指する一、二語を、形容句として、あるいは注記として付加すればいいわけです。それがない限り、これを〝別々に受け取れ〟とは、言う方が無理です。

というわけでわたしはやはり、この『山海経』の「倭」も、わたしたちおなじみの「倭」と別物ではない、と思います。

わたしの『「邪馬台国」はなかった』をお読みになった方は、すでにご存じのはずですが、『三国志』魏志倭人伝に書かれた倭国は、九州北岸から朝鮮半島南岸にまたがる海峡国家です。釜山《ふざん》から金海あたりに当るとされる「狗邪韓国《こやかんこく》」は〝倭地に属する〟とされています。その端的な証明は、

「倭地を参問するに、海中洲島の上に絶在し、或は絶え或は連なり、周旋五千余里なる可し」(魏志倭人伝)

とある一節です。一方で、

(A)郡より女王国に至る、万二千余里。

(B)其の北岸狗邪韓国に到る七千余里。

右の(A)から(B)をさしひいたのが、先の「倭地五千余里」であることは、多くの人々の認める通りです。ということは〝狗邪韓国が倭地に入っている〟と『三国志』の著者、陳寿に（すなわち、西晋朝《せいしん》に）認められていることをしめしています。もしそうでなければ、倭地の最北端は対海国《たいかいこく》（対馬《つしま》）となります。その場合には、(A)から(B)を引いたものから、さらに「狗邪韓国―対海国」間の距離（一千余里）を引いたもの、つまり「四千余里」が倭地となるはずです。

ところが、そうでなく、「倭地五千余里」と書かれている。そのことは、やはり〝狗邪韓国は倭地〟を意味するのです。この点、魏志韓伝の、

「韓は帯方《たいほう》の南に在り。東西、海を以て限と為す。南、倭と接す」

の表現も、やはり朝鮮半島南端が倭地である、という認識をしめしています（倭地なのに、なぜ「狗邪韓国」と表現されているか、という問題については、すでに別に論じましたので、参照して下さい。『邪馬壹国論争、下』東アジアの古代文化13号。一九七七年秋）。

以上のような『三国志』の記述は、考古学上の出土物によっても、裏づけされています。博多湾岸を中心として、ここに圧倒的に集中した出土を見せる、（中）広矛《ひろほこ》、（中）広戈《ひろか》の鋳型。その（中）広矛、（中）広戈の実物が釜山、金海から大邱《たいきゅう》に至る、洛東江《らくとうこう》沿いに分布を見せているのです（『古代史の宝庫』九州、朝日新聞社刊参照）。

以上のような三世紀の状況から見ますと、『山海経』が朝鮮半島南半に「倭」を描いているのを、あながち、斥《しりぞ》けるわけにはいきません。それが三世紀のように、南岸のみか、それとも、もう少し広がりをもっていたか。それは不明です。それは「蓋《がい》国」の広がりを、朝鮮半島北半と考えるか、それとも

半島全域と考えるかによってきまるでしょう。

　今、わたしに注目されるのは、「倭は燕《えん》に属す」の一句です。「属す」とは、何を意味する言葉でしょう。〝地理的に属している〟というのでは、意味をなしません。やはり、それは〝政治的に属している〟ことです。いいかえれば〝その倭人は燕へ貢献物を持参していた〟ということです。「貢献物」こそ、〝政治的に属す〟ことの〝物理的証拠品〟なのですから。とすると、〝倭人は燕に貢献物をもっていっていた〟ことになるわけですが、「燕」は決して終着点ではありません。〝周の天子のもとの燕王〟なわけですから、「夷蛮《いばん》」が燕王に貢献物を持参する、ということは、実は〝燕王を通じて周の天子に貢献する〟ことなのです。とすると、ここにも――この戦国期の周の書物にも――「倭人の周王朝貢献」の事実が裏づけられていたことになるわけです。

　このように、文献的にも、異種異時代の史料が同一事実をさし、考古学的にも、そのにおいがちらほら残っている。――このことから、わたしは考えました。〝どうも、周の末期、つまり戦国期なら、一応、疑えないのではないか〟と。ところが、そのようなわたしの予測を裏切って、事態はとんでもない

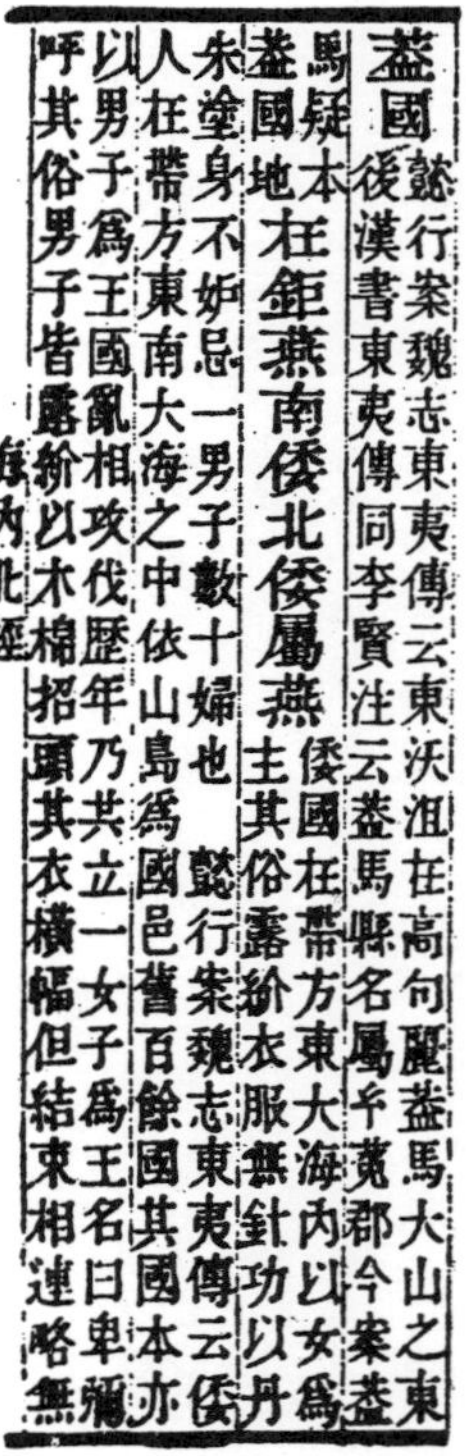
蓋國　懿行案魏志東夷傳云東沃沮在高句麗蓋馬大山之東後漢書東夷傳同李賢注云蓋馬縣名屬乎菟郡今案蓋馬疑本蓋國地　在鉅燕南倭北倭屬燕　倭國在帶方東大海内以女爲主其俗露紒衣服無針功以丹朱塗身不妒忌一男子數十婦也　懿行案魏志東夷傳云倭人在帶方東南大海之中依山島爲國邑舊百餘國其國本亦以男子爲王國亂相攻伐歷年乃共立一女子爲王名曰卑彌呼其俗男子皆露紒以木棉招頭其衣横幅但結束相連略無
海内北經

「倭属燕」（山海経）

所へ〝飛び火〟してしまったのです。

殷の箕子は倭人を知っていた――『史記』『漢書』をめぐって

はじめにあげた『論衡』の第二の史料（巻一九、恢国篇《かいこく》）には、倭人貢献の年時が明記されています。「成王の時……倭人暢《ちょう》を貢す」。「暢」は「鬯《ちょう》」と同じ、例の神酒だ、というのですが、そのときは「成王の時」だというのです。年表（東方年表）で調べてみて〝肝をつぶし〟ました。周の第二代の天子で、「紀元前一一一五～一〇七九年」とあります。日本では、縄文中期の終、縄文晩期のはじめ頃に当ります。

タイム・マシーンを遡る

〝まさか、こんな時期に！〟〝ここまでは、とても〟と。これが、わたしの正直な気持でした。少なくとも、五十一年の終りまでは――。わたしがさらに未知の世界へと、その扉を開く新しい鍵を見出したのは、『漢書』地理志の「燕地」の一節からでした。ここは、例の「楽浪海中に倭人有り……」の一句がある所です。しかし、これは末尾の一句です。〝その前から文脈全体の中で、この一句を見直してみなければ〟。わたしがこう考えたのは、先ほどの「論衡経験」からも、当然だったこと、それは、お分りいただけるでしょう。そこは次のようにあります。

「(A)玄菟《げんと》・楽浪。武帝の時、置く。皆朝鮮・濊貉《わいかく》・句驪《くり》の蛮夷。(B)殷《いん》の道衰え、箕子《きし》去りて朝鮮に之《ゆ》く。其《そ》の民に教うるに礼義を以てし、田蚕織作《でんさんしょくさく》せしむ。楽浪の朝鮮の民、犯禁八条。……今犯禁に於《お》いて寖多《しんた》、六十余条に至る」

これが前半。楽浪郡の歴史的由来をのべているわけです。ここで中心人物は「箕子」です。彼が中国からこの地に行き、現地の朝鮮の民を教化した、というのです。この箕子は『史記』（殷本紀《いんほんぎ》、宋微子世家《そうびしせいか》）に登場する有名な人物です。それによると、殷末、殷王朝の親戚として宰相であったが、天子紂王《ちゅうおう》は暴虐をきわめ、箕子のいさめを聞かなかった。箕子の心友比干《ひかん》がこれをいさめたところ、紂王はこれを殺し、「聖人の心肝《しんかん》を観よう」と称して解剖された。ついに箕子は絶望し、いつわって〝発狂〟し、奴隷に身をやつした。その時、みずから悲しんで琴の歌を作った、と。これを箕子操といって世に伝えています。

「嗟嗟《ああ》、紂《ちゅう》無道を為し、比干を殺す。嗟《ああ》、重ねて復《また》嗟。独り奈何《いかん》せん。身に漆《しつ》して厲《らい》と為り、被髪《ひはつ》以て佯狂《ようきょう》せん。今、宗廟《そうびょう》を奈何《いかん》せん。天なる乎《かな》、天なる哉《かな》。石を負いて自ら河に投ぜんと欲す。嗟、復嗟。社稷《しゃしょく》を奈何せん」（箕子、箕子操）

このあと、周の武王による「革命」がおき、殷は滅ぼされました。そして武王は、箕子を朝鮮に封じたが「臣」とはしなかった、と『史記』（宋微子世家《そうびしせいか》）に書かれています。殷の名家でもあり、民衆に人望の高かった箕子に対して礼をつくしたわけでしょう。しかし、その後、箕子はみずから「革命」後の周の天子に「朝」した、と言います。例の「天子への直接拝謁《はいえつ》」です。その、都（鎬京《こうけい》。長安付近）へ向う途次、「故《もと》の殷墟《いんきょ》」を過ぎたところ、かつて繁栄していた殷の宮室は毀壊《きかい》し、ただ禾黍《かしょ》（いねやきび）が生いしげっていた、といいます。そのときの箕子の心境を司馬遷は次のように描写しています。

「箕子之を傷《いた》み、哭《こく》せんと欲すれば則《すなわ》ち不可。泣かんと欲すれば、為其《しわざ》れ、婦人に近し。乃《すなわ》ち麦《ばく》秋《しゅう》の詩を作り、以て之を歌詠す」

そしてその詩の一節が載せられています。

「麦秀でて漸漸《ぜんぜん》たり。禾黍油油《ゆうゆう》たり。彼の狡僮《こうどう》よ。我と好《よしみ》せざりき」

この「狡僮」というのは、〝小利口な男〟といった意味。亡《ほろ》び去った紂王のことです。殷の民は、この歌を聞いて皆涕《なみだ》を流した、といいます。ところで、このとき、周の天子は誰だったでしょう。ついて『史記』には次のように書かれています。

「武王崩じ、成王少なり。周公旦、代りて当国に行政す」

つまり、箕子が拝謁した周の天子は「成王」だったのです。

ここで注意してほしいのは、箕子が長途都にのぼり、周の天子に拝謁した目的です。その一は、当然「革命」後の「周」の天子を正統の天子と認め、これに自らすすんで服属することをしめすものだったでしょう。そして同時にその二は、「封国《ほうこく》」たる朝鮮の地において、周辺の夷蛮たる東夷の民に、中国の天子を尊《たっと》むべき「大義」をしめして教化した、その〝成功〟を報ずる。それが目的であったでしょう。武王が箕子を東方の辺境たる朝鮮の地、いわば東夷の領域の真っ只中に「封」じたのは、それ（東夷の鎮撫《ちんぶ》）を託したものですから、これは当然です。

ところで、箕子が封ぜられた、朝鮮の地は、故《もと》の「蓋国《がい》」です。ピョンヤン（平壌）は、もと「箕城」と言われていました。箕子のいた地を意味する言葉です（前言往行録、清白監司）。とすると、箕子にとって〝周辺の夷蛮〟とは。その第一に当るのは、蓋国の南に接していた、倭人の地に他なりません。すなわちここではじめて倭人は箕子を仲介として中国の天子に〝接触した〟わけです。

では、倭人が箕子を仲介として中国の天子に服属する、とすれば、その証拠《あかし》は？　それは、ほかでもない「貢献物」です。その倭人たち東夷の諸民族の貢献物が箕子によって周の都へとどけられたはずです。成王のもとに。ここでわたしたちは、あの『論衡』が記録した天子の名に再びめぐりあったのです。

「成王の時、……倭人暢《ちょう》を貢す」とあった、あの周第二代の天子に。

架空と実在

殷王朝と箕子《きし》の実在性の問題について、ここでふれさせていただきましょう。

日本の東洋史学界で、明治、大正の間に近代史学の立場から新しい「常識」を形造っていたのは、「夏、殷王朝架空説」でした。邪馬一国論争史の中で、明治の「邪馬台国九州説」で有名な白鳥庫吉《しらとりくらきち》氏がこの新学説の有名な講述者でした。

つまり、『史記』『漢書』に書かれた聖天子堯《ぎょう》、舜《しゅん》、禹《う》や夏王朝、殷王朝の記述は、架空だ。史記の夏本紀《かほんぎ》や殷本紀《いんほんぎ》は、史実ではなく、一片の作り話を記したものにすぎない。司馬遷や班固は東洋史家の名のみ高くても、要は近代史学を知らざる者、史実と神話、伝承の峻別をなしえぬ者にすぎぬ。これが白鳥史学の立場だったのです。津田史学の創始者として敗戦後の「定説」を形造った、あの津田《つだ》左右吉《そうきち》氏は、当時、白鳥氏のこの講述に接して新鮮な感動をうけたと言います。氏の後年の「記、紀神話造作説」すなわち「神話架空説」の壮大な体系は、この白鳥学説から受けた、若き日の感銘という、芥子粒《けしつぶ》が大きく育った大樹、と言えないこともありません。『神代史の新しい研究』（大正二年）、『古事記及び日本書紀の新研究』（大正八年）、『神代史の研究』（大正十二年）、『文学に現はれたる、我が国民思想の研究』（大正五年以降）といった、津田氏の、日本古代史研究史上、著名な作品群が、いずれも大正年間（一九一〇年代〜二〇年代）に出現していること、この事実には深い意味が蔵《かく》されています。すなわち、「殷墟発掘以前」の学だ、という一点です。

もちろん、昭和に入って敗戦に至るまでも、氏の研究活動は続けられ、戦後も一九六一年の死に至るまで、氏の研究と思索は、休止することがなかったでしょう。ことに敗戦前の思想弾圧と氏の闘いについては、わたしたちのよく知るところです。その意義は、今後とも光輝《こうき》を増しこそすれ、減ずることはない。わたしにはそう思われます。

けれども、そのことは、次の事実と矛盾するものではありません。〝氏の主要な仕事は、「殷墟の発掘」以前にほぼ成立している。そしてこの大発掘は、あの白鳥史学の方法上の根本を「犯し」つづけていた〟。この一点です。そしてその白鳥史学の方法は、ほかでもない、津田史学の生育にとって、その〝誕生の秘密〟となった芥子粒であったのです。

箕子朝鮮の真実

昭和初年（一九二〇年代末）にはじまった殷墟の発掘は、この地に巨大な古代王朝の中枢地があったことを疑うべくもなく証明しました。のみならず、それ以前から次々と世に現われはじめていた甲骨文字の研究が進展するにつれ、これが殷文明の中で使用されていた文字であることが立証されたのです。十九世紀末（清の光緒《こうちょ》二十五年〈一八九九〉）、土地の人々がたまたま発見した亀甲《きっこう》獣骨に端を発して、その後、陸続と発見相次ぎ、ついに学界を震撼させるにいたったいきさつは、世界の古代文明発見の中でも、もっともスリリングなエピソードです（羅振玉『殷墟・書契《しょけい》・考釈《こうしゃく》』等）。しかもそれによって『史記』の殷本紀の記述が単なる後代の作り話ではなかったことが明らかになってきました。

夏《か》の桀王《けつおう》を討伐して天子の位についたという始祖の湯《とう》王から二十八代の紂《ちゅう》王まで、『史記』『漢書』の記載がほぼ正確だったことが裏づけされたのです。若干のくいちがいも、『史記』『漢書』の〝純粋なまちがい〟なのか、それとも記述姿勢の相違にもとづく「異伝」の類《たぐい》なのか、にわかには断定しにくい所でしょう。その上、箕子《きし》の名まで出てきて、この人物の実在性も証明されたのです。以上は、すでに明白な事実です。戦後、新中国の中で組織的におしすすめられている発掘作業は、この殷墟の規模の大きさ、出土遺構・遺物のなまなましさで、わたしたちを驚倒させつづけていることは、昨今の新聞紙上でご承知のとおりです。

それだけでなく、最近では殷時代以前の時期の出土物まで、次々と認識されはじめ、はじめにものべたように、pre-Anyan（先殷期）の出土物の存在することが、世界の学界からも注目されはじめているのです。〝夏王朝の実在〟も、徐々に研究史上の検証日程にのぼりつつある、とさえ言えましょう。このような現況ですから、さすがに今や「殷王朝架空説」を唱える人はいなくなりました。そして「箕子」その人についてもまた。

ところが、わたしにとって不思議に思えるのですが、今なお、「箕子朝鮮架空説」が日本の学界などの中で、既定事実のように前提されていることです。さすがに「殷王朝架空説」は影をひそめたようですし、「箕子そのものの架空説」も、かつてのようには既定事実化されてはいないようです。にもかかわらず、〝「箕子朝鮮」は架空だ〟。そう主張するのです。

しかし、これはおかしい、と思います。なぜなら、箕子は周の武王によって朝鮮に封ぜられ、のち、周の天子に拝謁にむかう途次、「故《もと》の殷墟を過ぎた」と書いてある、その「殷墟」がありありと出土してきたのです。つまり、『史記』『漢書』の記事が一片の虚構ではなかった。そのことが考古学上の出土物と大遺構によって証明されたのです。ということは、これらの史書の、少なくとも殷時代部分の記述が正確だったこと、つまり史料的信憑性が保証されたのです。

しかも、紂王をさかのぼる二十八代の各王名まで、その多くが正確だったのです。それなのに、殷も一番末期の箕子の事跡、いや厳密には、周王朝の第一～二代の天子の時期の記載である〝箕子が朝鮮に封ぜられた〟という記事の信憑性を否定する。それはよっぽどの反証がない限り、できぬ相談です。だのに、そのような厳格な反証の努力もなく、唯々《いい》として「箕子朝鮮架空説」が前提されるとしたら、それは〝すでに研究史から去った殷王朝架空説〟の亡霊が今なお残存して日本の古代史学界をさまようている。――わたしのような一素人探究者の目には、そう見えるのがどうしようもないのです。

この問題は、なお論ずべきさまざまの興味深い側面をもつのですが、今はやめましょう。要は、史料批判上、「箕子朝鮮」を、かつての啓蒙史観のように安易に疑うことはできなくなっている。そのことだけ、今は確認すればいいのです。

孔子の証言

さて、文献上の問題にたちもどりましょう。先にあげた『漢書』地理志の燕地の記事(A)、(B)のつづき（後半）は次のようです。

(C)「貴む可《べ》き哉《かな》、仁賢《じんけん》の化《か》や。然して東夷《とうい》の天性柔順、三方の外に異《ことな》る」

(D)「故《ゆえ》に孔子、道《みち》の行われざるを悼《いた》み、設《も》し海に浮かばば、九夷に居らんと欲す。以《ゆえ》有る也夫《かな》」

(E)「楽浪海中、倭人有り。分れて百余国を為す。歳時を以て来り献見すと云う」

(C)で言う「仁賢の化」が〝箕子の教化〟を指していることは当然です。問題は(D)です。これは論語中の有名な一節をうけています。

「道行われずば、桴《いかだ》に乗じて海に浮ばん。我に従う者は、其れ由《ゆう》か」（公冶長《こうやちょう》、第五）

孔子にとって「道」の根本は〝周の天子への忠節〟だ、と考えられていました。そのような「道」を各国の諸侯に説いたのですが、表面はともかく、本心からそれを守ろうとする者がない。そのような状況にいささか〝愛想〟をつかしたころ、弟子の子路《しろ》（由）にふともらした言葉なのでしょう。

〝もし、いよいよ「道」がこの中国では行われない。こういう見極めがついたら、もういっそのこと、「桴」に乗って海上に浮かび、海の彼方にいる、という、東夷の人々の中に入って「道」を説こう。そのとき、わたしに従って来てくれる者は、まあ由《ゆう》よ、お前くらいかな〟なかば冗談口の中に、ややデスペレート（絶望的）になりかけた、自分の心情を吐露したものでしょう。もっとも、このあと、喜ぶ子

路に対して、

「由や、勇を好むこと、我に過ぐ。材を取る所無けん」

と「落ち」をつけています。〝由よ、お前は「勇を好む」ことでは、わたし以上だ。だが肝心の「桴」を作る材木を調達する才覚は、無さそうだな〟と、せっかく喜んだ子路をガッカリさせるなど、なかなか〝人の悪い〟所を見せています。

この一節に対して「大きないかだを『筏《ばつ》』と言うのに対して、小さないかだを『桴《ふ》』と言う。その小さい『桴』で東海を渡ってゆけると考えるなど、孔子の航海知識はあやしいもの」と批評した学者がありますが、これはちょっと、どうかと思います。なぜなら、ここで孔子は別に航海への出発予定を〝真面目に〟論議しているのではありません。あくまで己が心情を語る、軽い冗談口、なのですから。しかも「弟子大勢を引きつれて大挙渡航しよう」というのでなく、孔子と子路の〝二人づれ〟というのですから、大げさな「筏」より、ささやかな「桴」の方が、はるかに一幅の詩的描写として、〝ふさわしい〟のではないでしょうか。

さて、このささやかな詩的、個人的独白を引用することによって、班固は何を言おうとしているのでしょうか。――これが問題の核心です。

班固の真意

『漢書』地理志には序文があります。ここに班固がこの一篇を書いた趣旨が明確にしるされています。その末尾は次のように結ばれています。

「先王の迹《あと》既に遠く、地名又数《しばしば》改易《かいえき》す。是を以て旧聞を采獲《さいかく》し、詩、書を考迹《こうせき》し、山川《さんせん》を推表《すいひょう》し、以て禹貢《うこう》、周官、春秋を綴《つら》ね、下《しも》は戦国、秦、漢に及ぶ」

この要旨は次のようです。「先王（堯《ぎょう》、舜《しゅん》、禹《う》以下の天子たち）の時代はもう遠くなり、地名も、現代

（班固の頃。後漢はじめ）にいたるまでに、何回も何回も変ってきている。そこでそれぞれの現地で昔から言われている地名の変遷を調べ、『詩経』『書経《しょきょう》』の中の地名を考え、現実の山川の名と照合し、『書経』の禹貢篇（夏書の篇名。中国最古の地理書）や周官篇（周書の篇名。周代の官制等の書）、さらに孔子の作った歴史書である『春秋』を連続させて参照し、後代は、周末の戦国期や秦、漢といった現代の地名にまで及ぶこととした」と。

つまり、一言で言えば〝地名の変遷史〟です。決して〝現代（班固の頃）の地名をのべる〟とか、〝漢代の地名をのべる〟などと言っているのではないのです。この点、『漢書』地理志という言葉に幻惑されてはなりません。そしてその方法としては「現代地名」「現地の伝承」「『書経』などの古記録」をあわせ照合した、と言っているのです。民俗学、地理学、歴史学の諸手法の常道です。その中に、孔子の『春秋』があげられていますが、事実、地理志の中には「孔子曰く」という形での引用が九回行われています（秦の京師一、秦地一、燕《えん》地一、斉地三、呉《ご》地二）。

ここで注目すべきことは、孔子の言葉の引用と言っても、もちろん「儒教の教義」を説くことが目的ではありません。周代中葉以前の地理的証人としてです。孔子が周代、春秋末の実在人物であることは、自明です。ですから彼の発言には、〝その時代以前から、その時代に至る〟

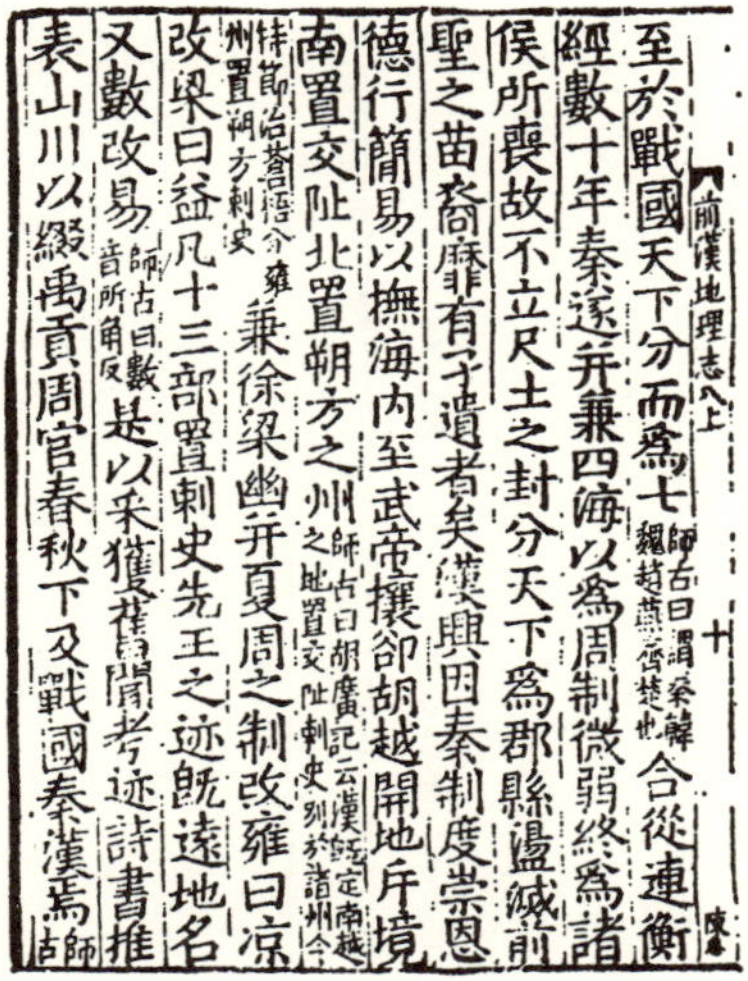
前漢地理志八上
至於戰國天下分而爲七師古曰謂秦韓魏趙燕齊楚也合從連衡經數十年秦遂幷兼四海以爲周制微弱終爲諸侯所喪故不立尺土之封分天下爲郡縣盪滅前聖之苗裔靡有孑遺者矣漢興因秦制度崇恩德行簡易以撫海内至武帝攘卻胡越開地斥境南置交阯北置朔方之州師古曰胡廣記云漢既定南越之地置交阯刺史別於諸州令持節治蒼梧分雍州置朔方刺史兼徐梁幽并夏周之制改雍曰涼改梁曰益凡十三部置刺史先王之迹既遠地名又數改易師古曰數音所角反是以采獲舊聞考迹詩書推表山川以綴禹貢周官春秋下及戰國秦漢焉

「先王之迹既遠……」（漢書地理志）

地理的認識が当然反映しています。その証拠資料として、班固はこれを〝使って〟いるのです。たとえば、

「孔子曰く、『斉（せい）、一変して魯（ろ）に至り、魯一変して道《みち》に至らん』」（漢書地理志、魯《ろ》地）

とあります。これは〝隣国の大国「斉国」も、その行き方を「一変」すれば、この魯の国のようになりましょう。そしてこの魯国の行き方も、もう一つ、「一変」すれば、「道」にかなう国になるのだがね〟。こういった意味です。孔子の現実の諸国家への評価、そして理想国家観、さらにそのための大いなる変化としての「一変」観をのべた発言です。けれども、今は次の資料として用いられています。第一に「斉」「魯」という隣接国名の資料。第二に班固はのべています。〝周興《おこ》ってより、周公の子の伯禽《はくきん》がこの魯の国の曲阜《きょくふ》に封ぜられて魯侯《ろこう》となった。それで「周公」を「主」とするようになった。以来、この魯の地の民は「聖人の教化」を伝えてきている〟と。この継承関係をバックにしてこの孔子の発言だというわけです。いわば風俗資料です。このような地理的関係と歴史的変遷が、この孔子の発言の背景にはあるのだ。――班固はこのようにのべているのです。

〝二人ぼっち〟の航海

さて、このように地理志全体の史料性格を見つめてきますと、問題の燕地の、孔子の「桴《いかだ》論議」は、どのような地理的資料として〝使われている〟のでしょう。「桴に乗って海に浮かぶ。そして海の彼方に住む東夷の所へ行く」。こういう発想の背景をなす地理的認識は何でしょう。――ズバリ言って「その東夷は島に住んでいる」「島の中に東夷の国がある」、こういう認識です。

桴に乗って海上に出、潮と風に乗って彼方へ行ったが、「その先には何もなかった」「ナイヤガラの大瀑布のように海流は大落下していた」「島々はあったが、誰一人、人間はいなかった」などというので

は、悲劇です。それどころか「おれとお前と二人ぼっち、桴に乗って」という詩的表出も、とんだ喜劇シーンになりかねますまい。

〝孔子がこのような発想をする、その地理的根拠が必ずあるはずだ〟――班固はそう判断し、「以《ゆえ》有る也夫《か》」（根拠があるだろうか）と、自ら問いかけているのです。その答えが、わたしたちに有名なⒺです。「確かに、地理的根拠があるのだ。なぜなら、楽浪海中の島の中に、倭人が住んでいる。百余国にも分れているかなりの『大国』だ。そして貢献のきまった年時に従って、わが中国（の出先の役所）にやって来て、貢献物を献上してきている、と言われているから」と。

ここで重大なこと、それは右の傍点部は、〝孔子以前の歴史事実〟を指していることです。そうでなければ、〝孔子の発言〟の背景をなす根拠とは全然なりえません。ここに「……と云う」という言葉で結ばれていることも、それをしめしています。班固は現代（後漢）の事実をのべるのに、こんな言葉はつけていません。

これを班固が「自分にとってあやふやな知識だ」ということを告白しているのだ、ととった人もありますが、とんでもない勘ちがいです。そんな〝あやふやな〟ものでは、孔子の発言の裏づけになど、なりえません。〝孔子のあやふやさ〟を印象づける、だけとなりましょう。そうではなくて、「現代そのものの知識」ではなく、「旧聞を采獲《さいかく》し、『旧記』に照合してみた」結果、信用できると判断した結果、それをこの「……と云う」という形で表現したのです。従ってこれを「前漢末、後漢初」という、班固時点の史実と判断してきた、日本の古代史学界は、とんでもない錯覚を犯していたこととなります。そしてそのような形で〝青年たちに教えてきた〟日本史の教科書もまた――。

もう、お分りでしょう。ここで班固が言っているのは、洛陽の「太学」における五つ年上の先輩、王充が『論衡』で言っているのと同じ歴史認識なのです。

「誤認」の回復

そう、「周の成王のとき以来、倭人は周王朝に貢献してきた」という、あの事実なのです。その上、この話には、もう一つ、興味深い〝裏〟があります。倭人が箕子を通じてはじめて周王朝に貢献したとき、そのときの天子、成王は幼少でした。父武王の突然の死をうけて、にわかに即位したものでしょう。そこでその後見役となったのが、有名な「周公」です。

「武王崩じ、成王少なり。周公旦、代りて当国に行政す」（史記、宋微子世家）

この周公に対する孔子の傾倒ぶりはよく知られています。

「子曰く『甚だしいかな、吾《われ》の衰えたるや。久しいかな、吾復《また》夢に周公を見ざること』と」

夢の中で周公に会い、これに問い、その答えをえていた。そういったのが孔子の〝精神生活の秘密〟だったのです。これは、周公の遺風をうけた魯《ろ》の国、曲阜《きょくふ》に育った、孔子の若き日の精神形成のあり方から、生れたものでしょう。言ってみれば、〝狂熱的な周公ファン〟だったのです。

一方、〝成王の時、はじめて貢献した倭人〟とは、すなわち幼少の成王に代って政治をとっていた「周公に、はじめて貢献した」夷人《いじん》だったわけです。いいかえれば、天が周公の仁政に感じて「遠夷貢献」させたもの、それが倭人、ということになります。とすれば、孔子の脳裏のイメージには、「周公—倭人」という結びつきは、馥郁《ふくいく》たる香り高い印象で記憶されていたのではないでしょうか。それでこそ「中国に道が失われた」とき、老子のように〝西方に去る〟のではなく、東方の海上をはるかに想い描いたのも、うなずけます。あの理想の周公の世、「天子への忠節」という「道」を、もっとも素朴な形で表現した、という民のすむ島。それが倭人の地だったのですから。

少なくとも、班固がそのように見なしてこの一段を書いていること、それをわたしは疑うことはできません。それを、後代の学者が「倭人記事」だけ、切り離し、時代性をも、勝手に〝切り下げて〟漢代の記事として〝扱いなして〟きただけなのです。

訓読を正す

ここで一歩退いて〝足がため〟をしておきましょう。まず訓読。わたしは地理志燕地で、孔子の発言の直後、倭人記事の直前の一句について、「以《ゆえ》有る也夫《か》」と疑問形に読みました。従来は、

「以《ゆえ》有る也。夫《そ》れ、楽浪海中に倭人有り」

と読んできました。この読みに従った講釈も、種々なされています。二十四史百衲《のう》本の『漢書』でも、右のような区切りを採用し、「也」と「夫」の間に、顔師古《がんしこ》注がはさまれています。唐の顔師古の〝区切り方〟をあらわしているものと思われます。

これに対し、香港中華書局の全十二冊、標点本では、「有以也夫！」となっています。これは、「以《ゆえ》有る也夫《かな》」と読んでいるものでしょう。わたしは、区切りとしてはこれがいいと思います。なぜなら、

「猶《なお》、義のごとき也夫《（か）》。〈疏《そ》〉『夫《ふ》』は、是《これ》、疑怪の辞」（左氏、昭十六）

「申子《しんし》、我に説きて戦わしむ。吾を相と為《な》す也夫《（か）》。〈注〉『夫』は、不満の辞」（呂覧、審応）

という用例があります。従ってここも「也夫」を一まとめにして〝疑問の辞〟と見るべきだ、と思います。従ってこの問いに答えるべく、提示されているのが倭人記事、というわけです。

孔子は倭人を知っていた――『論語』『漢書』をめぐって

もう一つの問題点を〝煮つめ〟確認しておきましょう。『論語』の中のこの「桴《いかだ》」発言について、現代の日本の学者の多くは、「孔子が日本を目指したもの」とはうけとっていません。「山東半島付近から朝鮮半島あたりを目指したものだろう」というのが、大方の〝解説〟のようです。

たとえば、貝塚茂樹《かいづかしげき》さんは、「孔子が桴に乗って海上に脱出しようとしたのは、どこをめざしたのであろうか。孔子のいる魯国の位置からすると、山東半島の海岸から、東にでて、遼《りょう》東《とう》半島から朝鮮半島にかけての対岸が、ぼんやりと意識されていたのであろう」（『論語』中公文庫本）。と言っておられます。けれども、わたしのような一介の探究者の目には、このような学者の解釈は、率直に言って理解できないのです。

孔子と日本列島

なぜなら、遼東半島や朝鮮半島は中国から地つづきです。周代にも、そのことは周知の地理的知識だったはずです。そこへ行こうというのに、「桴に乗って行こう」というのは、〝海洋マニア〟でもない限り、いささか奇妙な発想、ではないでしょうか。ことに〝陸地人間〟である中国人が〝陸で行ける〟ところを、わざわざ〝海を行く〟というのは、わたしには解せません。先入観なしに素直に理解する限り、孔子が脳裏に描いているのは、〝海でしか行けないところ〟――つまり「島」に住む人々だ。わたしにはそう思われるのです。この点、かえって一部の江戸時代の儒学者たちの方が率直にこの文を解したようです。

「故に桴に乗りて海に浮び、島夷の民を化し、以て礼義の俗を為さんと欲す」（伊藤仁斎《いとうじんさい》『論語古義』巻之三）。

「『子、九夷に居らんと欲す』九夷。未だ其の種を詳《つまびら》かにせず。徐・淮《わい》の二夷、経伝に見ゆ。我が日東の若《ごと》し」（同右巻之五）。

これに対して荻生徂徠《おぎゅうそらい》が『論語徴《ちょう》』で彼独自の理論たる「三代聖人之古道」論の立場から、果敢な反論を展開したことは有名ですが、仁斎の理解は、原文の文脈そのものに対しては、素直な理解と言えましょう。これに対して現代の学者の方が、かえって近代の啓蒙主義史学に由来する先入観に〝災いされて〟本来の文脈をいささか歪めて解するのを習わしとしてきたようです。

孤絶の世界

わたしは、文献それ自身のしめす論理の糸をたどりながら、〝とんでもない〟新世界を見てしまったようです。『論衡』のしめす史料、『漢書』の展開する史料系列、『論語』の語る地理像。それらは立体的な世界像を自然《ナチュラル》に形造っている。――わたしの目にはそう見えています。

それは従来の日本の古代史、東アジアの古代史の常識に反する地帯。いわば未踏の沙漠《さばく》をひとり歩いている自分に気づきました。まわりを見まわしてみても、ずんずん歩いてゆくうちに、多くの仲間から離れ、ふと気づくと、あまりにも遠くまで来てしまった。物音ひとつしない、孤絶の世界。そういった感じです。昨年の二月、家のそばの竹藪道を歩きながら、何か奇妙な〝うすら寒さ〟を感じたのを覚えています。

旧知の人

そうしたある日ふと〝旧知の人〟が向うから手をさしのべているのを見たのです。――陳寿。そう、『三国志』の著者です。

「古《いにしえ》より以来、其の使中国に詣《まい》るや、皆自ら大夫《たいふ》と称す」（魏志倭人伝）

倭人伝にふれたことのある方なら、おなじみの文面です。しかし、この一文には重大な秘密の鍵が二つ隠されていました。その一つは「古より以来」。これは具体的には、いつのことでしょう。〝漢代以来〟くらいの意味で、従来は理解されていたようです。わたしもそうでした。何しろ、今までは、倭人に関する、信頼できる最古の記事は、例の『漢書』の「楽浪海中……」の記事だ。そしてそれは漢代（前漢末、後漢初）のことだ、と信ぜられていたのですから。ですが、問題は「古」という一語です。『三国志』で、「古」というとき、それはどの時点をさして用いられているのでしょうか。

わたしは、何となく〝「古＝漢代」ではないのではないか〟と漠然と感じていました。それは、あの「壹と臺」の検査や「里数記事」などの点検をする中で、「古」の用例はたくさん目にしていたからです。そこで今回意識して「古」を点検してみました。すると、すぐ分りました。やっぱり『三国志』の場合、「古」は原則として「周以前」つまり、ほぼ「堯《ぎょう》、舜《しゅん》、禹《う》、夏《か》、殷《いん》、周」のことです。たとえば、

「秦は古法に違《たが》い、漢代之に因《よ》る。先王の令典に非《あらざ》るなり」（魏志五、黄初中。陳羣の上奏）

ここでは、秦、漢は「古法」に違っている、と批判されています。ですから「古法」とは、当然「周以前」です（「先王」とは〝堯・舜・禹の聖天子と、その道を継ぐ夏、殷、周の天子たち〟です）。

また、

「大魏《たいぎ》、命を受け、虞《ぐ》、夏を継蹤《けいしょう》す。孝文、法を革《あらた》め、古道に合わず」（魏志十三、太和中。鍾繇上疏）

「虞夏」は舜と禹。前漢第四代の文帝（孝文）の改革は「古道」にあっていない、と批判されています。当然漢代は「古」ではない。やはり「周以前」です。そのほかにもいくつも例はありますが、考えてみればこれは当然のことです。なぜなら、たとえば昭和から見て明治や大正を「古《いにしえ》」とは言えませ

ん。徳川時代でも「古」とは呼びにくいでしょう。同じように、三国時代の人が直前の漢代を「古」とは呼べないのが当り前です。せめて「周代以前」でなくては。

こう考えてみると、倭人伝の「古より以来」を「漢代以来」の意味と考える方がもともとおかしかったのです。当然「周代以前から」ということです。それもギリギリの「周末から」では、語感として、どうもピッタリしません。「古＝堯、舜、禹及び夏、殷、周」ですから、その中で一番新しいのが周です。せめて、その「周代以来」くらいでなくては、この「古」という表現は、ピッタリしないのです。ではなぜ、従来、これを漫然と「漢代以来」くらいに考えてきたのでしょう。その一因は倭人伝冒頭の文にあると思います。

「漢の時朝見する者有り、今、使訳《しやく》通ずる所三十国」

ここでは確かに「今」と「漢の時」が対比されています。そこでこの「漢の時＝古より以来」と混線して考えてきたのではないでしょうか。

しかし、この二つは全くちがいます。なぜなら、「漢の時」の方は「朝見」です。洛陽なる天子のもとへ倭人の使が直接行っているのです。そう、あの志賀島《しかのしま》の金印、後漢の光武帝の時です。これに対し、本文の「古より以来」の方はちがいます。「中国に詣る」というのは、必ずしも「中国の都に詣る」の意ではありません。楽浪郡治（ピョンヤン付近）や帯方郡治（ソウル付近）に行けば、それで「中国に詣る」と言いうるのです。〝ここを通じて中国の天子に貢献する〟。それが中国対夷蛮《いばん》の関係の根本ルールなのですから。そして周代なら、あの「燕」や「箕子朝鮮」に行けば、「中国の天子に貢献」できたのです。倭人伝の、この「古より以来」は、それを指していたのです。

そうです。『論衡』の「周の時、天下太平……倭人鬯草《ちょうそう》を貢す」の、あれです。また、『漢書』の

「歳時《さいじ》を以て来り献見すと云う」の、あの記事をうけていたのです。そのとき、陳寿は、当然それを「漢代」といった「近代」のことではなく、「古」すなわち、「周以前」のことと見なし、ズバリ「古より以来」と書いているのです。ここにも、「周代の倭人貢献」の〝裏書き〟をしていた、第三の証人が現われたのです。

周代からの伝承

これには、さらにもう一つの〝駄目押し〟がつけ加わります。それは「古より以来……」に続く、

「皆自ら大夫《たいふ》と称す」

の一句です。

この「大夫」とは、「卿《けい》、大夫《たいふ》、士」という、統治階級の三分法の一つであることは、よく知られています。「士」も「大夫」も、『論語』などに出てきて、わたしたちにはおなじみです。たとえば、

「子曰く『……以て滕《とう》、薛《せつ》の大夫と為《な》すべからず』」（論語、憲問篇）

これは魯《ろ》の孟公綽《もうこうしゃく》に対する孔子の人物評です。〝彼は趙や魏の執事（老）ならいい。「滕」や「薛《せつ》」といった小国をとりしきる大夫にはむかない〟。こういった意味のようです。

ところが、この「卿、大夫、士」という、夏、殷、周に用いられたと言われる、この三分法は、周を以て断絶するのです。もちろん、秦《しん》、漢からあとも、官名の一部としては残存しています。たとえば「御史大夫」「光禄大夫」「大中大夫」のように。しかし、「周以前」のような三分法ではなかったのです。そして陳寿のいた西晋代になると、もはや県邑の長や土豪の俗称となっていました。

「県邑の長、宰《さい》と曰《い》い、尹《いん》と曰い、公と曰い、大夫《たいふ》と曰う。〈注〉晋之を大夫と謂《い》い、魯衛《ろえい》、之を宰と謂い、楚、之を公尹と謂う」（通典、職官典、県令）

従って、倭国の使が名乗っていったのは、この俗化した三国時代の用法でなく、「夏、殷、周」の用法に従っているのです（『「邪馬台国」はなかった』第六章Ⅱ参照）。

なぜなら、倭王は、卑弥呼の例に見るように、中国の天子から「親魏倭王」の称号をもらっています。つまり中国内部で言えば「卿」に当ります。その倭王のナンバー・ワンの重臣である難升米《なんしょうまい》らが倭国の使節として「大夫」を名乗っているのですから、これはまさに「卿―大夫」という中国の統治者階級三分法をまねて、その〝正しい位づけ〟に則して自称しているのです。いいかえれば、自称は、自称であっても、決して分不相応、越権の自称ではなく、いわば中国の天子を中心とする冊《さく》封体制（天子が冊をもって封爵《ほうしゃく》を授け、それぞれの位置づけを行う政治体制）の中に、正しく自己を位置づけた、そういう自称なのです。

さて、その場合、模倣の対象となる時期はいつでしょうか。三国はもとより、秦、漢ではありません。その時期には、すでに中国では、「卿、大夫、士」の区分法は〝消え去っていた〟のですから。当然、その未だ消えていなかった時代、つまり「周以前」のみが、倭人に影響を与えた時代です。とすると、ここにもまた、「中国―倭」間の交流は、「周以前」にさかのぼる、その明確な徴証が現われたのです。少なくとも、陳寿がそのように信じて叙述していること。わたしはそれを疑うことができません。

親魏倭王の印（宣和集古印史）

はるかなり、大交流

わたしは前に次のようなシーンをテレビで見たことがあります。南太平洋上の島ですが、そこで行われている儀式でした。結婚式か何かでしたが、物々しくもきらびやかな服装の行列。アナウンサーの解説によると、ビクトリア王朝の服装だそうです。この島がかつてビクトリア女王の時代、「大英帝国」の植民地だった、その遺風が今に至るまで連綿とつづいてきた。もちろん、現代のロンドンへ行っても、博物館以外、決してお目にかかれない、十八世紀の儀式の服装が、ここでは、今も〝生きて〟いる。そういうわけです。

これは人類学風に言えば、一種の〝ドーナツ化現象〟です。一つの文明圏の中心部ではすでに失われた風習が、周縁部に遺存している、というわけです。たとえば「漢字」もそうでしょう。本場の中国以上に、日本ではいわゆる「旧漢字」がなお〝生きて〟日常生活に使われています。発音でもそうです。「漢音」「呉音」などという、中国の古い発音が、日本では一種の〝なまり〟を帯びながらも、とにかく現代まで伝えられ、実用に使われているのです。今、問題の「大夫《たいふ》」でも、そうです。中国では、三世紀の魏晋の間に発生した、という、土豪の自称としての「大夫」。日本では、ずっと後代になって、そういう用いられ方がされてきます。——あの、森鷗外で有名な「山椒太夫」などがそうです。というわけで、この三世紀倭国の使節が自称した「大夫」も〝ドーナツ化現象〟の一種と言っていい、と思います。すなわち「周代以前」に、中国文明とすでに接触していた、その証拠《あかし》、その明々白々たる遺産なのです。

こうしてみると、今まで〝夢まぼろしの映像〟のように見えていた倭人の、「周代貢献」、それは、いかにしても、疑うべからざる歴史事実だったのです。わたしは、はじめはあたかも片々たる流言飛語のたぐいに見えていた「倭人貢献」の一句に導かれて時の流れを遡りはじめ、今ようやく、古代東アジアの、中国海をとりまく壮大な交流の跡かたを、目のあたりにすることとなったようです。

第二章　三国志余話

まぼろしの倭国大乱――『三国志』と『後漢書』の間

古代史好きの方なら、時として目にしたことがおありでしょう。「倭国大乱」という言葉。

「大乱」への疑い

一時よりいささか下火になったかに見える「邪馬台国」論議に代って、よく登場します。ことに古代史の〝玄人衆《くろうとしゅう》〟とも言える、考古学などの学者たちの文章の中でよくお目にかかるのです。ところが、その方たちの使用の仕方を見て、わたしは「ハテナ?」と首をかしげることがあります。文献の使用方法があまりにも無造作で、原典や史実から、意味がズレてしまったまま、全くそれに気づかずにいるのではないか。大変失礼ながら、わたしにはそう思われていたのです。しかも、このテーマを冷静におしつめてゆくと、その先にポーッと明るい曙光《しょこう》、つまり古代史の新しい局面が見えてくるのにわたしは出会ったのです。

しばらく耳を傾けて下さい。

まず第一の問題、それは、「倭国大乱」という表現は、『三国志』の倭人伝にはない。この一点です。「其の国、本《もと》亦男子を以て王と為し、住《とどま》ること七、八十年。倭国乱れ、相攻伐すること歴年。乃ち共に一女子を立てて王と為す。名づけて卑弥呼と曰《い》う」(三国志、倭人伝)

この点を無造作に、あたかも『三国志』の原文にこの語句があるかのように扱っている論者がありま す。実は、「倭国大乱」とあるのは、『後漢書』倭伝です。『三国志』の倭人伝には右のように「倭国乱」であって、「大乱」ではありません。

「桓《かん》・霊《れい》の間、大いに乱れ、更々相攻伐《こもごもあい》し、歴年主無し。一女子有り、名を卑弥呼と曰う。……是に於て共立して王と為す」(後漢書、倭伝)

それなのに、口調がいいせいでしょうか、いつか「大乱」という表現の方が慣用されてしまったようです。もっとも、この点に関するわたしの指摘が紹介されてより(『邪馬台国』朝日新聞社刊)、「倭国乱」の形で引用する論者も時に現われてきたようですが、「乱」と「大乱」のちがいの〝実質〟には、まだ本当の目は向けられていないようです。〝たかが「大きな」という形容句があるかないかだけじゃないか。目くじら立てるな〟。まだそう感じておられる方も多いはずですから。

わたしがこの問題に着目したのは、次の一節からでした。

「若し、君《きみ》、君《きみ》の威を亡《うしな》い、臣、臣の儀を亡わば、上替《かみすた》れ、下陵《しの》ぐ。此《こ》れを大乱と謂《い》う」(司馬彪、後漢書、礼儀志上)

つまり〝臣下が君の威儀を犯す〟。これが「大乱」だ、というのです。そしてこれをなさしめないことこそ「礼儀」の根本だ、というわけです。この礼儀志には「天子、三公、九卿、諸侯、百官」の行うべき儀式などが書かれています。つまりここで「君」というのは、当然、「天子」のことです。ですから、「大乱」というのは、下から〝天子の位を犯す〟ときに、はじめて用いられる。そういう、一種の大義名分上の術語なのです。

　こう言えば、年輩の方々はあの戦前のことを御記憶でしょう。「大喪」「大礼」「大典」などと言えば、すべて〝天皇に関する儀式〟を指していました。民間の金持がいくら大枚をはたいて、豪勢な儀式を行ったとしても、それを「大喪」と言うわけにはいきません。いわば〝大義名分のかかった〟特殊用語なわけです。事実、この『後漢書』の礼儀志でも、この天子による「大喪」について、その儀式のあり方をのべています。

　さて、この『後漢書』の礼儀志を書いたのは、司馬彪《ひょう》という人です。西晋の二代の天子恵帝の末年（三〇六）に死んでいますから、陳寿と同時代の史家です（陳寿も、同じ恵帝の元康七年〈二九七〉に死）。けれども、彼は陳寿のような一介の史家、それも蜀《しょく》朝からの帰属者とちがって、名門です。西晋の帝室司馬氏の一員ですから、まさに〝皇族〟なわけです（司馬懿《い》の弟の司馬進の孫に当る）。

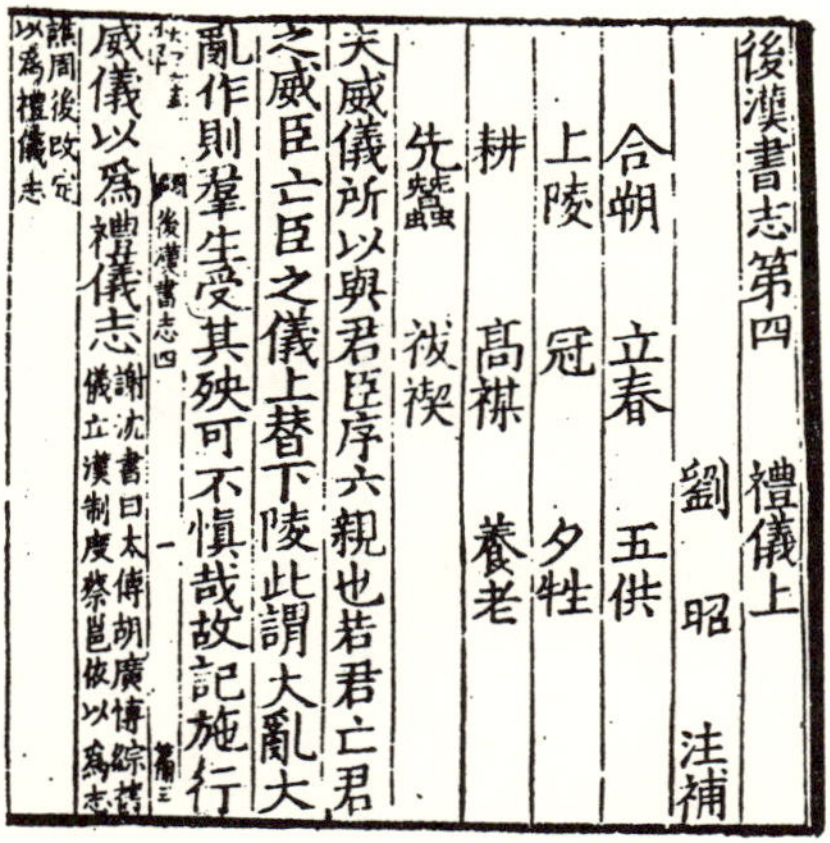

後漢書志第四　禮儀上
劉昭注補
合朔　立春　五供
上陵　冠　夕牲
耕　高禖　養老
先蠶　祓禊
夫威儀所以與君臣序六親也若君亡君
之威臣亡臣之儀上替下陵此謂大亂大
亂作則羣生受其殃可不愼哉故記施行
威儀以爲禮儀志　謝沈書曰太傅胡廣博綜舊儀立漢制度蔡邕依以爲志譙周後改定以爲禮儀志

「此謂大乱」（後漢書礼儀志）

司馬氏系図

（兄）懿―師―炎―衷〈次男〉（恵帝）
（弟）進―睦〈次男〉―彪

　この点、陳寿とは、身分上、いわば〝格〟がちがう、といえましょう。その司馬彪の「大乱」の定義。それは当然、同時代、同じ西晋朝の史官たる陳寿の使用方法と同じはずです。ことに、これはなおざりにできぬ、〝大義名分上の用語〟なのですから。

「大乱」を追う

そこで『三国志』をしらべてみました。するとやはり、この本の夷蛮伝にあたる烏丸《うがん》、鮮卑《せんぴ》、東夷伝（巻三十）には、全く「大乱」の語は出現していないのです。出現するのは、中国内部の場合ばかりです。たとえば、

「漢末、天下大乱、雄豪並び起る」（魏志、武帝紀）

のように。これは漢末に董卓《とうたく》、呂布《ろふ》などの豪傑が競いおこり、交々《こもごも》天子（献帝）の座をおびやかした非常事態を指す言葉ですから、まさに「天下大乱」にピタリです。その董卓伝にも、

「卓、既に精兵を率いて来り、適《たまたま》帝室の大乱に値《あ》い、廃立を専らにするを得《う》」（魏志巻六）

とあります。この「帝室大乱」という表現には、この用語の本来の意義が十分に現わされています。つまり一地方の一権力者内部の内輪もめや家督争いだったら、いくら争乱が領地全体にひろがり、かなり長期にわたったとしても、これは「大乱」と呼ぶにはふさわしくないのです。逆に、その争乱が〝天子の座を犯す〟という方向性をもっていたら、そのとき、はじめて「大乱」という名にふさわしいわけです。

このように考えてきますと、倭人伝中の倭国内の争乱は、いくらそれがその国の中では〝大規模なもの〟だったとしても、中国側から見れば、〝コップの中の嵐〟です。決して中国の〝天子の座を犯す〟ていのものではありません。だから「大乱」とは書いていないのです。

この点、興味深いのは、同じ『三国志』中の、魏志韓伝の例です。

「部従事呉《ご》林、楽浪、本《もと》韓国を統ずるを以て、辰韓八国を分割し、以て楽浪に与う。吏訳転じて異同有り。臣幘沾韓《さくせんかん》、忿《いか》り、帯方郡の崎離《きり》宮を攻む。時に太守弓遵《きゅうじゅん》、楽浪太守劉茂《りゅうも》、兵を興して之を

伐《う》つ。遵、戦死し、二郡遂に韓を滅す」

中国側の出先官僚（部従事の呉林）の強圧的なやり方——まさに現代的に言えば「大国主義」ですが——が第一の原因。その上通訳上のふてぎわも重なって韓人側の憤激をまねいたのです。その結果、臣幘沾韓の挙兵。これに応戦した帯方郡太守の弓遵まで戦死する、という大変な事態となりました。韓国内の〝コップの中の嵐〟どころではない、中国側の現地支配機関の大ピンチをまねいたわけですが、ここでも陳寿は「大乱」という用語は使っていません。なぜなら、彼ら韓人は自己の土地の固有の領有権を主張しただけ。決して中国の天子の座に自分がとってかわろうとして起兵した、などという性格のものではないからです。

もっとも、帯方郡の太守は、当然中国の天子の任命による地方長官です。この点からすると、〝その太守を殺したのは、とりもなおさず天子の権威を犯したものと見なす。つまり「大乱」だ〟というような、一種の拡大論法がとれないわけではありません。事実、敗戦前の大日本帝国は、東アジア各地でこの種の手前勝手な拡大論法を乱用しつづけました。これはまだ東アジア各地に生き証人のたくさんいる、なまなましい歴史経験です。

しかし、三世紀の陳寿は後代の日本の官僚や軍人たちほど、狂熱《ファナティック》的ではなかったようです。決してこの事件を「大乱」視して叙述してはいません。もちろん、ここだけではなく、『三国志』中の夷蛮伝である、烏丸、鮮卑、東夷伝全体を通じて、「大乱」という表現は、全く、一回も使われていないのです。

拡大された「大乱」

以上によって、『三国志』の陳寿は、同時代三世紀の司馬彪の定義通り、「大乱」を大義名分上の特殊用語として使っていたことがハッキリしました。

ところが、これとは異った世界。それが五世紀、范曄《はんよう》の『後漢書』です。ここでは「大乱」の用法は、全くちがいます。

「章和元年（八七）鮮卑《せんぴ》、左地に入り、北匈《きょうど》奴を撃ち、大いに之を破り、優留単于《ぜんう》を斬り、其の匈奴の皮を取りて還る。北庭大乱」（南匈奴列伝）

当時、匈奴は南北二つに分裂し、南は中国と和親政策を、北は独立政策をとり、各々「単于」を立てていました。単于とは、〝天の広大なさま〟を意味するといいます（漢書、匈奴伝上）。要するに中国で言う「天子」です。その単于が鮮卑の侵入軍に斬られ、戦勝の証拠として皮を剥《は》いで持ち去られた、というのですから、北匈奴にとって未曾有《みぞう》の国難であったことは確かです。しかし、これはあくまで鮮卑対北匈奴の戦であって、中国としては直接関知せぬ話です。それどころか、中国に対して敵視政策をとりつづけ、中国の〝目の上のたんこぶ〟のような存在だったのが、この北匈奴ですから、この突発の変事は、中国にとってむしろ〝歓迎〟すべきこと。その逆ではありません。まして中国の天子の座をおびやかされる、ていのものでないことは、明白です。だのに、范曄はこれを「大乱」と呼んでいます（これを「大いに乱る」と読んでみても、それは日本式訓読の問題にすぎませんから、「大乱」という用語が存在すること自体、変りはありません）。つまり、五世紀の范曄は、この言葉を中国の天子中心の〝大義名分の術語〟としては使っていないのです。

ところでこの事件は、鮮卑、北匈奴たちの住む「北庭」では、明らかに大事変です。しかも北匈奴の「天子」に当る単于が斃《たお》されたのですから、これは「北庭における大乱」だ。こういう視点から、范曄はこの言葉を使っているのです。

こうしてみると、「三世紀の『三国志』→五世紀の『後漢書』」という変遷の中で、中国人の史眼が変化してきていることは、疑えません。つまり三世紀には、「全世界——といっても、もちろん当時の東アジア世界が主体ですが——の中心は唯一人。中国の天子だけだ」。これが、中国の官僚たちにとって疑いえぬ中心テーマでした。

ところが五世紀には変ってきたのです。〝中国や匈奴や鮮卑など、各々の国々はそれぞれの「天下」をもっている〟。こういう、いわば複眼的な視点になってきたのです。

もちろん、中国と鮮卑、中国と匈奴、それらが対等だというのではありません。根本的には〝中国の天子の卓絶性〟は、依然疑われているわけではありませんが、ともあれ、匈奴や鮮卑にも、各々独自の小宇宙があるという、その当然の事実を認めはじめているのです。

〝臺のインフレ〟と共に

このようにのべてくると、皆さんの中には、〝ああ、そうか。では、例の「臺《だい》の変遷」と同じなのだな〟とうなずかれる方があるかもしれません。わたしの古代史の第二書『失われた九州王朝』を読まれた方ならご存じの、「三世紀の臺と五世紀の臺とは、使用法が一変した」という、あのテーマです。

わたしの今までの本を読んでおられない方のために、簡単に申しましょう。

『三国志』には、「……臺」の形が頻出します。たとえば「銅爵臺」「金虎臺」「陵雲臺」「南巡臺」「東巡臺」といったように。これらは魏の天子の宮殿です。かつては（漢代）単に〝高地、宮殿〟といった意味にすぎなかった、この「臺」の字。それが魏朝では〝天子の宮殿〟をしめす特殊の用法となってきたのです。その結果、「臺」一字で〝天子の宮殿とその直属官庁〟を意味するようになります。倭人伝にも出てくる「臺に詣《いた》る」といった類の用法がそれです（以上、『「邪馬台国」はなかった』参照）。

これに対し、四世紀以降はちがってきました。もっとも早くからある匈奴の単于臺をはじめ、羯《かつ》の霊風臺、羌《きょう》の留臺、といったふうにいわゆる五胡十六国、きそって交々「臺」を称したのです。いわば東アジアにおける「臺のインフレ」です。范曄の『後漢書』はそのような状勢をうけた五世紀の真っ只中に作られたのです。ですからこの本で「邪馬臺」という表現が夷蛮の国名の中に現われてきても、何の不思議もないのです（ただこれはあくまで「ヤマ臺《ダイ》」であって、「ヤマト」の表音表記ではありません。『失われた九州王朝』第一章Ⅱ参照）。つまり、これは後漢代、一～二世紀時点に対する表現ではありません。范曄の生きていた南朝劉宋代、つまり五世紀時点の表現なのです（後漢代に対する表記としては「倭奴国」「倭国」が表われています）。――以上が「臺の変遷」問題です。これを一言で要約すれば、「臺の唯一特殊用法」の時代から、「臺の多元的使用」の時代へ、というわけです。

この問題が、先にのべた「大乱の変遷」というテーマと相応していることがおわかりと思います。

〝それは分った。だが、それだけのことじゃないか。時代によって当てる言葉が変っただけ。実体に変りはない。それをことごとしく言いたてているだけだ〟。そうおっしゃる方も多いと思います。ですが、真の問題は、ここからはじまるのです。

何が「住《とどま》る」のか

さあ、新しいテーマにかえりましょう。

倭人伝中、ここの個所は、研究史上ながらく論議を呼んできました。第一、「住ること七、八十年」という言い方が、何だかあいまいです。それに文脈上、一番の問題は、この一句が上にかかるか、下にかかるか、です。つまり王の即位期間が七、八十年なのか、それとも倭国が乱れたのが七、八十年なのか、どちらにとるか。まるで話がちがってきます。

前者にとると、一つの難点は〝即位期間が長すぎる〟ことです。全くありえないことはないにしても、生存期間としてもかなり長いこの年限が、即位期間とは。ちょっと気になる数値です。後者の方では、

「住ること七、八十年、倭国乱る」という表現が漢文（中国文）としていささか不自然のようです。こういう場合、「倭国乱ること、七、八十年」という筆法が漢文としては、より普通ですから。

そこでこの「住」を「往」のまちがいだろうと考えて、「往七、八十年、倭国乱る」という論者が現われます（植村清二氏等）。これなら〝過ぎし七、八十年間、倭国は乱れた〟という意味になります。しかし〝安易に原文を改定しない〟という、わたしの立場から見ると、やはり〝ハテナ〟と首をかしげたくなります。

こういう場合、わたしの方法は単純です。『三国志』六十五巻全体のすべての同種の用法、それをしらべること、それしかありません。そこで調べてみました。「住」全十六個。すべて「トドマル」の意ですが、その中で〝「住」プラス数字〟の形をしめしているのは、次の一例です。

「登《とう》（孫登《そんとう》。孫権の長子）昼夜兼行、頼郷《らいきょう》に到る。……（孫権への諫言《かんげん》）……住《とどま》ること十余日。西に還らしめんことを欲し、……」（呉志十四、孫登伝）

これは孫登が西の武昌から急いで父孫権のいる建業（今の南京）にやって来て、弟孫慮《そんりょ》の葬儀について父に諫言し、十余日の滞在ののち、もとの武昌へ帰って行った、というくだりです。ここで「頼郷」といっているのは、老子の生れた所として知られる河南省の地名ではありません。孫権のいた建業の西南に当る所です（盧弼《ろひつ》『三国志集解』孫休伝、永安三年項参照）。孫登はその頼郷に十日あまり滞在した、というのですが、ここで重要な点、それは「住る」という言葉がその前文の「頼郷に到る」という句を承《う》けて使われていることです。

このような筆法は何もここだけではありません。他の十五例も、同じです。

1「卓（董卓《とうたく》）、独り衆を全うして還り、屯して扶風（地名）に住る」（魏志六）

2「住る者は側席し、去る者は克己す」（魏志七）
3〈魏志三十、倭人伝〉
4「将軍と為りて公安（地名）に住る」（蜀志十五）
5「行旅皆住る」（呉志一）
6「門に住ること、良久《やや》」（呉志七）
7「以て自ら安住せんと欲する耳《のみ》」（呉志七）
8「潘璋《はんしょう》（人名）、白帝（地名）に住る」（呉志九）
9「寧（人名）乃ち夜往く。羽（人名）之を聞き、住りて渡らず」（呉志十）
10「備（人名）既に白帝に住る」（呉志十三）
11「軍住りて日を経《へ》、将吏之を患う」（呉志十四）
12「因りて新市（地名）に住り、拒を為す」（呉志十五）
13「進みて江上に住る」（呉志十五）
14「百里（地名）の上《ほとり》に住る可し」（呉志十五）
15「立ちて道の側に住る」（呉志十九）

でも、「還る」や「進む」の類の動作をうけて、この「住る」が用いられているのです。これは「とどまる」という動詞が〝ある動作の停滞〟を意味することから見れば、あたりまえのこと、といえましょう。また、

「（士仁）将軍と為りて公安（地名）に住る」（蜀志十五）

という例では、「……（身分）と為る」という句を承けて使われているのが注目されます。こうして

みると、倭人伝中の問題の一節は、「王（身分）と為し」という、前句を承けて「住ること……」という句形につながっている。こう考えるほかありません。つまり〝在位期間〟です。これに対し、「倭国乱れ、相《あい》攻伐する」という状況の期間は、すぐその直後に書かれています。「……（する）こと歴年」の一句につながっているのです。

いつ卑弥呼は即位したのか

この「歴年」という言葉も、『三国志』中の慣用句の一つです。

「今兵興りて歴年」（呉志十三、陸遜《りくそん》の孫権への上疏《じょうそ》）

この「歴年」というのは、何年くらいでしょうか。呉の創建が黄武元年（二二二）で、この上疏の年が黄竜元年（二二九）ですから、この八年間内、ということになりましょう。

「（呂岱《ろたい》）初め交州に在ること歴年」（呉志十五）

呂岱は延康元年（二二〇）に交州の刺史《しし》（郡国の督察官）となりましたが、黄武五年（二二六）には海東四郡を広州として、自らその刺史となっています。従って「初め……」と言っているのは、二二〇〜二二六年間の七年以内のことと思われます。こうしてみると、「歴年」とは、おおよそのところ〝七、八年くらいの間〟を漠然と指す用語のようです。

「遠年を歴《へ》て成功を致す所以《ゆえん》に非ざるなり」（呉志十二）

ここでは「歴㆓遠年㆒」とあります。これに比べると、ただの「歴年」の場合、そんなに長期間ではない。せいぜい〝十年未満〟というところではないでしょうか。とすると、「倭国乱れ、相攻伐した」のも、とても十年には満たぬ、数年間のこと、そう見るのが『三国志』全体の慣用的表記法のしめすところでしょう。

この〝戦乱の歴年〟のあと、卑弥呼が即位するのですが、彼女が中国側の視界に登場するのは、景初二年（二三八）の第一回の遣使によってです。そのとき、卑弥呼の即位からどのくらいの期間が経過していたのでしょう。それは正確には不明ですが、〝それほど長い期間ではない〟ように思われます。なぜなら、その即位のとき卑弥呼は「年已《すで》に長大」だった、とあります。その上、「即位→遣使」間がかなり長ければ、例の「遠年を歴《ふ》」といった類の記載があってしかるべきだからです。

〝いや、それについては中国側は知らなかっただけだろう〟。こういう考え方もありましょう。しかし、

①戦乱期間―②「即位～遣使」期間―③遣使
〈歴年〉　　　　　　　　　　　〈景初二年〉

とあって、①と③だけ書けて、「②だけが全く知識がない」というのも、変なものです。ゴタゴタ言いましたが、要するに、「何年かの戦乱のあと、卑弥呼が即位し、やがて（ほどなく）景初二年の第一回遣使となった」。そういう感じの文面なのです。

ところで、後漢の滅亡は建安二十五年（二二〇）。ここから魏代。卑弥呼の第一回遣使（二三八）の、ほぼ十九年前です。とすると倭国の〝戦乱の歴年〟は、この中にスッポリ入ってしまうこととなるでしょう。つまり、この「倭国乱れ相攻伐すること歴年」という事件は、後漢代ではなく、魏代内のことなのです。

謎解きパズル　以上のようにのべてきますと、読者のなかには次のように反問される方があるかもしれません。〝しかし、その戦乱のことは、普通、学界では二世紀の後漢代のこととされているではないか。現に「桓《かん》・霊《れい》の間」とか、「漢の霊帝光和中」とか書いてある史書があるということだ〟と。

その通りです。それは次の二文です。

(A)「桓・霊の間、大いに乱れ、更々相攻伐し、歴年主無し。一女子有り、名を卑弥呼と曰う。……是に於《お》いて共立して王と為す」（後漢書、倭伝）

(B)「漢の霊帝光和中、倭国乱る。相攻伐すること歴年。乃《すなわ》ち共に一女子を立つ。卑弥呼、王為り」（梁《りょう》書、倭国伝）

『三国志』が「住七、八十年」とか「歴年」とか、一種あいまいな表現なのにひきかえ、こちらは絶対年代が明確です。ですから、「この絶対年代のどちらかが正しい」。そう思いこみたい誘惑が、従来の史家の頭をとらえてきたのは確かです。しかし、事の真相を冷静に見つめているうちに、そのような誘惑は、しょせん史実とは無関係なこと、それをわたしは疑えなくなってきたのです。

その根拠は、簡単な〝謎解きパズル〟です。皆さんも、あまり固苦しくなく、日曜の午後、週刊誌に付載された数字パズルを解くようなつもりで読んでみて下さい。まず、『後漢書』で言う「桓・霊の間」とは、いつのことでしょう。

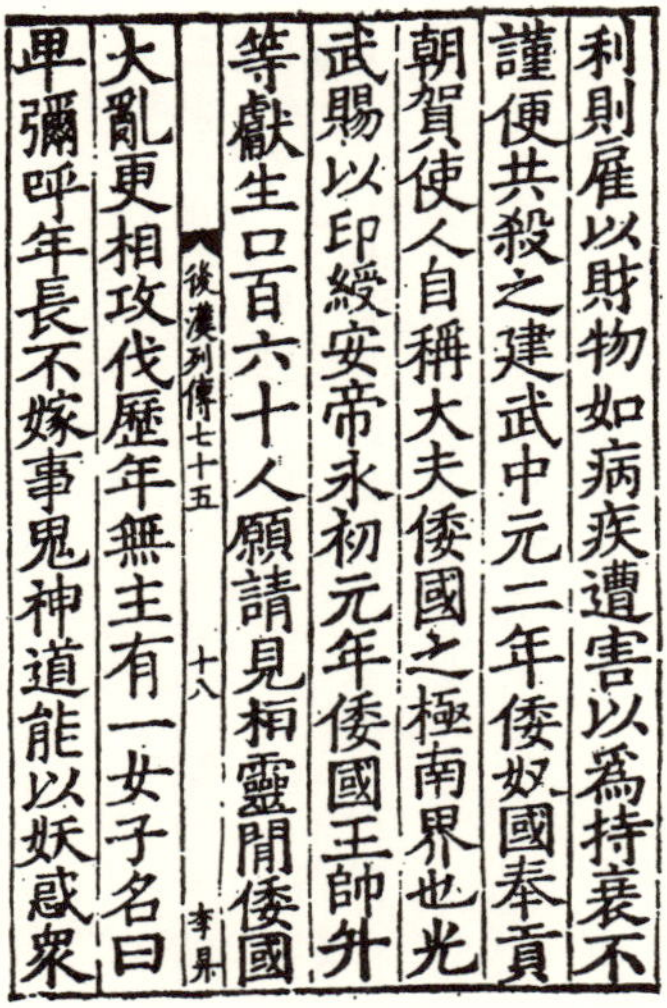
利則雇以財物如病疾遭害以爲持衰不
謹便共殺之建武中元二年倭奴國奉貢
朝賀使人自稱大夫倭國之極南界也光
武賜以印綬安帝永初元年倭國王帥升
等獻生口百六十人願請見桓靈間倭國
後漢列傳七十五　十八　李昇
大亂更相攻伐歷年無主有一女子名曰
卑彌呼年長不嫁事鬼神道能以妖惑衆

「倭国大乱」（後漢書倭伝）

桓帝――本初元年（一四六）～永康元年（一六七）

霊帝――永康元年（一六七）～中平六年（一八九）

ですから、〝桓・霊の間〟とは、「その両帝の全期間中」という意味なら、「一四六～一八九」の約四十年間となります。これに対し、「桓帝の末期から霊帝の初めにかけてのころ」という意味なら、〝一六七年前後〟という意味になります。

これを前者のように解した場合もあるようですが、これは明らかに誤読です。なぜなら、この『後漢書』の文面をよく見つめて下さい。「倭国大乱の末期、倭国に『主』が何年かいなかった。それがおさまってやっと卑弥呼という女王が共立された」。そう書いてあるのです。

従って「倭国大乱」が霊帝の末の一八九年ころ終ったとしたら、卑弥呼が即位したのも、この頃になります。つまり卑弥呼第一回遣使までにすでに約五十年間（一八九→二三八）の在位期間を経過していたことになります。このあとも、卑弥呼は少なくとも、狗奴《こうぬ》国と交戦した正始八年（二四七）ころまでは在位していたことが確実ですから、在位は〝通算六十年を越えた〟こととなりましょう。これは即位のはじめ、すでに「年已《すで》に長大」（三国志）だったという卑弥呼としては、何としても異常です。

だからこれはやはり、後者の解釈が妥当だということになります。つまり〝一六七年前後、倭国に「大乱」がぼっぱつし、それは卑弥呼が即位した景初二年（二三八）ころまでつづいた〟という理解です。そして〝その終りの何年か（歴年）は、「主」無き期間すらあった〟というのです。ここでは「歴年主無し」と、「歴年」は「無主」期間とされているのに注意して下さい。〝一六七年前後以来の長年月の「有主」戦乱期につづき、ついに二三八年直前の何年かは混乱の極、「無主」戦乱期となるに至った。そして新女王が登場したのだ〟。これが范曄《はんよう》の描いた図式です。

ではその「有主」から「無主」にわたる混乱期は何年つづいたのでしょう。簡単なひき算です。

〝238－167＝71〟

ところでこの一六七というのは、桓帝《かんてい》退位、霊帝即位の年です。この年からなら、「霊帝之初」と言えばよいわけで、〝桓・霊の間〟と両帝にかけて言う必要はありません。つまり、「大乱」ぼっぱつは、やや桓帝の晩年にくいこんだ頃からぼつぼつ始まっていなければなりません。とすると、この「71」という数字は「70～80」くらいと修正すれば、ちょうどいいこととなります。

そこです。例の「住《とど》ること七、八十年」という、『三国志』の数値。それがここにズバリ顔をみせてきたのです。

これが結論です

この奇妙な一致に気がついたのは、わたしがはじめてではありません。それどころか、研究史上の著名な一論点をなしてきたのです。

たとえば、菅政友《かんまさとも》は『三国志』の「住七、八十年」を〝景初以前の七、八十年〟と解し、『後漢書』はこれによって計算し、〝桓・霊の間〟という一句を造出した、そう考えたのです。逆に白鳥庫吉は『後漢書』のこの一句は魏志・魏略以外の〝独立史料〟によったもの、と考えました。こう考えると、逆にこの〝独立史料〟をもとに陳寿（三国志の著者）が「住七、八十年」の句を造作した、こう考える論者も出てくるわけです。

しかし、今はそのような研究史論議はやめにして、ストレートに事実を確認してゆきましょう。

『三国志』の「住七、八十年」の文面は、ここだけなら、一応は前文と結ぶか、後文と結ぶか、その二つが可能です。しかし、『三国志』全体の「住」の用法から見ると、〝前文の男王即位記事と結ぶ〟ものと理解するほかない。つまり「七、八十年」は即位期間です。これはすでに論証した通りです。従って「まず〝桓・霊の間〟の句があって、これに従って陳寿が戦乱期間を〝住七、八十年〟とする文面を作った」。このような理解が成立できぬことは確実です。とすると、真の事の成り行きは、前者となります。つまり、「范曄《はんよう》が『三国志』の文面を誤読して、計算を行い、〝桓・霊の間〟の一句を造出した」。

――これが結論です。これは大変な結論です。さらに念を入れて確認してみましょう。

第一は、次の「本」の一語です。

「其の国、本亦男子を以て王と為し、住こと七、八十年、倭国乱れ……」（倭人伝）

この「本亦《もとまた》」の語が男王問題にだけかかり、「倭国乱」問題にかからぬことは当然です。ところが、倭人伝の冒頭には有名な次の一節があります。

「（倭人）旧《もと》百余国。漢の時朝見する者有り、今、使訳通ずる所三十国」

ここで魏晋時代が「今」と呼ばれているのに対し、漢代は「旧《もと》」と書かれています。また、

「夫余、本《もと》、玄菟《げんと》に属す。漢末、公孫度、海東に雄張し、外夷を威服す。夫余王、尉仇台、更《かわ》りて遼東に属す。……今、夫余の庫に王璧有り」（三国志巻三十、魏志夫余伝）

右では、〝夫余は本《もと》、玄菟郡に属していた。ところが漢末以来は遼東郡に属するようになった〟というのですから、ここでも「本」は漢代のことを指しています。そして一方で漢末のあとの魏晋を指す「今」の用語がここにも出現しています。

このような「本」と「今」の対比は、次の一文に鮮明に現われています。

「涓奴《けんど》部、本《もと》、国主。今は王為《た》らずと雖も、適《たまたま》大人《たいじん》を統ず」（魏志巻三十、高句麗伝）

以上の諸用例と語法のしめすように、明らかに、

(A)本亦男子を以て王と為し、住ること七、八十年。――漢代

(B)（今）倭国乱れ、相攻伐すること歴年。――魏晋代

という関係なのです。これを(B)まで、「本」（漢代）の意に解してきた（范曄）をふくむ従来の読法、それは大きな錯誤におちいっていたのです。

范曄がおちいっていた、このような錯覚をもっともよく示すもの、それは「歴年主無し」の一句です。『三国志』では、「倭国乱れ、相攻伐する」ことが「歴年」の内容でした。ところが、范曄は、〝七、八十年間もズーッと倭国が乱れつづけた〟ように解したために、「歴年」を別のもの、つまり「主無し」の期間として、あて直すこととなったのです。

二人の錯覚

『後漢書』では、倭伝の最初に、

「国、皆《みな》王を称し、世世《よよ》統《とう》を伝う。其の大倭王は、邪馬臺《やまたい》国に居《お》る」

としています。倭国の大中心たる「大倭王」が「主」です。その「主」の不在時代が卑弥呼の直前にあった、范曄はそういうのです。

ここにおいて、わたしたちは、知ることができます。〝なぜ、范曄は「大乱」と表現したのか〟を。第一に、彼は二世紀半ばころから、三世紀の三十年代まで、戦乱が七、八十年間もの長期間つづいた、と考えたのです。これなら、応仁の乱など、比べ物にもならぬ、日本史上空前絶後の「大乱」です。第二に、しかもその〝長期戦乱〟の最終期は、〝大倭王不在〟という最悪期を迎えた、というわけです。つまり、倭国という、いわばこの「東庭」の領域内では、〝君、君の威を亡い、臣、臣の儀を亡う〟状況となったのです。つまり『後漢書』で採用された「多元化された〝大乱〟の用法」にピッタリです。しかし、遺憾ながら范曄は先にのべたように、根本において、『三国志』の文脈自体を誤断していたのです。

――これがパズルの第一の解です。

「しかし、范曄は中国人だ。その彼が漢文（中国文）の文脈を誤断した、などとは、日本人のお前がおこがましい」。そうおっしゃる方もありましょう。ところが、同じ中国人で、「住七、八十年」を〝前文と結びつけて〟読解した史家もあるのです。それは先の(B)の『梁書《りょう》』の例です。七世紀前半の唐の人ですが、彼の眼前にあった史書に、『三国志』と『後漢書』の二つもふくまれていたことは、確実です。

「安帝の永初元年（一〇七）、倭の国王帥升《すいしょう》等、生口《せいこう》百六十人を献じ、請見を願う」（後漢書、倭伝）

この「帥升」というのが、倭国史上に名前の登場した最初の「王」です。「女王」とは書かれていませんから、まず、「男王」と見ていいでしょう（この直前の建武中元二年〈五七〉の「倭奴国金印授与」の項については、王名など一切書かれていません）。これは漢代です。そこで『三国志』の「其の国、本亦《また》男子を以て王と為し」の「男王」を「この男王と同一人物だ」と推定したら、どうなるでしょうか。

(a)帥升の遣使——一〇七

(b)男王在位期間——七、八十年

つまり、この男王（帥升）は、「一七七～一八七年」頃まで在位したことになります。そしてその時点が「倭国の乱」の開始時期ということになります。これを中国の絶対年代で表現してみましょう。

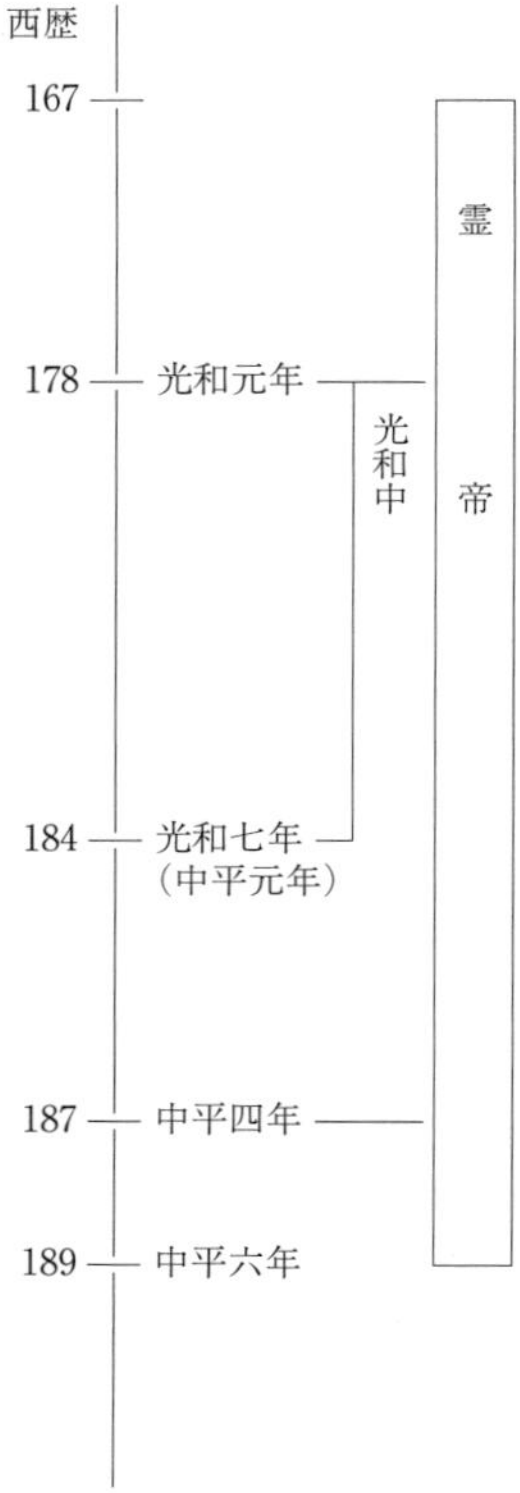

問題の十年間は、「霊帝の光和年間」をスッポリ包みこんでいます。ところが、『梁書』では、右の一句がまさに「倭国乱る」の開始時点とされているのです。つまり、「住七、八十年」を在位期間と見なした上で、「後漢書の帥升＝三国志の男王」という等号に立つとします。すると、ガタン、ピシャリと、計算機は、自動的に「霊帝の光和中」という、「倭国の乱」の開始時点をしめす一句をはじき出す。そういうしかけです。それこそまさに姚思廉《ようしれん》の計算方法だったのです。

――これが第二のパズルの解です。

さらに吟味を

しかし、これに対して、次のように言う方もありましょう。「いや、逆だったかもしれない。姚思廉の記載した一句、〝霊帝の光和中〟の方が本来の漢代史料だった。それを見た西晋の陳寿が同じ計算で、『住七、八十年』という数値をはじき出したのだ」と。確かに、

○帥升の遣使――一〇七

○霊帝の光和中（倭国の乱の開始）――一七八～一八四

という二史料から、「住七、八十年」をはじき出すことは当然できます。先の計算とは足し算と引き算のちがいだけですから。では、事の真相はこのような経緯だった、こう考えてもいいのでしょうか。

残念ながら〝否！〟です。なぜなら、次の史料を見て下さい。いずれも『三国志』です。

(A)「殤《しょう》・安の間に至り、句麗王《くりおう》、宮《きゅう》、数《しばしば》遼東を寇《こう》す」（魏志、高句麗伝）

(B)「順・桓の間、復《また》遼東を犯す」（魏志、高句麗伝）

(C)「桓・霊の末、韓、彊《きょう》盛、郡県、制する能はず。民多く流れて韓国に入る」（魏志、韓伝）

(A)の〝殤・安の間〟は「殤帝（一〇五―一〇六）と安帝（一〇六―一二五）の間」のこと、(B)の〝順・桓の間〟は、「順帝（一二五―一四四）と桓帝（一四六―一六七）の間」のことです。この二帝の中に、冲帝《ちゅうてい》

（一四四—一四五）と質帝（一四五—一四六）の三年間がはさまれています。また(C)の〝桓・霊の末〟は、「桓帝と霊帝の末（一六七及び一八九）」です。

これは、いずれも東夷伝の例ですが、もちろん中国内部（本紀、列伝）にも、この種の句法（絶対年代のしめし方）は、ありふれています。そのような句法を慣例としている陳寿です。その彼が眼前の史料に〝桓・霊の間〟とか〝漢の霊帝光和中〟とかあるものを、わざわざあいまいな「住七、八十年」にひき直す。そんなことは意図不明。全くありえないことです。従って「陳寿が計算して書き直した」説は成り立ちません。やはり姚思廉の方が仮説を立て、計算し、この中国風年代表記に〝作り変えた〟のです。

姚思廉の試行と苦渋は、その文面中にハッキリとその痕跡を残しています。なぜなら、光和中（一七八—一八四）に倭国の乱がぼっぱつし、それから「相攻伐すること歴年」、つまり、十年足らずのうちに卑弥呼が共立されるのですから、少なくとも一九四年前後には即位したことになりましょう。とすると、景初二年（二三八）の最初の遣使までにすでに四十四年たっていたことになります。即位時ですら、「年已《すで》に長大」のお婆さんが——。こんな矛盾がここでもふたたび露呈せざるをえないのです（この点、後に改正。卑弥呼の登場は四十代半ば。『邪馬一国の証明』一七～二二頁参照）。あちら立てれば、こちら立たず、范曄も、姚思廉も、現代の論者と同じく、早くから「邪馬台国」論争の迷路にまきこまれてしまっていたようです。

ここに本筋が

では、ここで話を本筋にとりもどし、ズバリ史実に向いましょう。『三国志』全体の表記法から倭人伝を見る限り、「倭国の乱」は、三世紀魏代の事件だった、こう見なすほかはありません。ですが、もう一つ、つめるべき問題が残っています。それは男王の真実《リアル》な在位期間です。

その「住七、八十年」という表現が、中国風絶対年代からの〝翻訳〟でないことは、すでにのべました。とすると、当然、〝魏使が倭国で聞いた〟ことになります。つまり〝倭人の報告による史実〟です。

こう考えてくると、突然、一つのサーチライトの光が横合いから飛びこんできます。そう、『「邪馬台国」はなかった』を読まれた方なら、ご承知の「二倍年暦」の問題です。要約してみましょう。

「魏略に曰く『其の俗、正歳四節を知らず。但々《ただただ》春耕、秋収を計りて年紀と為す』」

これは倭人が「春耕」「秋収」の二点において年紀（年のはじめ）をもっていることをしめした文です。

この理解に立つと、倭人伝のつぎの記事のもつ謎も氷解します。

「その人、寿考（ながいき）、或は百年、或は八、九十年」

つまり平均年齢九十歳くらいだというのですが、これを「二倍年暦」と見なすと、その実は四十五歳くらい。弥生期の日本人の人骨のしめす実際の寿命とよく符合してくるのです。その上、『古事記』『日本書紀』のしめす天皇の平均年齢も九十一歳ですから、右の視点から見ると、ピタリ謎が解けるわけです。また、わたしが『「邪馬台国」はなかった』の最後で提起した裸国、黒歯国の問題。その「東南、船行一年」も、二倍年暦の視点から、実日程「船行半年」と見なしたとき、解けはじめること、すでにのべた通りです。さらに九州北岸の対岸たる朝鮮半島南端でも、この二倍年暦が用いられていた形跡のあることも、すでにのべました（『邪馬壹国の論理』朝日新聞社）。

このような視点から見れば、この「七、八十年」の在位期間も、実は「三十五～四十年」の在位期間となるのです。これなら、長いとはいっても、〝空想的だ〟とは言えません。何しろ、現代でも、すでに「昭和」の天皇の在位期間は優に五十年を越えているのですから。

つまり、この男王は二世紀の八十年代（一八〇〜一九〇）に即位し、後漢末（二二〇）前後まで在位したと思われます。この〝長期安定政権〟を支えた男王の没後、「倭国の乱」がはじまったのです。それは後漢が亡ぶ前後の頃ですから、有名な公孫氏《こうそんし》問題がからみます。

後漢末期、公孫氏は遼東にあって、楽浪郡を支配し、さらにその南半を割いて帯方郡とし、それをも支配していました。すなわち、右の倭国の男王は、公孫氏を通じて後漢朝に貢献していたはずです。この記事が中国側の史書に記載されていないのは、次の二つの理由による、と思われます。

第一に後漢代の同時代史書がないこと。范曄の『後漢書』は、五世紀の成立ですから、そのとき遺存していた史料だけは使ったものの、散佚《さんいつ》していた史料も多かったはずです（西暦三一六の西晋の滅亡による大損亡）。

第二に、後漢末期、漢の最後の天子は献帝（一八九―二二〇）です。これがちょうど、右の倭国の男王の期間にほぼ当っています。この間は、中国ではまさに「漢末の大乱」の期間です。倭国との交渉どころではありません。従って中国側の正史に反映しないのも、無理はないのです。

以上によって、パズルはほぼ終局を迎えたようです。

最近、考古学者の間で盛んなものに、「高地性集落」についての論議があります。瀬戸内海から近畿に及ぶ、この特異な集落は、はなはだ興味深い問題です。

そのときしばしば引き合いに出されるのが、この「倭国大乱」です。そしてこれを「桓・霊の間」や「霊帝の光和中」という絶対軸の上において、そこから右の「高地性集落」の年代を考えたり、さらには倭国の規模を考えたりする。そういう論者も多いようです。

この「高地性集落」自体については、興味深い問題として改めて論じたいと思いますが、いま注目したいのは次の一点です。――『後漢書』の「桓・霊の間」も、『梁書《りょうしょ》』の「霊帝の光和中」も、史実としては実体のない〝まぼろしの絶対年代〟だった、という一点です。なぜなら、それらは、范曄や姚思廉が、それぞれの文脈読解や仮説の上に立って計算し、その結果導き出された〝試解〟にすぎなかったのです。そしてそれは今までのべた通り、いずれもあやまっていました。

「まぼろしの倭国大乱」――わたしは、だからそう呼んだのです。

陳寿とピーナッツ――『晋書』陳寿伝の疑惑

わいろの嫌疑

いささか頭の痛い数字パズルに代って、のんびりした話に舞台をうつしましょう。

〝『三国志』は、わいろで書かれている〟。――こんな話をお聞きになったことはありませんか。と言っても、別に卑弥呼が著者の陳寿にはるばるつけとどけをして、この倭人伝を書いてもらった、などというのではありません。ありていに言って、次のような話です。

〝日本では「倭人伝」「倭人伝」と言って有難がるけれども、実は『三国志』なんて、それほどのものじゃない。著者の陳寿は、相手にわいろをせびってその多寡で記事を左右していたのだ。その程度の人物の書いた倭人伝なんて。金科玉条にする者の気が知れない〟。ザッとまあ、こういったムードです。こういう〝報道〟が流れたのが、例のロッキード事件で日本中湧きかえっているさ中だったこともあって（たとえば昭和五十一年三月十九日の朝日新聞「邪馬台国」で紹介）、読者の中には大分〝胸を痛めて〟下さった方もあったようです。

というのは、わたしの第一書『「邪馬台国」はなかった』の序文は、「はじめから終りまで陳寿を信じ切ったら、どうなるか。その明白な回答を、読者はこの本によって、わたしからうけとるであろう」という結びで終っていましたから、右の記事を見たわたしの本の読者が懸念して下さったのです。その年の夏、博多から壱岐へ向う「北九州、古代史の旅」の船中のことでしたが、心《しん》から心配して下さっているのを知り、つくづく有難いものだ、と思いました。

問題のエピソードは、次のようなものです。

千斛《せんこく》の米

三世紀当時、丁家《ていけ》というのは、魏の中で名家でした。丁儀《ていぎ》、丁廙《ていい》ともによく知られた人物だったわけです。ところが、陳寿はその丁家の息子に次のように言った、というわけです。「わたしのところに千斛の米をもっていらっしゃい。そうすれば、あなたのために、丁家のいい伝記を作ってあげましょう」と。ところが、丁家の息子は陳寿の要求に応じなかった。そこで『三国志』の中に陳寿は丁家（丁儀・丁廙）の列伝を、作らなかったのです。

これがこのエピソードの語るところです。

これを聞くと、早速、「じゃあ、やっぱり。陳寿って太え野郎だ。そんな奴の書いた倭人伝なんて」。そう言って怒り出す人があるかもしれません。だが、少しお待ち下さい。重傷の被害者から「彼が犯人だ」まで聞いて、飛び出していった刑事が、「……など、とんでもない」という後半部を聞き落していたとしたら、とんだ誤認逮捕を演ずるのが落ちでしょう。ましてこれは一分一秒を争う眼前の犯罪ならぬ、歴史上の事件です。

陳寿は蜀《しょく》に生れました。巴西郡安漢県と言いますから、今の四川省の南充県のあたりです。「少《わか》くして学を好み、同郡の譙周《しょうしゅう》に師事す」とありますが、この師、譙周との出会いは、陳寿の生涯にとって重要な意味をもったようです。

この譙周は、蜀朝滅亡のとき果した役割によって史上有名です。蜀の炎興元年、魏の景元四年（二六三）に鄧艾《とうがい》の軍がついに蜀の防衛線を破り、都（成都）を中心とする四川の大盆地地帯に侵入しました。このとき蜀の朝廷内では戦争の継続法について、切迫した論議が対立しました。そのとき、敢然と和睦（降服）策を進言して大勢をリードしたのが彼。この行為に関して、後代の史家が批議・弁護の論を展開しています。その問題はさておき、この陳寿伝でも、譙周は、大きな役割をになっているのです。

さて、若き陳寿がはじめて蜀朝に仕えたとき、そこには奇妙な勢力関係が成立していました。宦官《かんがん》（宮中の官。去勢せられた男子で宮廷に使役せられた者）の黄皓《こうこう》が権力を一手ににぎり、大臣たちも、皆彼にへつらっていた、というのです。中国の王朝史上有名な宦官の禍です。ところが、青年陳寿は敢然とこれに抵抗しました。

「寿、独り之が為に屈せず。是に由《よ》りて屢《しばしば》譴黜《けんちゅつ》せらる」

つまり、陳寿はそのため、黄皓ににらまれ、何回も左遷された（「譴黜」は、つみをせめて官位を下すこと）。――晋書の著者、房玄齢《ぼうげんれい》は、陳寿伝の最初をこのように書きはじめています。そして次のような奇妙なエピソードを紹介しているのです。「陳寿の父が死に、彼は喪に服していた。そのとき彼自身、病気になり、婢（下女）に丸薬を作らせていた。ところが、ある人が陳寿の家を訪問し、これを見た」。これだけの事件なのですが、これが原因となって「郷党《きょうとう》以て貶議《へんぎ》を為す」と書かれています。つまり、この丸薬事件のために、陳寿は非難をうけ、また左遷させられることとなった、というのです。

以上の叙述を見て、どのようにお感じでしょう。

房玄齢がここで言いたいのは何でしょう。「陳寿は、父の喪中に自分の丸薬を作らせるほど、不謹慎な人物だった」。そう言いたいのでしょうか。――逆です。そもそも、父の喪中だって、病気になれば、薬を飲んで何が悪いのでしょう。まさか「下女に作らせるのがけしからん。自分で作るべきだ」などというのではありません。そんなイメージはここでは無縁です。

それなのに、たまたま彼の家へやって来てその丸薬作りの話を〝いいふらす〟来客も来客ですが、それを〝真《ま》にうけて〟こんなつまらぬことをとりたてて、陳寿非難の合唱を行う。そして彼を左遷に追いやる。それは一体、何なのでしょう。そう、真の黒幕は、あの黄皓なのです。黄皓が陳寿の不屈な態度に不快を感じているのを知って、こんなつまらぬ言いがかりをつけて、陳寿左遷の口実作りをする茶坊主たち。それがこの「郷党の貶議」の正体なのです。

少なくとも、房玄齢は、そのつもりでこのエピソードを書いています。

つまり、直前に書いた、黄皓による、「屢《しばしば》、譴黜」の実例としてここに書かれているのです。この事件の真の原因は、陳寿の「不屈」、つまり黄皓にへつらわぬ骨っ節にあった。これが房玄齢の言いたいところです。ですから、ここは〝陳寿が不謹慎だった〟という〝史実〟を書こうとしているのではない。「陳寿は、当時の権勢者への不屈の姿勢のために、しばしばへつらい者たちからつまらぬことにこじつけて非難をうけることが多かった」。――その史実を書いているのです。

この点、この陳寿伝全体の構成を正しくつかむ上で重要な視点ですから、しっかり記憶しておいて下さい。

洛陽へ行く

さて、舞台はまわります。

蜀《しょく》朝の降服は陳寿の運命に激変を与えました。若い彼は遠く洛陽《らくよう》の都にのぼり、魏《ぎ》朝の史官に加わることとなったのです。或は師・譙周《しょうしゅう》の推薦があったのかもしれません。それは分りませんが、ハッキリしていること、それは魏朝の最高の有力者の中で、彼の才能に目をつけた人がいたことです。張華――これがその人です。

張華は、范陽郡《はんようぐん》、方城県の人で、博学をもって世に知られました。晋朝《しん》の儀礼、憲章、詔勅は、多く彼が書いたといいます。晋の武帝のとき中書令。呉を伐《う》つに功がありました。晋の恵帝のとき、太子少傅、右光禄大夫といった顕職にいたりましたが、六十九歳のとき〈永康元年〈三〇〇〉〉クーデターに会い、趙王倫《ちょうおうりん》に殺されました。性、人物を好み、後進をはげまし、人の善を推称してやまなかった、といいます。そして彼の死んだとき、家には全く他の財産とてなく、ただ書籍類だけがあふれていた、といわれます（晋書、張華伝）。そのような張華にもっとも愛せられた一人が陳寿だったわけです。

このようなよき庇護者を得て、陳寿の才能は開花しました。降服した蜀朝人であった彼にとって、このような理解者がなければ、『三国志』の著述も、可能であったか、どうか。――おそらくできなかったでしょう。なぜなら、同時代史にとって不可欠の、魏晋朝内史料の活用、それが不可能だったはずだからです。ともあれ、帝紀・列伝の出来あがった『三国志』が同時代の人にどのように評価されたか。それを物語る、一つのエピソードを房玄齢はしるしています。

夏侯湛《たん》、この人は西晋朝名門の出ですが、また文筆の人でもありました。そこでみずから魏の歴史、つまり『魏書』を著述したのです。「一門が活躍して形造った歴史を、自分が歴史書として書き留める」。これは、東西の歴史を見ても、あまり見ないケース、といえましょう。湛は敢えてその〝壮挙〟に挑んだのです。書き終えてしばらくは〝自信〟をもっていたのでしょうが、陳寿の書いた『三国志』を読むに及んで、いっぺんにその自信は消し飛んでしまいました。

「寿の作る所を見、便《すなわ》ち己が書を壊《こぼ》ちて罷《や》む」

自分よりすぐれた同時代史書の出現を見、ただちに己が書を廃棄する。この著者のもついさぎよさが、ピカリと光っています。それは同時に、陳寿の著作の優秀性が同時代に活躍した人々によって〝実証〟されたことを意味しましょう。

陳寿の庇護者だった張華も、このすぐれた史書の出現を喜び、『晋書』の著述を彼に期待した、と言います。『三国志』が同時代史書とは言いながら、厳密には前王朝（魏）の史書だったのに比べて、『晋書』となると、文字通りの現王朝史書ですから、〝それを任される〟というのは、史官として最高の栄誉だったのです（魏は蜀併合の直後〈二六五〉、元帝から司馬炎〈武帝〉への禅譲によって晋朝〈西晋〉となっていました。陳寿はその西晋の史官。現在ある『晋書』は七世紀唐代の房玄齢の作）。

順風満帆に見えた陳寿の行く先に大きな黒雲が現われたのは、このときです（ここに例の「わいろ」の話が紹介されているのですが、当時の状勢の説明上、あとにまわします）。荀勗《じゅんきょく》というのは、音楽をもって聞えた人ですが、政治的には、陳寿の庇護者たる張華のライバルでした。そのライバルが張華に代って権力をにぎったのです。こういう場合、張華と荀勗とただ一人の交替にとどまらず、荀勗派と張華派の総入れ替えになること、昔も今も変りません。

戦前の日本でも、政権が政友会から民政党に移っただけで、地方の警察署長の首まですげかえられた、というのは有名な話です。

そこで当然のように陳寿もその一人だったわけですが、時勢の変化に対し、〝利口に〟対処しようとしない彼は、ここでも標的にされたようです。「荀勗、華（張華）を忌《い》みて寿を疾《にく》む」とのべたあと、次のような経過が書かれています。まず、荀勗は、吏部（文官の任命や賞罰をつかさどる）に対して陳寿の非を鳴らし、長広太守に左遷させました。「太守」といえば、聞えはいいものの、要するに中央の史官グループから彼を切り離そうとしたわけです。こうなれば『晋書』の執筆どころではありません。

「その場所で我慢して、荀勗派に恭順を誓えば、また中央の史局に呼びもどしてやらぬでもない」。そういった「曰《いわ》く」をふくめた人事異動だったのでしょう。ところが、陳寿は拒否しました。その辞退の理由は「一緒にいる母が年老いていて、今さら見知らぬ任地に行きたがらないから」という、一見、当時としてありふれた名目ですが、その実体は一目瞭然《りょうぜん》、〃荀勗支配下〃の再配置を拒否したのです。

このあと、杜預《とよ》という人物が、陳寿を御史治書（「御史」は図籍・秘書をつかさどり、兼ねて糾察を任とする。「治書」は書籍・記録をつかさどる）という中央の史局の位置に推薦したときも、陳寿は再び拒否します。おもて向きの理由はまたも〃母が病気だから〃だったのですが、今度は都でできる職なのですから、真意はもちろん別です。要するに「荀勗支配下の史局で顕職につけるか」。そういう陳寿の反骨を、荀勗派が感じ取ったとしても不思議ではありません。「張華に可愛がられ、またライバルの荀勗にも可愛がられる」。そういう時勢が変っても〃いつも日の当る男〃の役割を相いれぬご都合主義として彼は潔癖に拒否し通そうとしたのです。ついに史局をやめ、〃職を去った〃のです。

このような陳寿に対し、当然荀勗派の〃こらしめ〃がやってきました。それは皮肉にも、陳寿がくりかえし名分とした「母」の死を契機としたものでした。その母は死に臨んで陳寿に遺言し、この都、洛陽に自分を葬るように告げました。息子が史家として才能を開花させた洛陽の地を愛したのでしょうか。それとも、故郷の蜀《しょく》には、あまりにも〃恥ある思い出〃（後述）が深かったからでしょうか。少なくとも、蜀朝滅亡後、直ちに旧敵者たる洛陽で名をなした陳家に対して、蜀人の目は〃冷たかった〃のかも知れません。

それは推察にすぎませんが、ともあれ、母は、「この洛陽の地に葬ってくれ」。こう言い残したのです。ですから、当然陳寿は遺言に従って母を洛陽の墓地に葬りました。ところが、これが荀勗派によって

〝問題〟にされたのです。「蜀に生れた母は、故郷たる蜀の地に葬るのが子供の情であるべきだ。それを陳寿は怠った」。こういう非難です。

これは「帰葬」と呼ばれ、当時しばしば行われた形式でした。しかし陳寿の場合、母の遺言に従ったのですから、何も問題はないはずです。だが、「遺言」云々《うんぬん》は、ほかからはその真否を確かめようもありません。だから外に現われた形式から「蜀人だのに、帰葬しないとは」といって非難したのです。「竟《つい》に貶議《へんぎ》せらる」。ここでも、再び「貶議」の語が使われています。

だが、今回は「左遷」ではありません。なぜなら彼はもはや〝職を去って〟いるのですから。それは「左遷」よりももっと彼にとって〝恐ろしい〟ことでした。すなわち「三国志を〝正史〟として否認する」という措置です。

米の単位

ここでいよいよ問題の〝わいろ〟事件を検討してみましょう。その原文書き下しは左のようです。

「或は云う。丁儀、丁廙、魏に盛名有り。寿、其の子に謂《い》って曰く『千斛《こく》の米を覓《もと》めて与えらる可し。当《まさ》に尊公の為に佳伝を作らん』と。丁、之に与えず。竟《つい》に伝を立てず、と」（晋書、陳寿伝）

ここで真相に迫るキーポイント。それは〝千斛の米とはどのくらいの量か〟という点です。これが分らなければ、このやりとりの場面の具体的なイメージ、それがピンとこないではありませんか。幸い、その史料には事欠きません。

まず、一斛が十斗であり、一斗が十升であることは説文にも出ている通り。現代の日本人でも、年輩の人なら通ずる話です。つまり「千斛」とは一万斗、つまり十万升です。〝一升飯を喰《くら》う〟という言葉は〝大飯喰《めしぐら》い〟の形容として、ついこの間まで生き残っていた表現でした。〝十万升飯喰い〟となれば、これは大変な話です。もっとも、こういう場合、いつも問題になるのは「単位」問題です。倭人伝内の里数値を漢代の里数値と同じ「単位」に解して、〝どんでもない錯覚〟の中に躍らされてきた、研究史上の苦い経験があります。たとえば、

「（韓）方四千里」（魏志韓伝）

「郡（帯方郡治。ソウル付近）より女王国に至る、万二千余里」（魏志倭人伝）

を、〝大風呂敷だ〟と信じて疑わない「邪馬台国」論者がいまだに跡を絶たないのには、驚かされます。つまり、単位問題では、いつでも、「その時代の単位の実体をまず確認する」。この手続きが不可欠なのです。

三世紀の灌漑《かんがい》

この点、いま問題の「斛」には、おあつらえ向きの史料が『三国志』自体の中に出てきます。

「歳完、五百万斛、以て軍資と為す。六、七年間にして、三千万斛を淮《わい》の上《ほとり》に積《せき》す可し。此れ則ち十万の衆、五年の食なり」（魏志二十八）

これは鄧艾《とうがい》伝に出てくる一節です。鄧艾は蜀への侵入戦での成功で抜群の功業をたてながら、その直後、天子への〝叛意《はんい》〟を疑われて、檻車《かんしゃ》に囚われました。彼の部下によっていったん救出されたものの、やがて子供も共に斬られた、という悲劇の将軍です。そのとき、青年陳寿は敗者側の蜀にいたのですから、まさに同時代人です。

その鄧艾はなかなかのアイデア・マンだったらしく、はじめ魏の東岸領域（淮《わい》）の寿春に派遣されたとき、その地を灌漑して水利を図れば稲の収穫が飛躍的に増大することを見抜き、司馬宣王（司馬懿《しばい》）に進言した言葉の、以下はその一節なのです。「そのように稲田の水利を図れば、この地方で一年で五

百万斛を軍資として蓄積できるだろう。それを五、六年累積すれば、三千万斛をここに蓄積できることになる。これは、すなわち、十万の軍衆を五年間養える量だ」と。つまり軍事的備蓄のすすめ、というわけです。司馬懿はこの進言を入れ、正始二年（二四一）広い漕渠《そうきょ》を開いたところ、鄧艾の進言通りの、豊かな収穫地帯となった、と書かれています。

この翌々年の正始四年には、卑弥呼が第二回の使を洛陽に送っています。使大夫の伊声耆《いせいき》・掖邪狗《えきやこ》ら八人です。そのときの献上に対し、掖邪狗らは率善中郎将《そつぜんちゅうろうじょう》の印綬《いんじゅ》をうけた、と倭人伝に書かれていますす。ですから掖邪狗らが、少し洛陽から南下していれば、この「広漕渠」を実地に見学できたはずです。

さて、余談はさておき、本題にもどりましょう。

三千万斛が「十万の衆、五年の食」なら、千斛は軍兵三人強の五年の糧となります。普通の民間人一人なら、三十年前後の糧になるのではないでしょうか。もっとも、これは単純計算で、実際は一般人にとって「米」は大変に貴重なものだったようです。上流階級は別としても、一般には到底米ばかり食べるというわけにはいかなかったでしょう。その米の値段ですが、『晋書《しんじょ》』食貨志に次のような記事が書かれています。

「（後漢末）穀一斛、銭数百万に至る」

後漢の最後の献帝の初平（一九〇―一九三）年間に、董卓《とうたく》の貨幣政策の失敗によって、インフレをまねき、右の状況になった、というのです。このとき「千斛」といえば、「銭、数十億」ということになりましょう。これは異常時としても、

「（泰始五年、十月）其れ、穀千斛を賜い、天下に布告す」

というのは、天子が汲郡《きゅうぐん》の太守王宏《おうこう》の善政を天下に特賞したときの記事ですが、陳寿と同じ西晋朝

であるだけに注目されましょう。また、
「（孝武、太元二年〈三七七〉）王公以下、口ごとに三斛を税す」
とあるのも、時代は少し下りますが、一般の庶民にとっての「斛」のもった意味として参考となりましょう。〝一人につき三斛〟を税の基準とした、というのです。

伝を立てず

こうしてみると陳寿が言った「千斛の要求」は、「とほうもないものだった」ことが分りましょう。さしずめ「このあいだの、天子の特賞分くらいくれれば、してやってもいいさ」といった調子です。丁家の息子はあきれかえってそこそこに退散したことでしょう。来るときは、「どうせ蜀《しょく》から来た敗民あがりの文人だ。十斛《こく》か二十斛か、少々はずんでやれば、御《おん》の字だろう」くらいに思っていたのでしょう。第一、魏の名家である丁家だから、独立の伝がたてられる（丁儀伝、丁廙《ていい》伝のように）のは当然で、要するにそのさい、〝魚心あれば水心〟、少々色づけした華やかなものにしてもらいたい。そういった下心だったのでしょうから。

ところが、陳寿は、この息子に舌をまいて退散させたばかりか、丁家の独立の伝さえ全く立てようともしなかったのです（現在の『三国志』には丁儀伝、丁廙伝などはありません。ただ彼ら二人の名前は徐奕《じょえき》伝〈魏志十二〉や陳思王植伝〈魏志十九〉など、しばしば出てきます）。

なお、このときの実況を推察するために、少し、つけたしてみます。――まあ、現代でいえばちょっとこういった光景を思い浮かべてみて下さい。中学か高校の教師のところへ、下心のある父兄が内申書に手心を加えてもらいに行ったとします。その申し出に対して、もしその教師が数万円かそこらの金額や物品をほのめかしたとしたら、これは〝立派な〟取引でしょう。しかし、もしその教師が「百万円か千万円よこせば少しは色をつけてあげますよ」などと言ったとしたら、その父兄は怒って帰るでしょう。

これは明らかに〝嘲弄的な拒絶〟なのですから。もしこれが最近話題の医学部への不正入学などだったら、〝取引〟や〝嘲弄〟のための金額の単位は、またピンとはねあがるでしょうけれども。

陳寿が言ったのは、まさにこの〝手ひどい拒絶〟だったのです。しかも出来上った『三国志』には、「佳伝」どころか、〝当然〟と思われた〝独立した伝〟すらなかったのです。陳寿がいかに丁家の息子の〝動き〟に対して潔癖な怒りを爆発させたか、それを現在の『三国志』がまぎれもなく証明しているのです。いや、それだけではない。陳寿は、自分が後世に遺すべき唯一のもの、この『三国志』をいかに愛していたか、そしてそれを汚《けが》すような所為をいかににくんだか。ほかならぬその証《あかし》がこのエピソードに現われているのではないでしょうか。

こうしてみると、このわいろ説話をもとにして、「陳寿は、わいろで史筆を左右するような、その程度の人物だったのだ」とか、「『三国志』は、しょせん当時の権勢者のひげのちりをはらう御用史家の手になる、史実の歪曲《わいきょく》物にすぎぬ」とか、――こういった、知ったかぶりの後代学者の八百の論議が、いかに的はずれの誤読に立っているか、一目瞭然としているでしょう。

陳寿と師の予言――『三国志』と『晋書』の間

以上のような理解は、決してわたしの独りよがりではありません。なぜなら、例の母の帰葬問題による第二回の「貶議」のあと、次のような意味深いエピソードが紹介されているからです。

譙周の予言

「初め、譙周《しょうしゅう》、嘗《かつ》て寿に謂って曰く、『卿《けい》、必ず才学を以て名を成さん、当に損折せらるべし、亦不幸に非《あらざ》るなり。宜しく深く之を慎むべし』と」

陳寿がまだ若く、蜀にいたころ、先生の譙周が彼に次のように言った、というのです。「あなたは将来、必ずあなたのもっている才能と学問で有名になる日が来るだろう。そしてまさにそのことのために他から誹謗され、名誉をくじかれる。それがあなたの免れえぬ運命だろう。しかしそれもまた、よいことだ。決してあなたにとって真の〝不幸〟ではない。——どうか、自分自身を深く大切にしなさいよ」

最初の「名を成す」予言。これは若い陳寿の学問への情熱を目のあたりに見てきた譙周にとって、当り前の、いわばごく自然な確信だったのかもしれません。だが、問題は次です。その「成名」のあと、当然「損折」が来る。そう予言しているのです。おそらく陳寿の反骨。自己の内にたのむもののために、外からの圧力に屈せぬ性分。いや、屈せぬどころか、逆に一層手きびしく反発する潔癖さ。そのために必ず富と力ある野心家たちの恨みを買い、彼らによって「損折」されることとなる。——これが彼の運命だ。譙周はそのように未来を〝読みとった〟のでしょう。

おそらく真の「予言」とは、決して神秘の魔術めいたものではない。ひとりひとりの中に潜在した諸要素を見出し、それが外界の空気に触れたとき、どのような色の火花を散らすか、その光のきらめきと、必然の行く末を冷静に見極める、その直観の技術なのではないでしょうか。

思うに、人間の努力とは、自己の中に内蔵された運命を完成するだけだ。ほかから何か別のものをつけ加えることではない。そういう人間に関する根本的な省察。わたしには、予言とて、この基本原理以外のものではないように思われます。

不幸に非ず

だが、わたしに一番〝こわい〟ように見えたのは、次の言葉です。「亦、不幸に非るなり」。この「亦」は論語の「亦、楽しからずや」のように詠嘆の辞ともとれますが、ここの文脈から言うと、やはり「も亦」の「亦」、つまり〝リンゴもミカンも〟という、〝並列〟を表わす「亦」のようです。

「名を成す」のはもちろん「不幸」ではない。だが、あとにつづく「損折」も亦、本当はあなたにとっての「不幸」ではないのだ。こう言っているのです。

なぜ、誹謗によるいわれなき〝名声の失墜〟が「不幸」ではないのか。

ここから先は、文章の断崖を離れて、自分の手で空《くう》の真実を指すより仕方ありませんが、譙周の言いたいのは、次のようではなかったでしょうか。あなたは才能の鋭さによって名を成し、同じく学問への非妥協の潔癖性によって、損折されるのだ。それがあなた固有の運命であって、幸、不幸は、上っつらの現象にすぎない。もっと言えば、その「損折」こそあなたが自己の学問の純潔を犯されなかった、名誉の証明、後世に自己の学問の成果を長く遺存できる幸せの証明だ、と。

たしかに「わたしはこのように生き、このように書いた」。そう惑わず言い切れる幸せ。それ以上の幸せは、学問を探究し、執筆する者にとって望みえないことなのですから。だが、譙周のもっとも深い心術は、その次の言葉に表わされます。――「宜しく深く之を慎むべし」。

はじめわたしは、これをこう解釈しました。

〝大事にしなさいよ〟。――つまり、「あなたにはそのような生涯の運命が約束されている。大変な変転と翻弄の中に一生は過ぎよう」。そう冷徹に見通した上で、やさしく〝大事にしなさいよ〟と情愛の眼差しを投げかけたもの、そう解したのです。

もちろん、大筋はそれに狂いはありません。まさか「〝損折〟されないように、有力者に恨まれるような出過ぎたふるまいはやめときなさいよ」などという、俗な処世術の忠告でないことは、当然。そんな解釈では、まさにぶちこわしです。第一、そんな忠告でとどめられるような〝運命〟なら、はじめからその人固有の運命などではない。本質的な「予言」の対象にされるていのものではないのです。そこで万感をこめて〝大事にしなさいよ〟という言葉をこの青年に贈ったのだ、わたしはそう解していたのですが、なお、奥があったように、今は思えてきました。

それは「深く慎むべし」の中の、「深く」という一語です。もし、単に情愛の心を手渡しただけの言葉だったとしたら、この一語のもつ、ズシンとした重みが気になったのです。

譙周が忠告しているのは、いわゆる処世法の〝逆〟なのではないでしょうか。もし俗な処世法のような忠告なら、それはいわば事態を〝浅く慎む〟ものです。〝権勢者の機嫌を損じないように注意することによって、或は当面の「損折」は免れうるかもしれない。しかし、その代償として「自己の学問の純粋性を損なう」という、真の「不幸」をまねきよせることとなるでしょう。かりそめにもそんなことのないよう――あなたのことだから、万《ばん》、無いと思うが――深く心しておきなさいよ〟。譙周は、若き陳寿の心にそうささやきかけたのではないでしょうか。

的中した予言

人間の深部に触れようとするとき、筆はいきおい、〝主観的〟となりましょう。ですが、今わたしがのべたいことの大筋の骨格は、実はこの陳寿伝の著者によって裏書きされているのです。

「寿、此《ここ》に至りて再び廃辱《はいじょく》を致す。皆、周の言の如《ごと》し」

「廃辱」というのは、〝官職をやめさせられる〟こと。陳寿が再度「貶議《へんぎ》」をうけたことを指しているのです。一回は蜀時代、父の喪中の丸薬事件を名とした、黄皓《こうこう》による左遷。もう一回は西晋の洛陽時代、帰葬事件を名とした、荀勗《じゅんきょく》による弾劾。

その弾劾の中で、『三国志』自体にも、あらぬ嫌疑をかけられ誹謗された、その一例が問題のわいろ事件なのです。つまり、先生の譙周が〝あなたは自己の潔癖性のために、権勢者から「損折」されるだろう。それはあなたにとって真の光栄だ〟という、その実例なのです。

そういう文脈の中でこの陳寿伝の中に引用されている文章を、〝この史料のしめすように、陳寿は「わいろ」によって『三国志』の記述を左右した。『三国志』とは、しょせん、その程度の御用学者のでっちあげた史書なのだ〟という形で理解するとは。断章取義（作者の本意、詩文全体の意味のいかんにかかわらず、その中から自分の用をなす章句だけを抜き出して自分勝手に用いること）も極まれり、という所ではないでしょうか。地下の陳寿もさぞかし苦笑していることでしょう。

陳寿はかつて後代の学者の非難にさらされたことがあります。南宋代の、いわゆる宋学の学者によってです。「三国中、漢の正統の継承者は、漢室劉氏の血を引く劉備だ。魏の曹操のごとき、漢の天下を盗んだ簒奪者にすぎない。しかるに陳寿はその魏朝にへつらい、これを正統とする形で『三国志』を書いた」。こういう非難です。陳寿が本来蜀人であり、師の譙周が和平（降服）策の進言者であったことも、〝陳寿憎し〟の感情に火をそそいだことでしょう。

こういう立場から、『三国志』全体を蜀朝中心の記述に書き改める、という、ご苦労な仕事に没頭した学者もあります（元の郝経《かくけい》撰『続後漢書』。蜀を後漢の続きと見なした書名）。後代、中国でもっとも愛読された歴史小説の一つとなった『三国志演義』も、この立場から書かれていることはご承知の通りです。しかし、このようなイデオロギー的な攻撃の嵐は、それが時流に乗っている時は手のつけられない勢いをしめしますが、その時勢の潮が引くと、見るも無残な、〝しらじらしさ〟だけを残して消え去ってゆきます。歴史上の数々の実例がさししめしているように。

これに対し、今回の〝陳寿誤解〟は、これとは質を異にしているようです。『晋書』陳寿伝の中から、この〝わいろ事件〟のエピソードだけを抜き出し、それを〝自分の好みの味つけ〟で使った、それだけのようです。別に大義名分上のイデオロギー的背景があるわけではありません。

もっとも、この種の誤解は、明治以降の「邪馬台国」研究史を一貫してきた、ともいえるかもしれません。たとえば倭人伝内の里数記事、あの「一万二千余里」などを、白鳥庫吉《しらとりくらきち》以来、〝自明の誇張〟として疑わずに来たのです。

その挙句、最近でも、〝陳寿がこんな誇張記事を書いたのは、当時の権勢者司馬懿《しばい》たちの功業をたたえるために、あえてウソと知りつつ阿諛《あゆ》して書いたのだ〟などという「学者」の発言がまかり通っている始末なのです。

これも『三国志』全体の里数記事を抜き出してみれば、すぐ判ることです。実際に調べてみれば、何の誇張の必要もない中国本土内部の記事（たとえば揚子江の中流北岸部の天柱山、下流南岸部の江東など）でも、倭人伝と同じ里単位で書かれていることが、すぐ判明するはずなのに、そんな検証すら、明治以来、欠けたまま。今でもそれに気づかずに、いわゆる〝陳寿・御用学者説〟が展開されているのです。〝実証の欠如も、宿痾と化している〟そういった感じを抱いた人があったとしても、無理からぬところではないでしょうか。

陳寿の孔明への愛憎――『三国志』諸葛亮伝をめぐって

事のついでにと言ったら、何ですが、陳寿の生前、『三国志』に向けられた、もう一つの〝なまぐさい嫌疑〟について話してみましょう。

孔明伝の嫌疑

次の格言をご存じですか、「泣いて馬謖《ばしょく》を斬る」。そう、蜀の名相・諸葛孔明が自分の愛する部将馬謖を斬った、という話です。軍事行動（街亭《がいてい》の戦）のさい、孔明の作戦に従わず、いわば〝軍の法〟を犯した罪のために、泣きながら彼を処断したという話。馬謖自身が死に臨んで、孔明に手紙を送り、「あなたは、わたしを自分の子供のように可愛がってくれ、わたしもあなたを父のように慕ってきた。だから、わたしは、今回処刑されてあの世へ行っても恨むところはない」と書いた（襄陽記《じょうようき》）と伝えられています。ですから〝冷酷な処刑〟というよりも、むしろ「愛するにもかかわらず法を曲げることができなかった」孔明のつらさ。その機微を強調した〝美談〟として格言化されているようです。

陳寿の父は、あの馬謖の参軍（参謀）だった、というのです。そこでこのとき、同じく〝指揮上のミス〟の責任をとらされ、「髡《こん》」という刑に処せられました。これは〝髪をそりおとす〟刑で、『史記』『漢書』にも出てくる、古くからの刑罰のあり方です。

〝たかが坊主頭になるだけじゃないか。軽いさ〟と思われるかも知れませんが、これは〝社会的見せしめ〟の一形態です。「人の賤《せん》する所」（易林）とありますから、要するに従来の社会的身分を奪われ、罪人として世の嘲弄の中に生きねばならない。こう考えると、かなり残酷な刑とも言えましょう（もっとも、孔明は、馬謖の子供たちを従前と変らず可愛がった〈襄陽記〉と言いますから、処刑後の陳家に対しても、

「古の刑法」通りだったか、どうかは疑問ですが）。

さて、当時の少年、今は『三国志』の著者たる陳寿に対して西晋朝、荀勗《じゅんきょく》派から向けられた嫌疑は、次のようだったのです。

「寿、亮の為に伝を立てて謂う。『亮の将略、長に非ず。応敵の才無し』と」

つまり、陳寿は、孔明の処断によって父が辱《はずかし》めを受けた往年の恨みを忘れず、『三国志』の中で、〝筆で〟復讐した、というのです。つまり、蜀志巻五の諸葛亮（孔明）伝の中で、「孔明は〝将略〟に長じていなかった。敵の出方に応ずる〝応敵の才〟も無かった」と書いてあるのは、そのせいだ、というのです。

もう一つ。孔明の死後、その子・諸葛瞻《せん》が蜀の宰相の地位を継ぎました。ところが、その瞻は青年陳寿の才能を認めず、これを軽んじた、というのです。そこで後年西晋朝の史官となった陳寿は、またも『三国志』の中で〝私怨を晴らした〟というわけです。孔明伝につづく諸葛瞻の短い伝の中で、

「瞻は惟《ただ》、書に工《たくみ》にして、名は其の実に過ぐ」

つまり、「瞻という人物は、ただ字がうまいだけだった。それなのに、名声の方がその実体を越えていた」。そう書かれているのが、それだ、というのです。

中国の西隅の蜀の話ともなると、日本の古代史とは、えらいかけはなれた話のようですが、『三国志』、ひいては倭人伝の信憑性に関することですから、もう少し耳を傾けていて下さい。

わたしは『晋書』陳寿伝に書かれた、このエピソード（例の「わいろ」の件の次に列記されているのです）を見て、ここから〝くさいな〟と思いはじめたのです。わたしは『三国志』中この孔明伝は特に注目して読みかえしていました。なぜなら、この伝は全『三国志』中、異彩を放つ一巻だったからです。

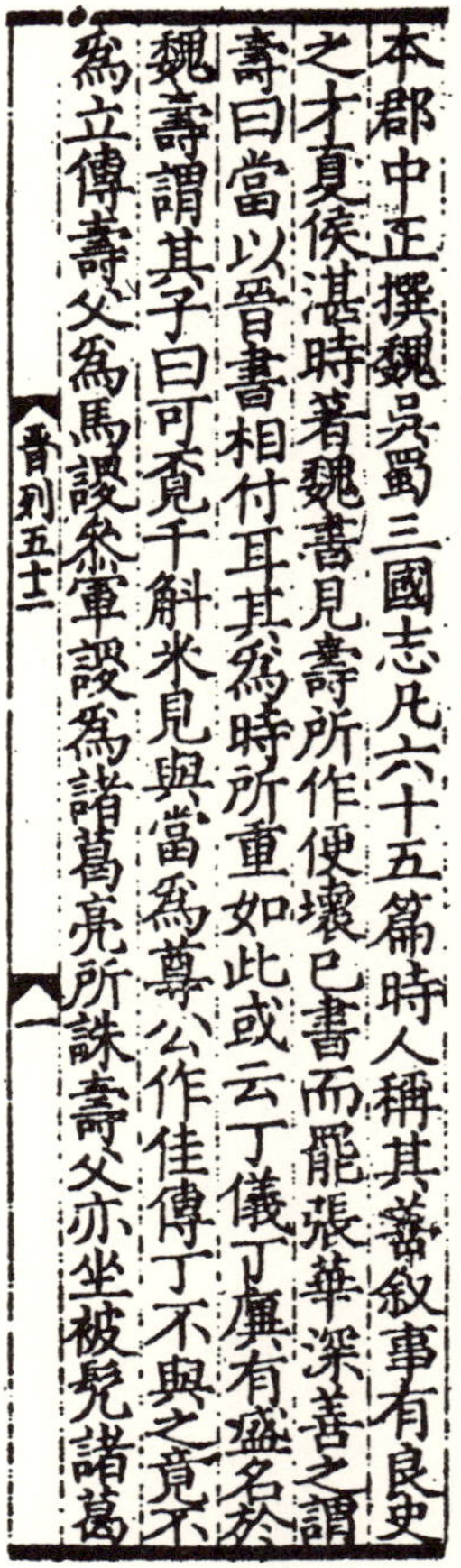
本郡中正撰魏呉蜀三國志凡六十五篇時人稱其善敘事有良史
之才夏侯湛時著魏書見壽所作便壞己書而罷張華深善之謂
壽曰當以晉書相付耳其爲時所重如此或云丁儀丁廙有盛名於
魏壽謂其子曰可覓千斛米見與當爲尊公作佳傳丁不與之竟不
爲立傳壽父爲馬謖參軍謖爲諸葛亮所誅壽父亦坐被髡諸葛
晉列五十二
一

「寿父亦坐被髠」
（晋書陳寿伝）

孔明は名宰相であると共に、当代屈指の文人でもありました。従って死後、おびただしい著作が残されていたのです。陳寿は西晋の史官として天子の命によってその著作集の編纂《へんさん》を命ぜられているのです。全二十四篇、十万四千百十二字。その内容も軍事、法律、度量衡、書簡等、多岐にわたっていたようです。

その中でいま伝えられている「木牛《ぼくぎゅう》流《りゅう》馬《ば》法」というのは、一種の〝器械装置による運搬車〟の工夫だったようで、孔明の才の広汎なのに驚かされます。いわばレオナルド・ダ・ビンチ風の〝万能の天才〟型の人物だったのではないでしょうか。

さて、陳寿はその著作集を完成したあと、天子への上表文を書き、それが全文、孔明伝に掲載されています。これは大変貴重なものです。なぜなら、『三国志』自体には序文や上表文が残っていません。先ほどのべたように、『三国志』は一応完成されながらも、〝天子への上呈〟を待たず、張華《ちょうか》に代った荀勗派の圧力をうけることとなったからです。

これはまことに残念です。『三国志』著述の意図や当時の状況及び著者の留意点などが聞けないのです。この点、ここの上表文は、孔明著作集に関するものではあるものの、陳寿の史筆の基本の立場をあらわしています。余談になりますが、一例をあげてみましょう。たとえば、

「敵国誹謗の言と雖《いえど》も、咸《みな》其の辞を肆《ほしいまま》にして革諱《かくき》する所なし」

これは「孔明が蜀の敵国であった魏を非難攻撃したときの文章でも、すべてとがめをうけず、変改することなく収録できた」と言い、その寛容を西晋の天子（武帝・司馬炎《しばえん》）に感謝しているのです。

これは現代人から見れば〝当り前〟のことのようですが、孔明は終生、魏を不倶戴天の仇敵として戦った人ですから、魏晋朝の祖となった人々を面罵《めんば》する、といった文面の多いのは当然です。それらの文面を変改させず、そのまま寛容したこと、これは考えてみれば大変なことです。

この点、『三国志』自体の中でも、同じです。たとえば孔明伝の中で、

真実《リアル》な迫力

「今、曹氏、漢を簒《っ》ぎ、天下主無し」

と孔明が言うところがあります。

建安二十六年（二二一）洛陽では漢から魏への「禅譲」が行われました。それを孔明はズバリ「簒奪（さんだつ）」と称しています。そしてその「簒奪」を許さぬために、すみやかに劉備に対し、この蜀（成都）で帝位に即くことをすすめる、というくだりです。こういう種類の言説は、当の魏晋朝側にとっては到底許しがたいところです。しかし逆に言えば蜀側の建国時の意気ごみをありありと語っているわけです。

「こんなふとどきな帝室（曹氏）侮蔑の言葉は、正史に記載、相成らん」。こう言われれば、万事休す。『三国志』の魅力は、半減したこと、疑いなしです。のちの中国の『三国志演義』や吉川英治の『三国志』などで大衆化される、あの〝臨場感〟や人間対立の真実な迫力、それは出るべくもありません。

今、わたしの言おうとしていることを、もっとハッキリ言えば、次のようです。『古事記』『日本書紀』、さらに〝史実を伝えた〟と称する『続日本紀』以下の、日本の「正史」類（六国史等）を見て下さい。

たとえば、天皇家への敵対者が、〝天皇への面罵の言〟を真実《リアル》に吐く。そんな描写が、一体あるでしょうか。全くありません。では、そんな「史実」はなかったのか。とんでもない。同じ人間同士ですから、限りない愛憎が、たとえば皇位継承一つとっても、露骨に衝突しあったはずです。「簒奪」ともなれば、ましてです（たとえば、武烈―継体の間にも、その問題はありえましょう）。しかし、〝天皇への面罵など、書くのは不謹慎だ〟。この一言でそのすべては天皇家の「正史」から消し去られているのです。

このような体裁の「正史」が、わたしたち日本人の歴史認識をながく曇らせ、反真実《アンチ・リアル》なものにしてこなかったかどうか。こう考えると、陳寿のこの歴史記述法を〝当り前だ〟とわたしたち日本人が言い捨てることは到底できないでしょう。

応変の将略

さて、本筋にもどります。このような『三国志』の中でも、孔明伝は、もっとも光彩ある伝です。

孔明がいかにすぐれた名宰相であり、すべての民衆から慕われていたか、それが筆を尽くして書かれているのです。もし、陳寿のこの筆致が彼の個人体験と関係ありとすれば、――それはかつて孔明がいかに少年陳寿にとって〝すばらしい偶像〟であったか、それを物語る以外にはないように思われます。そのような印象をわたしはもっていましたから、この孔明伝で、陳寿が〝孔明への私怨を晴らした〟との説に接したとき、〝ハテナ？〟と眉につばをつけたのです。

では、史家陳寿は少年時代の憧憬のまま、孔明への冷静な目を失ってしまったか。そんなことはありません。孔明のもっていた長短をハッキリ見つめ、描破しています。

「評に曰く、諸葛亮の相国たるや……（中略）……識治の良才と謂う可し。管・蕭《しょう》の亜匹《あひつ》なり。然るに連年衆を動かして未だ成功する能《あた》わず。蓋《けだ》し応変の将略、其の長とする所に非るか」

「評」というのは、各伝の終に必ずおかれた、著者陳寿による〝総括〟です。今日の「批評」の語の淵源とも言えましょう。陳寿は、右の「中略」部分で、孔明の人柄、識見を絶讃したのち、右の一文でしめくくっているのです。

「孔明こそは民衆を治めること、すなわち〝政治とは何か〟という本質をしっかりとらえた人だった。まさに歴史上名宰相と言われた管仲《かんちゅう》や蕭何《しょうか》にも匹敵する人物と言えよう。ただ、長年にわたって出兵し、魏軍と対戦しながら、結局その目的（蜀中心の天下統一）をとげることができなかった。思うに、〝応変の将略〟については、必ずしも彼の長所とする所ではなかったのではあるまいか」と。

ここで「応変の将略」と言われているものは、何でしょう。「臨機応変」という言葉がありますように、〝天下の形勢が変化したとき、機略・大胆にそれに即応した手を打つ〟ことです。たとえば、『三国志』中、他に次の用例があります。魏の荀彧《じゅんいく》が、袁紹《えんしょう》と曹操の人物比較論をしている所です（魏志巻十）。

「紹（袁紹）、遅重少決、失は機に後《おく》るるに在り。公（曹操）能《よ》く大事を断じ、応変、方無し」

袁紹は決断力がにぶかった。これに対し、曹操は大事を決断するに果敢だった。形勢の変化に応じて策を変じ、縛られる所がなかった（「方」は〝常〟〝縛〟の意）。

孔明がライバルとして対戦したのは、西晋朝の始祖とされた司馬懿《しばい》でした。彼は孔明に〝自己以上の将才〟を見出し、〝孔明と戦わぬ〟という、徹底した〝待ち〟の作戦に出たことは有名です。「死せる孔明、生ける仲達《ちゅうたつ》（司馬懿）を走らす」の故事のように、〝孔明の軍を徹底して避け通した〟のです。そして病弱な孔明の死を確認してはじめて決戦に出たのです。孔明亡きあとの蜀に〝人無き〟を知っていたからです。しかも彼は孔明の死後、その軍営の配置を見て、「天下の奇才なり」と絶讃したことが、孔明伝に書かれています。将軍としての孔明の才能には、司馬懿も深く脱帽していたのです。

では、「応変の将略」とは何か。思うに、魏側にもしばしばピンチはありました。ことに漢の天子を無理に「禅譲」させた弱みは、天下に周知された所でした。また明帝のあと、三少帝（斉王芳《せいおうほう》・高貴郷公髦《ぼう》・陳留《ちんりゅう》王奐《かん》）の間、皇位継承をめぐって魏の帝室内には内紛がつづいていました。従ってその動揺をついて、一挙に〝攻め〟に出れば、どうなったか分らない。少なくとも、自分の死後に人無きを知りつつ、〝待ち〟に終ったのは、機に後《おく》れたものではないか。――陳寿の観察は、ここにあったのではないでしょうか。

歴史に「if」は禁句です。しかし、司馬懿の〝待ち〟のペースに乗ぜられたまま、死を迎え、その後間もなく蜀《しょく》の滅亡を味わった事実を思えば、陳寿の孔明逸機説も、あながち無体な論難とは言えますまい。むしろ、西晋朝にとって〝神のごとき始祖〟であった司馬懿の敗北（すなわち魏晋朝の滅亡）のケースを予想するような「if」を裏にふまえた孔明論。このような「評」を、よく陳寿は行った、そして西晋朝も寛容したものだ。わたしはこれに驚嘆せざるをえません。

こうしてみると、現代の「陳寿、御用学者論」はいよいよ色あせてきますが、それはともあれ、いま確認したいのは、次の一点です。〝この個所を陳寿私怨論に利用するなど、とんでもない濡れ衣だ〟と。

虚名の息子

諸葛瞻《しょかつせん》の問題は、もっとハッキリしています。蜀志の孔明伝につづく諸葛瞻伝のはじめに次のようなエピソードが紹介されています。

建興十二年（二三四）に孔明が兄の瑾《きん》に出した手紙の中で、次のように言っている。「瞻は今すでに八歳。聡明で智恵づき、可愛らしい。しかし、いささか、早く大人びすぎているのが、問題です。恐らくは〝重器〟（重厚の人物）にはなるまいと思います」と。この書面について、陳寿は一言の説明も付していません。しかし、孔明の死後、そのあとを継いだ瞻について、次のように書いています。

「瞻は書画に工《たくみ》にして、識念彊《つよ》く、蜀人、亮を追思し、咸《みな》、其の才敏を愛す。朝廷に一の善政・佳事《かじ》有る毎《ごと》に、瞻の建倡《けんしょう》する所に非ずと雖も、百姓皆伝え、相告げて曰く『葛侯の所為なり』と。是を以て美声溢誉《いつよ》、其の実に過ぐる有り」

ここでは、蜀人が死せる孔明を慕うあまり、蜀朝内に善政めいたものがあれば、すぐ（事実のいかんにかかわらず）〝孔明の子、瞻のおかげ〟と言いあった。そのため、瞻は実質以上の虚名をうることとなった、と書かれています。

わたしたちには、その真否を確かめることはできませんが、あまりにも偉大な人物の死後、きわめておこりやすい現象ではないでしょうか。たとえばナポレオンの人気復活を後光として登場した、あのナポレオン三世のように。ところが、瞻はその短慮の故に、蜀、亡国の悲運を早く招き寄せたようです。

魏将鄧艾《とうがい》は、彼の性格を見抜き、蜀域に侵入した直後、彼に次のような手紙を送りました。「もし、お前が降服したら、必ず魏の天子に上表して琅邪王《ろうやおう》としてやろう」と。瞻は怒り、艾の使を斬り、出て艾の軍に応戦し、まんまと艾の計略通り、決定的な大敗をして、蜀の命運をみずから絶ってしまったのです。やはり父の「予言」通り、彼は三十七歳となった今も、「重器」とはなっていなかったようです。

さて、陳寿はここで、孔明が八歳の子供を見てすでにその将来を予言した、その先見の明を讃美しているのでしょうか。確かにそれも、ことの、よりささやかな半面ではありましょう。しかし、より重要な半面は、次の問いにあったはずです。——「そのように〝重器〟ならざる瞻に、なぜ孔明は、蜀の命運を托《たく》したのか」と。

この問いをさらに反転させれば、「異才として孔明が期待していた馬謖《ばしょく》もすでに斬られ、他に人材がいなかったのだろう、と言えば、それまでだ。しかしそれならそれで、自分の生存中、いまだ蜀軍優勢だったときに、一挙に中原に雌雄《しゆう》を決するか、それとも断乎《だんこ》、和平に踏み切るか、そのような決断を、なぜ孔明はしなかったのだろう」。——これは蜀滅亡にさいし、心ある蜀人なら、皆誰もが嘆いたことではなかったでしょうか。すなわち〝孔明は応変の決断に踏み切る、その機を逸したのだ〟と。

いささか酷な言い方をあえてすれば、〝孔明は、八歳の童子の運命は予言できても、大蜀の後事を予見できなかった〟。そう言われても〝孔明の死を追うように蜀朝は滅亡した〟という、その肝心の史実が厳存する以上、地下の孔明も、これを弁明する方法がないのではないでしょうか。

わたしが少年時代愛していた詩に「星落つ秋風五丈原」というのがありました。明治年間、土井晩翠《つちいばんすい》の作。孔明を謳《うた》った長篇詩です。漢文読み下し文のもつ美しさを存分にとり入れた、そのリズムは往時の青年の詩心を酔わせる美しさがありました。

四海の波瀾収まらで
民は苦《くるし》み天は泣き
いつかは見なん太平の
心のどけき春の夢、
群雄立ちてことごとく

中原《ちゅうげん》鹿を争うも
たれか王者の師を学ぶ。

＊

丞相病《じょうしょうやまい》あつかりき。

そこに描かれた孔明像は、劉備《りゅうび》の知遇に感激し（劉備が孔明に協力を要請した、有名な三顧の礼の逸話があります）、蜀朝のために孤忠を尽くし抜く忠臣です。孔明の死後について、「功名いずれ夢のあと　消えざるものはただ誠」と歌っているように、あくまで唯《ただ》心情的な〝孔明讃美〟に終っています。

要するに、〝孔明は誠を尽くし抜いたのだ。蜀滅亡は運命だ。彼の責任など問うな〟というわけです。まことに日本人的な心情論ともいえましょう。これに対して陳寿はちがいます。一方では、孔明の名宰相としての治を十二分に評価しながらも、他方、厳しく彼の〝国の運命への予見と決断の不足〟を追及しているのです。その背景はこう考えられます。

一つは、陳寿にとって蜀の敗戦は、生涯忘れえぬ事件であったこと。たとえば、

「魏、蜀の宮人（後宮の女）を以《もっ》て諸将の妻無き者に賜う。李昭儀《りしょうぎ》曰く、『我、二、三の屈辱《くつじょく》を能《よ》くせず』と。乃ち自殺す」（漢晋春秋）

といった悲劇も伝えられているように、幾多の惨事が陳寿の耳や目には昨日のことのように焼きついていたことでしょう。これは蜀生れの青年たちにとって共通の経験だったことと思われます（右で「二、三の屈辱はいやだ」と言っているのは、〝ただ一人への貞節を守り抜きたい〟という意味でしょう。いわゆる「壱徳」です）。

他の一つは、やはり陳寿の史家としての識見です。孔明の果した役割を蜀朝時代から亡国後にわたる

長い時間の尺度で客観的に測定する。このような歴史的視点が右の批評を生んだのではないでしょうか。

このように見てくると、先の『晋書』陳寿伝に現われた私怨説は、まことに底の浅い議論。わたしにはそのように思われます。元康七年（二九七）、陳寿は死にました。時に六十五歳。これに先立ち、太康十年（二八九）に荀勗が死に、朝廷内の勢力関係も、やや〝旧に復し〟つつあったようです。老齢の陳寿に「太子の中庶子」という職が要請せられていましたが、未《いま》だこれに就かざるまま、この世を去ったのです。

名誉回復

陳寿の死後、梁州《りょうしゅう》の大中正尚書郎の職にあった范頵《はんいん》たちが、天子に次のような上表文を提出しました。

「昔、漢の武帝が次のような詔《みことのり》を出したことがあります。〝司馬相如《しばしょうじょ》が重病の床にある。彼の所に使を遣わして彼の著作・文章をすべて得てこさせるように〟と。そこで使者は彼の宅におもむき、〝封禅の事〟という遺書を手に入れ、天子はこれを賞美した、と言います。わたしたちがいま考えますのに、もとの侍御史であった陳寿は、『三国志』を著作しました。その言葉（辞）には、後代へのいましめになるものが多く、わたしたちが何によって得《え》、何によって失うか、それを明らかにしています。人々に有益な感化を与える史書です。

文章のもつ、つややかさは、司馬相如には劣りますが、〝質直〟つまり、その文書がズバリ、誰にも気がねせず真実をあらわす、その一点においては、あの司馬相如以上です。そこで漢の武帝の先例にならい、彼の家に埋もれている『三国志』を天子の認定による〝正史〟に加えられますように」。

天子はこの上表をうけ入れ、河南《かなん》の尹《いん》（長官）に詔を下し、洛陽の令（知事）が陳寿の家におもむいて、彼の遺書である『三国志』を写させた、というのです。

以上が『晋書《しんじょ》』陳寿伝の伝える所です。が、漢代の司馬相如といえば、当時文章の神様のように考えられていた人です。それに比べられているのですから、当時として、まさに最高の讃辞でしょう。〝棺《かん》をおおうて定まる〟のたとえ通り、陳寿の死後、やっとこのようにして『三国志』は〝日の目を見た〟のです。

右の中に、わたしにとって感銘深い一語があります。――「質直」

「飾り気なく、ストレートに事実をのべて他にはばかることがない」という意味です。この言葉の出典は論語にあります。

「『達』とは質直にして義を好み、言を察し、色を観《み》、慮《おもんぱか》りて以て人に下るなり」（顔淵篇《がんえん》）

弟子の子張の問いに孔子が答えた一節です。子張は〝世間に名声を博する〟ことを「達」と考えていたようです。「立身栄達」というときの「達」はこれでしょう。しかし、孔子はこれを斥《しりぞ》け、〝それは「聞《ぶん》」だ。真の「達」とは、そんなものではない〟と言います（「名聞《みょうもん》」の「聞《もん》」もこれでしょう）。そして真の「達」に対する、孔子流の定義を説いたのが、右の語です。

「あくまで真実をストレートにのべて虚飾を排し、正義を好む。そして人々の表面の〝言葉〟や表面の〝現象〟（色）の中から、深い内面の真実をくみとる。そして深い思慮をもち、高位を求めず、他に対してへりくだっている」。子張の、青年らしい客気《かっき》にみちた出世欲にチクリとお灸をすえたのでしょう。

この『論語』中の一語を、范頵《はんいん》は抜き出し、これを陳寿の真骨頂としているのです。ここに例の「わいろ」事件に名を借りた〝三国志非難〟が全くの濡れ衣として斥けられたのを知ることができます。公の場で上表され、天子がこれをうけ入れたのですから。少なくとも、『晋書』陳寿伝の著者が、この

「わいろ」事件に、いかなる位置づけを与えたかは、この上表文をもって、陳寿の生涯の記述を結んでいることでも、明瞭です。

わたしがこの語を感銘深い、と言ったのは、ほかでもありません。わたしが『三国志』全体の分析を通して痛感したもの、それがこの一点だったからです。従来〝誇張だ〟〝大風呂敷だ〟と言ってきたものが、実はすべて後代学者の〝勉強不足〟、自己の先入見にあわせた〝独断〟の類であったことが、いよいよハッキリしてきていたからです。

文章こそ、たとえば『後漢書』の范曄のような華麗な行文ではないけれども、一語一語選び抜かれ、その表現が事実に即するように苦心されている。それがいつも痛いように感ぜられていたからです。その陳寿の「質直」の志は、今、二十世紀の異国に生きる、わたしの中にもしっかりととどいています。

これこそ、人間の世における真の〝到達〟というべきではないでしょうか。

第三章　三世紀の盲点

それは「島」だった！——津軽海峡の論証

エドガー・アラン・ポーだったでしょうか。こんなテーマの小品がありました。「貴重品を隠すのには、どこがいいか。それは、一番人目につきやすいところ。そこに何気なくおくことだった」と。わたしが少年時代に読んだことのある、このストーリーを、三十年以上たった昨年、ふと思いおこしたのは、ほかでもありません。何べんも〝読み古していた〟はずの倭人伝の冒頭句。そこに、実は邪馬一国論争のきめ手をなす絶妙な珠玉が秘められていたことを知ったときのことでした。

絶妙の珠玉

「倭人は帯方の東南、大海の中に在り。山島に依りて国邑を為す」（三国志、倭人伝）

倭人伝に関心のある人で、この一節を知らない人は、まずない、といっていいでしょう。最近は高校の参考書や資料集でも、しばしばお目にかかります。ここで謎の鍵（キイ）は、「山島」の一語です。〝山がちの島〟という意味でしょう。倭人はそういう島に住んでいる、というのです。

では、その「島」とは、どこでしょう。二つに一つ。九州か、本州です。つまり、卑弥呼のいた都が九州内部なら、この「島」は、当然九州。これに対し、もしその都が近畿なら、この「島」とは、本州のことでなければなりません。一体、どちらでしょう。

まず九州の場合。当然ここは「島」として、中国側から認識されていたと思われます。ことにわたしが『「邪馬台国」はなかった』で展開した解説の場合、そうです。博多湾岸の不弥《ふみ》国から南へ「水行二十日」の地にある投馬《つま》国。それは九州の東岸まわりで、鹿児島湾に入るルートです。つまり、九州の東岸と南岸が共に海で〝切れている〟ことが彼ら（魏使たち）には、判っていたのです。

これに対して、九州西岸の記事はありません。ありませんが、そこから西方は他ならぬ、中国大陸ですから、こちらが自分たちの大陸と地つづきでないことは、中国人（魏使）にとっては、〝自明の前提〟だったはずです。北岸については、もちろん、言うまでもありません。そっちから来たのですから。

こうしてみると、「三世紀の中国人が九州を島と認識していた」として、何の不思議もない。倭人伝そのものが明瞭にしめしているところです。ところが、近畿説の場合。三世紀の中国人が本州を「島」と認識できるためには、何が必要でしょう。少なくとも本州が、一番遠い彼方ですら、大陸と〝切れている〟という認識が成立していなければなりません。これをつきつめて言えば、「三世紀の中国人が〝津軽海峡〟の存在を知っていたか、どうか」。——これが問題のキイ・ポイントです。

しかし、率直に言って、倭人伝の中には〝陳寿が津軽海峡の存在を知っていた〟ことをしめす証跡、それは全くありません。ですから、この一点だけで、従来の考古学・文献学等を動員した、あらゆる近畿説の論議は、すべて一挙に瓦解するほかないのです。

これがわたしの新しく発見した、簡単明瞭な「津軽海峡の論証」です。

海中洲島《かいちゅうしゅうとう》　この点、他の面から、さらに煮つめてみましょう。倭人伝の中には、もう一つ、次の文面があります。

「倭の地を参問するに、海中洲島の上に絶在し、或《あるい》は絶え、或は連なり、周旋すること、五千余里なる可し」

これは、例の景初二年の第一回遣使をもってはじまる年代記事の直前にあります。いいかえれば、倭国の地理・風俗等の記述の最末にあり、先の冒頭句と相呼応しているのです。

さて、ここにも「海中洲島」の語が出てきます。「海中」は、「楽浪海中」（漢書地理志）「大海之中」（倭人伝、冒頭句）と同じ表現です。「洲島」も、冒頭句の「山島」と矛盾する表現ではない、と思われます。なぜなら、全体としては〝山がちの島〟であっても、実際に倭人の密集居住地のあるのは、その〝山と海との接点〟、つまり「洲」の部分だと思われるからです。すなわち、倭人の中心的な密集地は「洲」にあるのです。

この点も、博多湾岸にはズバリ当りますが、近畿大和には不適切な表現です。

倭地の奥行き　さて、問題は里数です。ここの「五千余里」が、〝12000－7000＝5000〟の式の一部であることは、よく知られています。この「一万二千里」「七千里」は、それぞれ次の文に出ています。

(A)郡（帯方郡治、ソウル付近）より女王国に至る、万二千余里。

(B)（郡より倭に至るには）……其の北岸、狗邪韓国《こやかん》に到る、七千余里。

つまり、次図のようです。

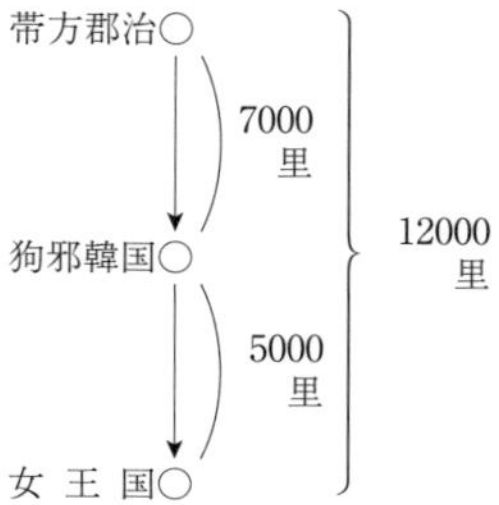

ですから、五千余里の「倭地」とは、「狗邪韓国→女王国」間だ、ということになります。そしてこの「女王国」とは、

「南、邪馬一国に至る。女王の都する所」

をうけた縮約語です。〝女王の都する国〟つまり「邪馬一国」そのものを指しているのです。ですからこの「五千余里」の終着点は、「邪馬一国」です。

ところで、倭人伝には狗邪韓国以降の部分日程が書かれています。次のようです。

狗邪韓国—1000里—対海国—1000里—一大国—1000里—末盧《まつろ》国—500里—伊都《いと》国—100里—不弥国〔「伊都国—100里—奴国」は傍線行程〕

つまり「五千里」のうち、「三千六百里」はすでに〝使い果されて〟いるのです。では、残りの「千四百里」はどこか。わたしがこれを対海《たいかい》国（半周８００里）と一大《いちだい》国（半周６００里）に当る、としたことは、『「邪馬台国」はなかった』をお読みの方は、すでにご存じです。この場合、博多湾岸の不弥国が邪馬一国の玄関、つまり行路の終着点になります。

これに反し、もしかりに従来説のままの里数読解法をとってみても、この残り里数（従来説では1300～1500里）では、せいぜい壱岐《いき》—対馬間の一・五倍くらい。博多湾岸（不弥国）を支点としてですから、到底〝九州島からの脱出〟は不可能です。従ってここの「洲島」とは、やはり九州だ。本州ではない。——この結論はどうしても動かせないのです。

このような〝島に住む倭人〟というイメージは、その後、中国の史書では、どのように展開されているでしょうか。

島の倭人

○倭は韓の東南大海の中に在り。山島に依りて居を為す。（後漢書、倭伝）

ここでも、「大海中」「山島」という形で、『三国志』の表現をそのままうけついでいます。『後漢書』の場合、『三国志』とちがっている点があります。『三国志』の方は、書いている人も、書かれている国々も、どちらも同じ三世紀。ところが、『後漢書』では、書かれている国々は一～三世紀初頭の後漢代。ところが、書いている人は五世紀。范曄です。ですから、右の「大海中」「山島」という表現は、どちらの時点のものか。そういう問題が生じます。

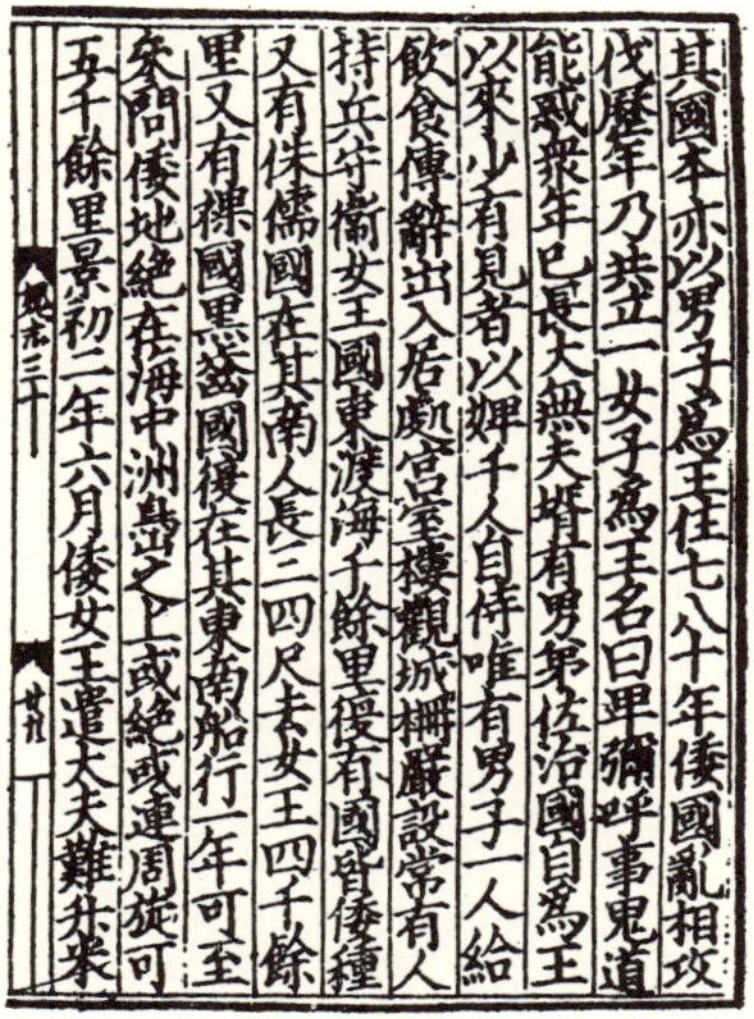
其國本亦以男子爲王住七八十年倭國亂相攻伐歴年乃共立一女子爲王名曰卑彌呼事鬼道能惑衆年已長大無夫壻有男弟佐治國自爲王以來少有見者以婢千人自侍唯有男子一人給飲食傳辭出入居處宮室樓觀城柵嚴設常有人持兵守衛女王國東渡海千餘里復有國皆倭種又有侏儒國在其南人長三四尺去女王四千餘里又有裸國黒齒國復在其東南船行一年可至參問倭地絶在海中洲島之上或絶或連周旋可五千餘里景初二年六月倭女王遣大夫難升米

魏志三十　廿九

「周旋可五千余里」（三国志倭人伝）

まず注意すること。それは『後漢書』倭伝中の史実、たとえば、

「建武中元二年（五七）倭奴国、奉貢朝賀す。……光武、賜うに印綬《いんじゅ》を以てす」

の記事が、〝九州島に関する記事〟であったことは、志賀島《しかのしま》からこの金印が出土したことで明瞭に裏打ちされています。つまり、『三国志』を承《う》けた、この「大海中」の「山島」の実体は、やはり九州島のことだったのです。

第二に注意すべきことは、もっと重大です。范曄は、右の記述において〝昔（後漢代）は「大海中」の「山島」だったが、今（五世紀、南朝劉宋《りゅうそう》）はちがっている〟といった表現をしていないことです。范曄は、漢代と今（五世紀）との異同にはいつも注意をはらっています。

「漢書中、誤りて云う、『西夜、子合は是れ一国なり』と。今、各自、王有り」（後漢書、西域伝。『失われた九州王朝』序章参照）

ところが、倭国については、「大海中」の「山島」にあることについて、後漢代と今（五世紀）と、同じことだ。そういう筆致を暗々裡《り》にしめしているのです。

この点を明瞭な形でしめしているのは、次の史料です。

島の「倭の五王」

(A)「倭国は高驪《こうり》の東南大海の中に在り」（宋書、倭国伝）

(B)「倭国は帯方の東南、大海島中に在り」（南斉書、倭国伝）

宋書というのは、例の倭の五王が登場するので知られています。讃《さん》・珍《ちん》・済《せい》・興《こう》・武《ぶ》。この五人の王者が建康（今の南京）に都する、南朝の劉宋《りゅうそう》（帝室の姓が劉氏のため、後代の宋と区別して劉宋といいます）にくりかえし貢献した、その実際が書かれているのです。それは「四二一～四七八」の約五十年間強にわたっています。

井上光貞さんがこれを『古事記』『日本書紀』の「応神《おうじん》―仁徳《にんとく》―履中《りちゅう》―反正《はんぜい》―允恭《いんぎょう》―安康《あんこう》―雄略《ゆうりゃく》」の系図と比べ、個々については異論があるものの、全体を一セットとして見れば、両方の系譜は同一視できる、とされ、この「定理」が戦後史学の一大礎石となったことは、あまりにも有名です。従って戦後の教科書では、小・中・高を問わず、まさにこの立場から日本の古代史は書かれているのです。

それだけではありません。現在の考古学の体系もまた、この「定理」に大きく依存しています。例の「応神陵」「仁徳陵」といった巨大古墳が何世紀のものか、これを考える上で右の「定理」が基準尺とされました。そしてそれをもととして、前後の各古墳の絶対年代（何世紀の、どの時点か、という「見定め」）がそれぞれ推定されていったのです。ひとつひとつの古墳には、「何世紀のもの」という目じるしがありません。ですから、古墳や副葬品という物自身のしめす姿（様式）から、前後関係を精密につけてゆく。これが考古学の独壇場です。

ところで、その〝全体の連なり〟を、それぞれどの時点（何世紀）のものとして考えたらいいか。それを考える上で、決定的な基本軸になったもの、それが右の「定理」だったのです。

ところが、その倭の五王もまた、『三国志』や『後漢書』と同じ、「大海の中」に住んでいた。そう書かれているのです。

重大な南斉書

この点を決定的に明確にするのは、『南斉書』です。ちっぽけな史料ですから、『宋書』に比べてそれほど今まで注目されてきませんでしたが、「倭の五王の史料」として、見のがせぬ重要なものです。短いものですから、全文をあげてみましょう。

「倭国は帯方の東南、大海の島中に在り。漢末以来、女王を立つ。土俗已《すで》に前史に見えたり。建元元年（四七九）進めて新たに使持節《しせつ》・都督《ととく》、倭・新羅《しらぎ》・任那《みまな》・加羅《から》・秦韓《しんかん》・（慕韓《ぼかん》）・六国諸軍事・安東大将軍、倭王武に除す。号して鎮東大将軍と為す」

この短文がなぜ重要か。それをのべる前に、この文献の身元しらべをまずしておきましょう。

『宋書』の著者――梁《りょう》の沈約《ちんやく》(五一三没)
『南斉書』の著者――梁の蕭子顕《しょうしけん》(五三七没)

右のように、二つの本の著者は一応別です。しかし〝真の著者〟は、いわば同一なのです。というのは、二人とも、梁の史局の代表的人物です。従ってこの二書とも、それぞれの個人的見解をのべた書ではなく、いわば「梁の史局の公的見解」をのべているのです。

その上、「宋―斉―梁」は、いわゆる禅譲(天子がその位を世襲せず、有徳者に譲ること)で、天子一人が第一の臣下たる実力者に「天子の座」をゆずらされただけ。史局のメンバーや資料はそのまま継承されているのです。

沈約は宋―斉―梁の三朝に歴任したベテラン。蕭子顕は、斉の帝室、蕭氏の一族で、若くしてその才筆を沈約に嘱望されています。

「子顕、容貌に偉《すぐ》れ、身長八尺。学を好み、属文《しょくぶん》(文章を造ること)に工《たくみ》なり。嘗《かつ》て鴻序賦《こうじょふ》を著《あら》わす。尚書令《しょうしょれい》の沈約、見て称して曰く、『明道の高致《こうち》を得《う》と謂う可し。蓋《けだ》し〝幽通〟の流れなり』と」

ここで「幽通」と言っているのは、『漢書』の著者として有名な班固の作品「幽通賦」です。文選《もんぜん》(十四巻)に収録されています。班固の自叙伝(漢書、叙伝)によると、「弱冠にして孤《こ》」(若くてひとりぼっち)のとき、作ったものと言います。

沈約は若き蕭子顕の鴻序賦を見て、これに比肩すべきもの、と賞しているのです。班固に並ぶ大史家として成長するのを期待しているさまがうかがえます。こういった二人の関係ですから、『宋書』と『南斉書』が〝同根の書〟であることは、おわかりいただけると思います。ことに基本をなす隣国認識に差異のあろうはずはありません。そしてここには、倭王武の国は「大海の島中に在り」とハッキリ書いてあるのです。とすると、倭王武の国も、やはり九州島の中にあったのです。これは先の「津軽海峡の論証」のしめすところ、疑うことのできぬ、帰結です。『宋書』でも、『南斉書』でも、やはり津軽海峡の存在を知っていた形跡は、皆無なのですから。

しかも、それだけではありません。この『南斉書』の中には、決定的な証言がふくまれています。それは「漢末以来、女王を立つ。土俗已に前史に見えたり」の一句です。

決定的証言

この「女王」が卑弥呼や一与《いちょ》、「前史」が『三国志』を指すことは、自明です。なぜなら、倭人のことをしるした、『南斉書』以前の史書としては、『漢書』や『三国志』がありますが、その中で「女王」「土俗」のことをしるしているのは、『三国志』なのですから（厳密には『後漢書』『宋書』も「前史」ですが、『後漢書』の「女王」「土俗」記事は、『三国志』を承けて書かれてあり、『宋書』には「女王」「土俗」記事はありません）。

してみると、「卑弥呼・一与──倭王武」と、彼らは一貫して「大海の島中」にいる。──これが、先入観に災いされない限り、『南斉書』がハッキリとのべているテーマです。とすると、倭王武もまた、九州島の中の王者だ。──これが「津軽海峡の論証」がわたしたちにつきつけた、逃れえぬ道理ではないでしょうか。

日出ずる島

「津軽海峡の論証」は、三世紀段階については、近畿説の論者には〝渋面〟を、九州説の論者には〝拍手〟をもたらしたものかもしれません。しかし、ここにいたっては、戦後史学や戦後考古学共有の土俵が土台から転覆することになる。そういう論理性をもっていたのです。いや、「戦後」とは限りません。ここは戦前史学と戦後史学が根本で〝握手〟している個所なのです。

さらに遡って、すでに江戸時代の松下見林《けんりん》。「日本列島の王者は、古来、天皇家以外になし」という皇国主義のイデオロギーから、彼は一刀両断、倭の五王を「履中—雄略」として〝勇敢に〟比定しました。あれ以来、これは日本の歴史学界が一致して守りつづけてきた、文字通り「共通の土俵」だったのです。「津軽海峡の論証」は、それに向って明確に「否」というのです。

しかし問題は、まだここにとどまりません。次は七世紀です。

「俀《たい》国は百済、新羅の東南に在り、水陸三千里、大海の中に於て、山島に依って居る」（隋書、俀国伝）

『隋書』は、従来の倭国のことを「俀国」と書いています。このことは、すでに『失われた九州王朝』の中でのべました。この俀国の王は多利思北孤《たりしほこ》。妻（鶏弥《きみ》）と後宮の女六、七百人をもつ男王です。彼が大業三年（六〇七）、隋に国使を送ったことが書かれています。そのときの国書が有名な、

「其の国書に曰く、『日出づる処《ところ》の天子、書を日没する処の天子に致す。恙《つつが》無きや、云々』と」

との言葉です。ところが、その「俀国」はやはり、「大海の中」の「山島」にある。そう書いてあるのです。とすると、「津軽海峡の論証」のしめすところ、この「俀国」もまた、九州島だ。そう見なすほかはありません。

その上、他の証拠も、これを裏づけているのです。まず、先の文中にあった「水陸三千里」。これは例の『三国志』の、

狗邪韓国—1000里—対海国—1000里—一大国—1000里—末盧国

という「計、三千里」を指していることは、まちがいのないところでしょう。つまり〝九州島への到着〟、それを指ししめしているのです。

次に、その「俀国」の著名な山河としては、唯一つ。

「阿蘇山有り。其の石、故無くして火起り天に接する者、俗以て異と為し、因って禱祭《とうさい》を行う」

とあります。つまり、『隋書』のしめすところ、「朝鮮半島の南端から三千里のところ、そこに阿蘇山を中心とする山島がある。そこに俀王の都がある」。そう言っているのです。本州のことなど、一切書かれていない。これが一切の先入観（『日本書紀』などからえた既成知識）なく、虚心に『隋書』を読めば、誰しも肯定せざるをえない事実なのです。

なぜなら、『隋書』にもまた、〝津軽海峡を知っている〟形跡は全くないからです。

いまだ現われず

「では、いつになったら、その〝形跡〟とやらが出てくるのだ」。じれったくなって、そう聞かれる方もおありでしょう。では、お答えしましょう。次の『旧唐書』にいたって、やっと〝変化〟の前兆が現われてくるのです。

(A)「（倭国）倭国は古《いにしえ》の倭奴国なり。京師を去ること一万四千里。新羅の東南、大海中に在り。山《さん》㠀《とう》に依って居る。……四面小㠀、五十余国。皆焉《こ》れに附属す」

(B)「（日本国）又云う、其の国の界、東西南北各々数千里。西界南界、咸《み》な大海に至る。東界北界、大山有りて限りを為す。山外は即ち毛人の国なり、と」（旧唐書、倭国・日本国伝）

この二つの国は全く別々の地形で書かれています。

一方の倭国は、『三国志』以来の「大海中」の「山㠀」です。「四面小㠀」という表現。「この山㠀の四面は皆、海だ」という認識がハッキリとしめされているのです。

ところがもう一つの日本国は、「島」だ、とは書かれていません。その日本国のこちら側（西界・南界）は「大海」だが、あちら側（東界・北界）は、「大山」があって、そこに日本国の限界がある。そう言っているのです。そしてそのさらに向うに「毛人の国」があるが、その範囲・地形などについては「委細、不明」といったところです。

このように倭国は「島」だが、日本国は「島」とはきめられない。――まがう方なく、そういう筆致で書かれているのです。いいかえれば、ここにはじめて〝中国側の目〟から見て、「島」とはきめることのできない、新たな国土が海の彼方に姿を現わしたのです。――これが近畿天皇家の領域です。しかし、いまだ津軽海峡は現われていないのです。

津軽海峡の出現

はじめて姿を現わした津軽海峡。それは実に十一世紀に成立した『新唐書』です。

宋代の宋祁《そうき》（一〇六一没）の著作ですが、その日本伝に次の記事があります。

「(子天智立つ)。明年、使者、蝦蛦《えみし》人と与《とも》に朝を偕《とも》にす。蝦蛦も亦《また》海嶋の中に居る。其の使者、須《ひげ》の長さ四尺許《ばか》り。箭《や》を首に珥《さしはさ》む。人をして瓠《ひさご》を載《の》せて数十歩に立た令《し》め、射て中《あた》らざる無し」（新唐書、日本伝）

ここで蝦蛦人の住むという、「海嶋」が、九州島でないことは、明らかです。おそらく北海道島を指すものでしょう。ここで「おそらく」と言ったのは、この「海嶋」が本州を指す可能性もあるからです。

この『新唐書』の描く日本列島内の世界。それを冷静に見つめてみましょう。

「日本は古の倭奴なり。京師を去る万四千里。直《ただ》に新羅の東南。海中の嶋に在りて居す。……其の王、姓は阿毎《あまい》氏。自ら言う。『初めの主、天の御中主《みなかぬし》と号す。彦瀲《ひこなぎさ》に至る、凡《おおよ》そ三十二世。皆、尊を以て号と為し、筑紫城に居す。彦瀲の子、神武立ち、更に以て天智を以て号と為す。徙《うつ》りて大和州に治す』」（新唐書、日本伝、冒頭）

ここには、近畿天皇家による、古事記・日本書紀流の歴史観が〝はめこまれている〟ことは確かです。

確かですが、その背景をなす地理観、それは、最初の「倭奴」、その住んでいた「海中の㠀」が「筑紫城」の地であったこと。のちに本州の中の「大和州」に移ったこと。それらをしめしています。

そしてその本州の中の東北方に、問題の「蝦蛦人の国」があったのです。この国は津軽海峡を中心に、東北地方と北海道にまたがって存在していた、〝北方の海峡国家〟であった可能性が高い、と思われます。ともあれ、蝦蛦国の国使が中国と国交を結んだ以上、その神聖なる母領域たる津軽海峡が、中国側の目の中に映じてきたことは、確実です。

光の中の海島

はじめて明確に津軽海峡が現われてくる中国の正史。それは実に元の脱脱（一三五五没）の著わした『宋史』です。

「（雍熙《ようき》元年〈九八四〉、日本国の僧、奝然《ちょうねん》）国の東境は海島に接し、夷人《いじん》の居る所なり。身面皆毛有り。東の奥州は黄金を産し、西の列島は白銀を出《い》だし、以て貢賦と為す」（宋史、日本伝）

ここに出てくる「海島」が北海道島であることは、自明です。何しろ「奥州」が出た上で、「国の東境」というのですから。ただ、この段階でも、「北海道島は日本国内と考えられていない」ことが注目されます。それは「蝦蛦国」の島だったのです。

もちろん、ここでも「津軽海峡」という名前ではありませんが、レッキとしたその実体が、中国史書という、東アジアの中心的な歴史の明るみに登場しているのです。

日本の史書

中国史書から一転して日本史書に目を向けましょう。『古事記』『日本書紀』です。

まず、『古事記』。ここでは津軽海峡は全く出現しません。『古事記』の世界は、この海峡には〝いまだ到着していない〟のです。次に『日本書紀』。ここでも、七世紀前半までは全く無し。西方の記事が多いのとは、きわだった対照をなしています。初めて出現するのは、『斉明紀』です。

「仍《なお》、柵養《きかう》の蝦夷《えみし》九人、津刈の蝦夷六人に、冠各二階を授く」（斉明元年七月）

「仍《よ》りて恩荷に授くるに、小乙上を以てして、渟代《ぬしろ》・津軽、二郡の郡領に定む。遂に有間浜に、渡《わたりの》嶋《しま》の蝦夷等を聚《つど》えて、大きに饗《あえ》たまいて帰らしむ」（斉明四年四月）

右の「渡嶋」について、北海道島であるという説と、そうでない、という説とがあるようですが、いずれにせよ、蝦夷との交渉と共に、津軽海峡の存在もまた、近畿天皇家の眼前に、公然とその姿を現わしてきたことは、疑うことができません。

以上のように中国史書と日本史書を俯瞰してみると、津軽海峡の存在が中国や日本の公的記録に姿を現わしたのが、意外におそいのに、一驚されたことでしょう。

見ざる蝦夷国

盲点は、どこにあったのでしょう。それは――「蝦夷国」そのものです。この海峡は、この国にとっては、まさに神聖な〝母なる海峡〟だったのです。そしてこの国は、近畿天皇家から絶えざる圧迫をうけつづけていた国、いわば近畿天皇家にとっては〝年来の敵対国〟だったのです。ですから、この蝦夷国との交渉を抜きにして〝たやすげに〟津軽海峡が登場するはずはない。これは歴史の実体、そしてその道理だったのです。

わたしは先にのべた『倭人も太平洋を渡った』の本を訳していたとき、次のような一節にぶつかったのを思い出します。「二つの地点間で交流が容易かどうかは、必ずしもその〝距離〟に比例するものではない。二点間に介在する部族が友好的であるか、それとも敵対的であるかが問題だ。その点、陸とちがってさえぎるもののない大洋では、二点間に敵対的な人間が存在することがない。いわば〝好適な回廊〟なのだ」と（「〝伝播〟か、それとも〝独立発達〟か――ここから論争がはじまった」スティーブン・C・ジエット）。

この点、敵対者の海岸線は、いわば敵対者側の「領海」なのです。にもかかわらず、わたしたちは子供のときから教科書で日本を、あたかも一民族国家であるかのように教えられてきました。テレビや雑誌でも、いわゆる「識者」がそう公言してはばかることがありません。そのため、古墳時代以後という、古代史上ではごく新しい段階をとってみても、この日本列島は蝦夷国や流求国、それに倭国、日本国などから成る多元的な国家の複合列島だった、この事実から、いつも目をそらしつづけてきたのです。

蝸牛《かたつむり》の争い

このように〝真実から目をそらす〟人間の態度は、必然的に〝認識のくもり〟を生みます。わたしたちは、「津軽海峡など、はじめからみんなに分っていた」。こんな気分でいたために、倭人伝冒頭の「山島」の一句を、今まで意にも介せずにきたのではないでしょうか。——わたし自身をふくめて。

思えば、近畿か九州かと競いあった「邪馬台国」論争も、そのようなわたしたちの〝おごり〟の上に立った蝸牛《かたつむり》の角《つの》の上の争い（荘子に出てくる寓話。大局を忘れ、小事を争うこと）にすぎなかった。後世からそのように言われるかもしれません。

竜飛岬《たっぴみさき》の彼方

わたしがこの論証を発見したのは、五十一年の末から五十二年のはじめ頃だったのですが、そのあと、一つの流行歌が奇妙な暗合のようにテレビから流れてくるのを聞いて、胸をつかれました。——『津軽海峡冬景色』。失恋した少女が津軽海峡を渡って北海道へ帰る、という哀切な歌ですが、これは二十世紀の話。かつては近畿天皇家の武力で追われた蝦夷国の女、夫を奪われた妻や父を失った少女たちが、竜飛岬をあとにして、次から次へと歴史の暗やみの中を落ちのびていったのではないでしょうか。

日本列島の古代史を明らかにしようと志すなら、この蝦夷国の固有の歴史を不明のもやの中に深く沈みこませたまま、できることではありません。蝦夷国への探究の中で、多くの真実の歴史が明るみに出ることでしょう。現実の後裔《こうえい》者たちの固有の誇りと権利の回復とともに。

ともあれ、わたしは、この津軽海峡が公的記録に出現しはじめる、その歴史を追跡することによって、邪馬一国《やまいち》論争や九州王朝論争に対する、もっとも簡明な終止符を、この手に握れたことに深い喜びをいま感じているのです。

疑いなき邪馬一国──『隋書』経籍志をめぐって

わたしの筋道

一休みして、これからお聞きいただくのは、必ずしも〝目新しい〟ことではありません。この一両年、あちこちでのべてきたことですから、もう十分ご存じの方もあることと思います。言ってみれば、『「邪馬台国」はなかった』その後。──といった感じでお聞き下さい。

東大の史学雑誌に「邪馬壹国」という論文を発表したのが昭和四十四年九月。右の本は昭和四十六年ですから六〜八年間の歳月が流れたのです。その間の学界からの反応を見ると、わたしの論証の筋道を〝誤解している〟ものが多いのに驚かされました。

わたしの論証の理路は次のようです。

第一。『三国志』の原文には邪馬壹国とあり、「邪馬臺国」という文面をもつ版本は皆無だ。こういう版本状況の中で、「壹→臺」という「原文改定」を行うには、どんなに慎重であっても、ありすぎることはない。

第二。『三国志』が書かれた三世紀から、現存最古の版本たる南宋本（紹興《しょうこう》本、紹熙《しょうき》本）の出た十二世紀まで、壹と臺の字形を比べてみても、さほど酷似しているような形跡はない。

第三。『三国志』全六十五巻中の「壹」（八十六個）と「臺」（五十八個）を全部抜き出して調べてみたが、そこには両字が〝とりちがえられている〟と認められる個所は皆無だった。こういう原文状況下では、いよいよ、「壹→臺」という原文改定を行うには、よほど他に確実な根拠なき限り、危険だ。

第四。『三国志』の中では、「臺」は〝天子の宮殿と直属官庁〟を現わす、至高の特殊文字として用いられている。

一方、『三国志』では夷蛮の固有名詞を表音表記するさい、「卑」「邪」「馬」等の卑字を頻用《ひんよう》している。従って魏晋朝の史官（陳寿たち）が、夷蛮の国名を表音表記するとき、この至高の特殊文字を使用すること、それは絶対にありえない。もう一歩具体的に言うと、中国には「卜」音を表わす文字は数多い。その中から、他のすべての文字をあえてさしおいてまで、この至高特殊文字を使う。そんなことはありうることではない。

以上です。つまり、第一は、文献をとりあつかうときの基本原則。『「邪馬台国」はなかった』の中でものべたように、わたしが親鸞研究の中で深く学んだものです。

第二、第三は、右の基本原則をさらに再確認するもの。〝こういう状況下では、よっぽど決定的な証拠がない限り、原文をいじるべきではないな〟。そういう、心証をえたにとどまるのです。

第四こそ、〝「壹→臺」の原文改定はすべきでない〟という決定的証拠、とわたしに見えたものです。

以上のような筋道ですから、わたしに対する反論は、とりわけ第四の点に集中さるべきものですが、実際はこの点への反論が成立できない。それがこの六〜八年間の中に、ハッキリしてきたようです。

なお、第一～三についても、問題点をつけ加えてみましょう。

第一。「『三国志』の版本中、『邪馬壹国』とあるのは、一つだけ。他の版本はすべて『邪馬臺国』とある」などと、全く事実認識をあやまっている人があります。けれども実際は、『三国志』のすべての版本が「邪馬壹国」。「臺」とするのは全くないのです。

第二、三の点に関しては、論ずる人は多いのですが、その人たちは、わたしがこの「壹」と「臺」の検査から、「邪馬臺国」は非、という論断をしたかのように錯覚しています。わたしとしては、先にのべたように〝これはいよいよ簡単にいじっちゃ、駄目だ。よっぽどの証拠がなきゃ〟という、至極当り前の、心証をえたにとどまるのに。そういう論証の筋道が必ずしも理解されていないようです。

探し物の余得

わたしたちが家庭の中で、何か、ある物がどうしても見つからない。そういったことがよくありますね。しかもそれがなくては、どうにもすまない、といったケース。それで「仕方ない。時間がかかっても、はしから探そう」と決心して整理し直してゆく。何しろ、猫のひたいのように狭いわが家ですから、そうやって〝はしから全部探そう〟という方式をとる決意さえすれば、——それがある物なら、必ずいずれは見つかるわけです。探しはじめに見つかるか、探し終りに見つかるか。それは〝神のみぞ知る〟というわけなのですが。

こういう方式のさい、一つの楽しみがあります。それは思いがけない〝余得〟があることです。本の間にはさんでおいた千円札が見つかったり、ながらく失ったと思っていた、亡くなった人の手紙が現われたり、いま見ると貴重な暗示をふくむ資料が出てきたり、何かと、心なごむ〝望外の幸せ〟に恵まれるものです。

こんな、わたしたちの日常経験と、歴史という学問の方法と、全くちがいがない。わたしには最近しきりにそう思えるのです。

『三国志』六十五巻を一行一行、目を皿のようにして「壹」と「臺」の字を追うていったときの思いがけない〝余得〟。それが「臺の特殊用法」の発見でした。その後、『隋書』八十五巻を一字一字しらべていったことがあります。このさいは「妥」と「委」の両字を追うていたのです。

ご存じの「日出ずる処の天子云々」の文句の出てくるのは、この『隋書』の「俀《たい》国伝」です。「倭国伝」ではないのです。『隋書』全体の中では、「俀国」と「倭国」は別国として出現しているのです。つまり、前者が九州王朝。後者が近畿天皇家、というわけです。

この点は、すでに『失われた九州王朝』に書いたところですが、〝この「俀」と「倭」は、筆記者の筆癖が巻によってちがっていただけのことだろう〟という異議が出されましたので、論より証拠、『隋書』全体を例によって〝はしから探してみた〟わけです。全部で「妥《たい(だ)》」五十六個、「委《い》」百三十個。両字はすべて正確に書き分けてあり、〝両字のまぎれ〟は、どの巻とも、一切ありません。その事実が確かめられたのです（右の両字を〝つくり〟にもつ字も、全部検証しました）。

というわけで〝書物の家探し〟の主目的は予定通り（もちろん、もし「同一字が巻によって両様の筆癖で書き分けられている」ということが判明したとしても、同じく〝予定通り〟です）果されたのですが、このさいも、うれしい〝余得〟がありました。

「魏臺雑訪議　三巻　高堂隆《こうどうりゅう》撰」（隋書、経籍志）

あの『漢書』の地理志や『宋書』の百官志と同じく、『隋書』にも「——志」という〝事典の部〟がついていますが、中でも異彩を放っているのが、この経籍志です。隋代当時に存在した本の名前が列記されているのです。わたしたちが〝本の身元〟を追求してゆくとき、大変重宝なものです（『史記』や

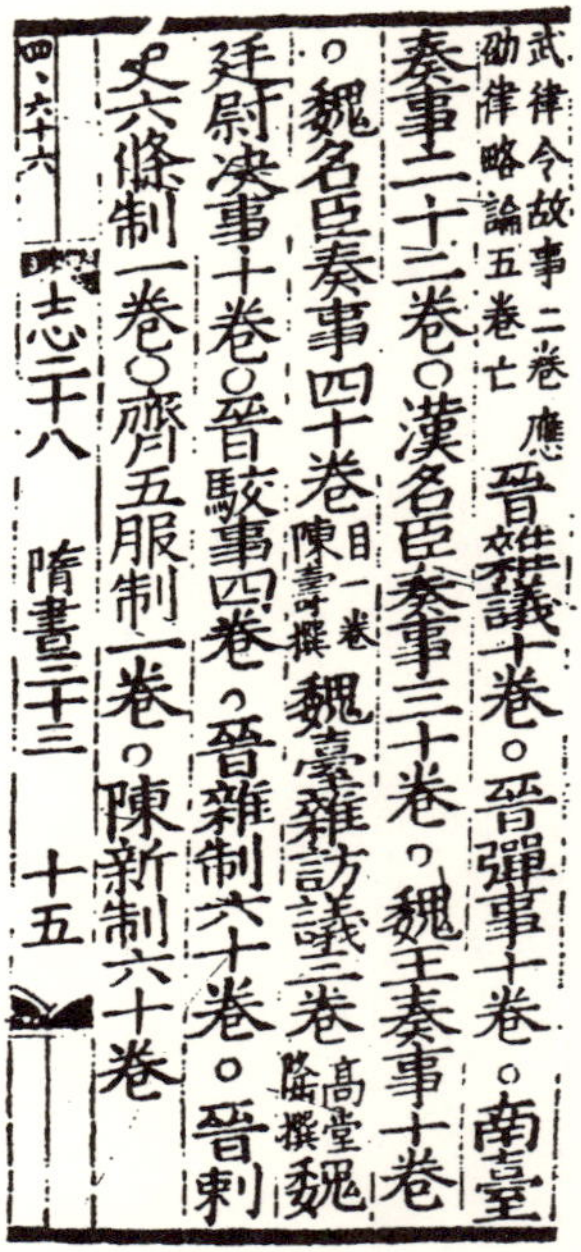
武律令故事二卷　應
劭律略論五卷亡　晉雜議十卷○晉彈事十卷○南臺
奏事二十二卷○漢名臣奏事三十卷○魏王奏事十卷
○魏名臣奏事四十卷目一卷陳壽撰○魏臺雜訪議三卷高堂隆撰○魏
廷尉決事十卷○晉駁事四卷○晉雜制六十卷○晉刺
史六條制一卷○齊五服制一卷○陳新制六十卷
四、六十六　志二十八　隋書三十三　十五

「魏臺雑訪議」（隋書経籍志）

『漢書』の経籍志とか、『三国志』の経籍志などがあったら、どんなによかったでしょう）。

「妥」と「委」の〝家探し〟をしてゆくうちに、この書名を見て、わたしは、思わず飛びあがりました。それは、ずーっと気になっていた問題の文章の〝身元が割れた〟からです。

「臣松之、案ずるに、魏臺、物故の義を訪《と》う。高堂隆、答えて曰く『之を先師に聞く。物は無なり。故は事なり。復《また》事に能《よ》くする無きを云うなり』と」（蜀志一、裴松之《はいしょうし》注）

現在残っている『三国志』は、裴松之の注がついています。五世紀、例の南朝劉宋の人です。その中の蜀志についている注に右の一文があるのです。ここに出てくる高堂隆という人物の身元は、ハッキリしています。魏志巻二十五に高堂隆伝があるからです。魏の明帝の御意見番、といった格の名臣で、明帝も、彼には頭があがらなかったようです。明帝は、彼が死んだとき、歎息して「天、吾が事を成さんことを欲せず、高堂生の我を舎《す》てて亡ぶや」と言った、といいますから、この〝こうるさい〟老人に、内心は頼り切っていたようです。

魏臺の発見

さて、本筋にもどりましょう。

その高堂隆に問（＝訪）うている「魏臺」という人物。これは言うまでもない、明帝その人です。「人の死ぬことを〝物故〟というが、これはなぜか」と高堂隆に質問し、彼は「私の先生から聞いたことだが」と前おきして、「〝物＝無〟〝故＝事〟と相通じ用いる。つまり人が死ぬと、何事もできなくなるから、〝物故〟と言うのだ」と答えているのです。これは一応、魏朝内で天子のことを「魏臺」と呼んでいたことをしめす史料です。ですが、五世紀の裴松之の「地の文章」の形になっていたので、わたしはこれを三世紀の証拠として引用するのを躊躇してきたのです。

ところが、この『隋書』経籍志によって、三世紀の高堂隆の著作として、〝魏臺（明帝）との問答〟を書いた本があったことが明らかになったのです。裴松之は、この本から内容を要約して引用していたのです。『隋書』には、他の個所にも、この本からの直接引用の文がしるされています。

以上によって判明した重要なこと、それは三世紀の魏朝内では天子一人を「魏臺」もしくは「臺」と呼んでいた、ということです。ちょうど、「殿《との》」「殿下」といった呼び方が、その御殿の中の主人公を指すように。

倭人伝にも

この発見のあとしばらくして、「あ、そうか」と、今さらのようにうなずいたことがあります。

「（景初二年〈二三八〉六月卑弥呼）天子に詣《いた》りて朝献せんことを求む」

「（〈泰始二年〉〈二六六〉一与）因って臺に詣り、男女生口三十人を献上し、……」（三国志、倭人伝）

右の「天子に詣り」と「臺に詣り」とは、同義語だったのです。ですから、「天子＝臺」という用法が実行されている、そのただ中の倭人伝で、「ヤマト」に対し、「邪馬臺」などという表音表記をする。かりそめにもそんな筆法をしめしたら、それこそ史官の首が幾つ飛んでも足りぬような、所業だったと思われます。

先の四点の論証中の肝心をなす第四論証。これはもうどうしようもない確実さをもつに至った。——わたしは今、キッパリとそう言うことができます。

わたしの目がこの史料事実を見てしまった以上、たとい日本の学界、教科書、ジャーナリズムなどがこぞって「邪馬台国」「邪馬台国」といつまでも衆をたのんで言い立てつづけたとしても、わたしは静かに「否《いな》」と言って、首を横に振ることができるのです。

閑話休題。魏志の高堂隆伝に、魏朝内部の雰囲気をうかがわせる、興味深い話がのっています。この人にふれたついでに、いささか横道ながら紹介させていただきましょう。

後宮が焼けた

話の発端は、火災。崇華殿という御殿が焼けたのです。早速、明帝は高堂隆にたずねました。〝これは何のとがだろう。儀礼の式を行うより、むしろ御祈禱とおはらいでもした方がいいのじゃなかろうか〟。すると高堂隆。「こういった災変がおこるというのは、とりもなおさず、天がわたしたちにいましめを下しているのです。つまり、上《かみ》がぜいたく、下《しも》も節度なし。もっとハッキリ言えば、天子たる者が宮室を華やかに飾り、民衆の空しく窮乏しているのをかえりみない。だから、天があなたをこらしめている（「陛下を譴告《けんこく》す」）のです」。これを聞く、派手好きな明帝の渋面が目に浮かぶようです。

さらに高堂隆。「昔、殷の太戊《たいぼう》（第七代の天子）は、庭の桑と楮《こうぞ》が一夕《せき》にして巨木となるという妖変《ようへん》に会った、と言います。同じく武丁《ぶてい》（第二十代の天子）は、湯《とう》王（第一代の天子）を祭っていたとき、いきなり飛びこんできた雉《きじ》が鼎《かなえ》の耳（とって）にとまったのを、妖異として大変気にした、といいます。そこで二人とも、これを天のいましめとして身をつつしみ、善政を行いました。そして三年の後、遠夷《えんい》からの朝貢をむかえたといいます。今回の災火は、後宮が広すぎ、後宮の女たちがやたらと多すぎるためにおこったもの。周制のように縮小すべきです」と。なお未練がましい明帝。「漢の世、柏梁《はくりょう》（臺）が焼失したが、ときの武帝は壮大な宮殿を再建した上、まじない師（巫）におはらいをしてもらったという。これはどうしたものか」。

前以上に華美な、女たちの後宮を作りたくてたまらぬ、といった感じです。が、高堂隆はこれも一蹴します。「あれは、越のまじない師の卜占《ぼくせん》にたよって建章殿を作り、火の災いへのおはらいをしてもらったもの。つまり、たかだかまじない師のやりぐさです。聖人や賢人の教によるものではありません。そのため、『漢書』の五行志に『柏梁（臺）が焼け、その後、江充が衛太子《えいたいし》（武帝の子）を害せんとする事件がおこった』と、そのときのことを書いています。つまり、変事をよけるためのおはらいなるものの、肝心の効果は、サッパリ無かったわけです」。

そしていよいよご存じ、聖人「孔子」の登場。「孔子も言っています。〝災というものは、人々の行いに応じているものだ。陰陽の気が呼応し、それによって天が人君を戒めているのだ〟と。要するに、民の力をいたずらに疲れさせ、民の貯えを空費しないことが肝要。そうしさえすれば、天子たるあなたは、『符瑞《ふずい》』（めでたいきざし）だの、『遠夷からの朝貢』だのといった、瑞兆《ずいちょう》のたぐいをたのみとする、そんな必要もさらさら無いことになりましょう」。

求めざる朝貢

高堂隆の言葉の最後の一節には、ちょっとした「曰《いわ》く」があります。

明帝の先代の文帝。魏朝をはじめた人ですが、西の方、酒泉《しゅせん》郡・張液《ちょうえき》郡（今の甘粛《かんしゅく》省）の地を平定したとき、早速、西域から朝貢物をおさめさせようとしました。燉煌《とんこう》の「径寸《けいすん》の大珠」（直径一寸の、大きな珠）などに、大いに「欲をそそられた」ようです。

これに対し、蘇則《そそく》という骨鯁《こっこう》の臣（剛直で君主の過ちを痛切に諫める忠臣）が、次のように言ったというのです。「もし、陛下の徳化が中国にみなぎり、それが西の沙漠の地にまで及ぶようになれば、こちらからそんな物を求めなくても、自然に向うからもってやってくるでしょう。こちらから求めて得《う》る、というのは、貴ぶには足らないのです」。この直言に対し、「帝、默然たり」とありますから、その苦い顔が思いやられます（魏志蘇則伝）。

天下の天下

このエピソードは、当然、若き明帝も、あの高堂隆も、直に見聞きしたところでしょう。

このあと、帝位についた明帝は、功名心と虚栄心ある青年（二十三歳で即位）として、「符瑞《ふずい》」や「求めざる遠夷からの朝貢」を望んでいたことでしょう。高堂隆は、そういった青年天子の客気《かっき》（ものにはやる気持）を知っていただけに、あえて最後の一節の言葉をピシャリと言ってのけたのだ、と思います。ときに青竜三年（二三五）秋七月。このあと、まもなく高堂隆は没したようです。その死の直前、口述による上疏《じょうそ》（上奏文）がのせられていますが、その文章は次の言葉で結ばれています。

「此れに由《よ》って此れを観るに、天下の天下にして、独り陛下のみの天下に非《あらざ》るなり」

明帝は良き老臣を失ったものです。

じいさんの顔

さて、右のエピソードの中で、わたしの注目したのは、次の二点です。

第一は、高堂隆の迷信排撃論。あの『論衡』の王充と同じく、一種の〝合理主義〟の立場から骨太い論法が展開されていることです。そして漢朝内の王充の、あからさまにはなしえなかったこと、すなわち漢の天子（武帝）の迷信尊奉のやり方に対し、批判の矢をグサリと放っていることです。王充の「徳、孤ならず」と言うべきでしょうか。

第二。このあと、ほどなく卑弥呼の遺使という「遠夷朝貢」を〝自ら求めず〟して迎えた明帝（そのとき二十五歳）の心中は、どうだったでしょう。現代の青年風に言えば、「やったぜ！」と、こおどりしたい気分だったにちがいありません。

倭人伝に長文掲載された、卑弥呼あての詔書の文面にも、わたしにはそれが感じられます。

「汝《なんじ》が在《あ》る所、踰《はる》かに遠し。乃《すな》わち遣使貢献す。是れ汝の忠孝、我甚《はなは》だ汝を哀れむ」

「待ちに待った〝遠夷朝貢〟が来た」。——そういった気負いをここに見出すのは、わたしの思いすごしでしょうか。錦《にしき》や金や銅鏡百枚など、あの下賜品のおびただしさの秘密。それは案外、こんなところにあったのではないでしょうか。

——もっとも、このとき明帝の心の一隅に死んだ〝高堂隆じいさんの顔〟がかすめたとしたら、彼はいささか〝うしろめたい〟ような気分になったかもしれませんが。

真実への道標——伊都国「統属」論争から

倭人伝の中で邪馬一国と並んで特筆大書されている国についてお話ししてみたいと思います。それは伊都国です。

宝の原野と蜜柑

「世々王有り。皆女王国に統属す」

このように女王国（邪馬一国）との関係が特記されているのも、倭人伝では異例なことです。それだけではありません。

「郡使の往来、常に駐《とど》まる所」

として、帯方郡治（今のソウル付近）からやって来た中国の使がいつもここで〝駐在する〟ところだ、という、これも異例な記載があります。さらにもう一つ、

「女王国より以北には、特に一大率を置き、諸国を検察せしむ。諸国之を畏憚《いたん》す。常に伊都国に治す」有名な「一大率」という検察機関がここに「常治」している。こう書いてあるのです。要するに、伊都国の王統譜の特異性、外交上の枢要地、軍事力の一大拠点。この三点が特記されているのです。従来の邪馬一国論争の中でここがくりかえし注目の的となり、新解釈が重ねられてきたのも、思えば当然なことです。

ここでちょっと、わたしの個人的な感想を言わせていただきますと、「伊都国」と言えば、直ちに頭に浮かぶもの、それは蜜柑です。糸島郡の平野部を東側でさえぎる山壁。それは高祖山《たかす》を中心とする列峰です。その山の東方にひろがる博多湾岸の平野部と、西方の糸島の平野部とをクッキリ東西に分つ役割を帯びている。そんな感じです。その高祖山の西側の糸島側の山麓は、一面の蜜柑畑です。

昭和四十九年の秋のおわり、わたしにとっては二度目だったのですが、高祖山の山頂に登って降りる道すがら、その豊かな誘惑に耐えかねていたところ、蜜柑の木々の間から、出て来られた作業着姿のおばさん。〝この蜜柑を少しわけてくれませんか〟。〝いいですよ。そのへんのを、どんだけでも、よかしことって下さい〟。だがどうしてもうけとってくれなかった代金。そのときの同行の青年、篠原さんと一緒に腰をおろし、眼下に夢のようにくりひろげられた地上絵巻を見おろしつつ、蜜柑と人情の甘さをむさぼったひとときを思いおこします。

この平野部の魅惑は、ただ景色だけではありません。江戸時代以来、続々、続々と特大級の遺物が出土しつづけている、宝の山ならぬまさに〝宝の原野〟なのです。たとえば、文政五年（一八二二）、青柳種信という学者があらわした『柳園古器略考』。ここには天明年間（一七八一—一七八九、井原）と文政五年（三雲）に発見された出土遺物の数々がかなり克明に書きしるされています。その実物の多くは、残念にも散佚してしまいました（福岡市聖福寺に残された、有柄細形銅剣と銅鏡〈内行花文清白鏡〉。これは、その貴重な〝片割れ〟です〈京都国立博物館保管〉）。

そういう現在になってみると、この青柳種信の残した記録は貴重です。文字のおかげ、いや記録主義の威力というべきでしょうか。種信の書いた〝現物の写し図〟の数々がなかったら。この日本列島の全弥生遺跡中、博多湾岸の須玖《すく》遺跡と並んで、抜群の偉容をもつ、この三雲・井原の両遺跡、わたしたちがそれを知る手がかりは、遠く暗黒の中に絶ち切られていたに相違ありません。

謎の始発点

このような魅惑の地ですから、明治以降、邪馬一国（いわゆる「邪馬台国」）の研究史の中でも、注目を浴びてきました。平たくいえば、〝思案のしどころ〟、しゃれていえば、〝アイデアのターニングポイント〟となってきたわけです。たとえば、研究史上出没常なき「倭人伝聞」説。

これは例の「水行二十日」や「水行十日、陸行一月」を〝不弥《ふみ》国以後〟の行路日程と見なして疑わなかったため、その不弥国以前が「……里」という形の「里程」で書かれている事実との〝矛盾〟に苦しんだあげく、「不弥国よりあとの日程部分へは、魏使は実際には行かなかったのだろう」「その先は、倭人から聞いて書いたのだろう」。このような想像が発生し、その想像が〝つづく思案〟の発起点とされていったのです（行路の書き順は次の通り。伊都国〈五百里〉―奴国〈百里〉―不弥国〈百里〉―投馬国〈水行二十日〉―邪馬一国〈水行十日・陸行一月〉）。その場合、〝では、魏使はどこでストップしたのか。最終到着点は〟という問いが直ちにおこります。その答がほかならぬ、この「伊都国」だったのです。

しかし、ちょっと冷静に考えてみれば、この回答には、何か〝しっくりしない〟ものがあります。なぜかというと、「――里」の形の最後が伊都国ならいいのですが、そうではない。まだあと「奴《ぬ》国」と

「不弥国」が「百里」「百里」とつづくのです。ですから、先の想像の発起点の〝精神〟からいえば、魏使の最終到着点は当然不弥国でなければなりません。

ですが困ったことに、不弥国はあまりにも〝普通の国〟でありすぎるのです。長官名（多模《たも》）と副官名（卑奴母離《ひぬもり》）それに戸数（千余家）が書かれただけの、そっけなさ。これでは、魏使が遠路はるばる来た一万二千余里の旅路でここを最終目的に選定する、そのいわれがありません。そこで二百里分あとずさりさせ、由緒深い記述が三重に重ねられている、あの伊都国が多くの学者から「魏使一行最終御到着地」の〝光栄〟を与えられることとなったのです。

しかし、このような、研究史上の名士たち（遠くは本居宣長の高弟、伴信友《ばんのぶとも》から、近くは榎《えのき》説で有名な榎一雄さんや騎馬民族説で有名な江上波夫さんなど）の御墨つきにもかかわらず、この伊都国最終地説には数々の困難点、もっとハッキリ言えば矛盾が見えかくれしています。

先の〝不弥国からの二百里あとずさり〟問題は、〝たまたま魏使が糸島平野から博多湾岸まで、高祖山北麓の海岸線を通って遠出の散歩でもしてみたのだろう。そしたら二百里くらいあったので、それを「書き加えた」だけのことだろう〟といったいささかご都合主義的な推測論法ですりぬけてみたとしても、まだまだ難問は尽きません。

たとえば、「常に駐まる所」という「駐」の字。これは果して最終到着地をしめす言葉なのでしょうか。日本語では、簡単に「とどまる」と読んでみても、「とどまり」方にも、いろいろあります。

坐（トドマル）――いすわる。

底（トドマル）――ストップする。

眙（トドマル）――まつ。

こういった風に、いちいち使い分けるのが、古代中国語。なかなかうるさいのです。その中で「駐」の〝とどまり方〟は、決して最終到着などに使われてはいないのです。

本来は「馬偏《へん》」のしめすように、〝馬が立ちどまる〟の意で、『説文』に「駐、馬立也」とある通りです。それから〝車駕がとどまる〟〝一定の地に滞在する〟の意になったようです（諸橋、大漢和辞典）。「焦仲卿の妻の為に作る」という古詩の中の「行人、足を駐《とど》めて聴く」といった句にも、この字の用法、そのニュアンスがよく現われています。

『三国志』でも、この点、変りはありません。

「乃《すなわ》ち求めて蜀《しょく》郡の太守たるも、道絶えて至るを得ず、荊《けい》州に駐まる」（魏志十、荀攸伝）

「先主（劉備）譚《たん》（袁《えん》譚）に随いて平原（地名）に到り、……駐まること月余日、失亡する所の士卒、稍稍《やや》来集す」（蜀志二、先主伝）

こういったふうに「∫（動作）して∫（場所）駐まる」の形が基本形で、「ある行動の途中での一時ストップ」といった、軽い意味が多いようです。たとえば、東京の警視庁や京都の府警本部は「駐在所」とは言わないのに、村々のお巡りさんが番茶をすすりながら巡回日誌をつけている場所は「駐在所」です。これも、この「駐」という字の〝軽い〟語感が二十世紀の日本にも、遺存している例でしょう。

戦後、最初に登場した、〝傑作な〟造語に「進駐軍」があります。「進みて（ここに）駐まる軍」という語法は、まさに先にのべた基本の語法を守っているのですが、これではまるで〝フィリッピンから来て今一時日本列島にストップしている軍隊〟といった感じで、マッカーサーの最終目的地はもっと先（北）にありそうな感じです。とても〝日本列島を軍事的に支配し、制圧する目的をもってきた軍事力〟

といった重々しさはありません。この一見、台風一過的な軽いムードこそ、敗戦官僚たち苦心の造語目的だったのではないでしょうか。敗戦国民への真実《リアル》なショックを心理的に〝緩和〟させるための――。とすれば、彼らの旧制中学時代の漢文の素養が見事に〝生かされた〟こととなりましょうか。

それはともあれ、この「駐」の字の用法から見ると、「伊都国最終地」説には、かなりの無理があるようです。

迷惑の今昔

漢文のもつイメージにふれたついでに、一つだけ横道させていただきましょう。

かつて日中国交回復のとき、当時の田中首相が中国へ渡りました。あちらの要人と交歓したはじめのとき、例の気さくな調子で「ご迷惑をおかけしました」と言ったところ、向うは、〝鼻じろんだ〟。いや、〝色をなした〟というのです。田中氏としては、明治以降の中国への侵略、暴虐の歴史を開口一番、ザックバランにわびた、それを〝礼儀〟と思って言ったことなのでしょうが、向うのうけとり方は、ちがったのです。

現代中国語のニュアンスでは、〝迷惑〟という言葉は「家の前で水をまいていて、往来を通る人にあやまって水をちらした」その程度のとき、使う言葉だというわけです。「何だ。あの惨たる侵略を〝迷惑〟くらいにしか考えていないのか」というわけです。あわてた日本側の通訳から釈明があって、無事わだかまりがとけたそうですが、前にものべましたように、三世紀、中国(魏)と韓人の間で、通訳上の手ちがいが一つのきっかけとなって凄惨《せいさん》な死闘に突入したといいますから、言葉の問題も馬鹿にはなりません。まあ、このときは念願の雪どけのさいでもあり、加えて相手側も周恩来《しゅうおんらい》といった大人《たいじん》のはからいもよろしく、事なきをえたのかもしれません。

しかし、わたしはこの記事を新聞で読んだとき、一つの感想をもちました。「文字の意味が中国側で変ったものだな」と。

「民、迷惑して禍患に陥る」（荀子、大略）

「周の厲《れい》王、迷惑、暴虐す」（史記、晋世家）

これらは文字通り〝心が迷い、惑う〟という意味ですが、その使用方法は〝めちゃくちゃな悪政による被害〟のケースに使われています。ことに厲王は、周の第十代の天子で、まじない師（巫《ふ》）などの迷信に頼り、暴虐を極めて位を失った人物として著名ですから、ここの「迷惑」はまさにその〝血迷った暴行・惨虐〟を意味しているわけです。

わたしがこのような「迷惑」の用法に気づいたのは、ほかでもありません。わたしが久しくとりくんできた親鸞研究にこれと同類の用法があったからです。

「誠に知《し》んぬ。悲しきかな、愚禿鸞《ぐとくらん》、愛欲の広海に沈没し、名利《みょうり》の太山に迷惑して……恥ず可《べ》し、傷《いた》む可し、と」（教行信証、信巻）

ここに言う「迷惑」は、親鸞にとって自己の内面に対する、深刻な批判の言葉です。決して〝軽い〟表現ではありません。また、

「領家《りょうけ》・地頭《じとう》・名主《みょうしゅ》のひがごとすればとて、百姓をまどわすことはさうらわぬぞかし」（親鸞聖人御消息集五）

この文面は親鸞研究史上の一大論争点になった個所ですが、要するに〝権力者がいくら理不尽のふるまいをしてみたからといって、百姓を真に「まどわす」ことはできない〟という意味です。いいかえると、現象的には百姓を「迷惑」させえても、そんなことで百姓の心の内面を真に犯すことなど、彼らにできはしない、というのです。親鸞の、思想者としての強烈な発言です。つまりここの「まどわす」は、

やはり権力者の専修念仏者に対する弾圧、悪政に関連して使われているわけで、先の荀子などの例にあらわれた「迷惑」と相通ずる用法です。

わたしは三十代、親鸞に没頭し、このような用例にひたってきていましたから、例の新聞記事を読んだとき、すぐ反射的に〝ハテナ〟と思ったのです。そして調べてみたらすぐ分りました。先の例のように古代中国では、人民に対する政治的暴虐に対してもまた、十分用いうる用法だった、というわけです。この点、前にのべた（五〇頁）一種のドーナツ化現象で、中心の中国ではすでに失われた用法なのに、かえって周辺部の日本列島に古い語感が残存していたようです。

もちろん現代日本でも、〝迷惑をおかけしました〟というのは、かなりあいまいで、いささか〝便利すぎる〟言葉になっていますが、必ずしも〝水しぶきを散らした〟ようなケースだけに、用法が限られているわけではなさそうです。とすると、田中氏は、そのとき悠然と、〝いや、お国でも、昔はこういった場合にも使っておられたようで〟といって、「三光」（焼光・搶光《そうこう》・殺光。〝奪いつくし、焼きつくし、殺しつくす〟。日本軍の中国における惨虐を指す）や「万人坑《まんにんこう》」（大石橋〈大連の近く〉。日本側がおびただしい中国人を殺しつくして、埋めた所。本多勝一『中国の旅』参照）などを「迷惑」の実例にしてその惨虐を心から痛めば、まことに適切だったわけですが――。

伊都国中心読法

本筋にもどらせていただきます。

昭和四十年、この糸島郡で江戸時代以来の大発見がありました。平原遺跡です。三雲・井原遺跡に比べると、より新しいのですが、やはりおびただしい漢式鏡（方格規矩四神鏡等）や珠玉類を出土しました。そして何より人目をおどろかしたのは、日本列島出土最大の鏡（内行花文八葉鏡）。しかもそれは中国の漢鏡の文様を模倣しながらも、レッキたる日本製の品だったのです。これによってこの糸島郡の存在が一段と注目されはじめました。右の遺物の発掘に自分の全エネルギーを傾注した原田大六氏に土地の好事家《こうず》たちから「伊都国王」のあだ名がたてまつられたのも、また、むべなるかな、です。

もっとも、わたしの立場からは、これら糸島郡の遺跡は、三雲、井原、平原とも、「伊都国」ではなく、「奴《ぬ》国」の領域内です。その理由として、第一は、もちろん里程問題です。前原町付近を伊都国中心とすれば、そこから「東南、百里（七・五キロメートル）は、糸島平野の真っ只中《ただなか》です。博多付近とはなりません。この問題は別としても、いま問題にしたいのは、戸数です。

伊都国――千余戸。

奴　国――二万余戸。

豊富な遺跡と出土物をもつ糸島郡の平野部がわずか千余戸の領域とは。わたしには解せません。ともあれ、この糸島郡平野部に古代史の謎を解く、もっとも重要な鍵の一つが秘められていること。それは疑うことができません。

以上のような澎湃《ほうはい》たる「伊都国」熱をバックにして、新たに古代史界に登場してきたのが、「伊都国中心読法」です。先にあげた「（伊都国）世有王、皆統属女王国」の文に対し、従来の解読を百八十度ひっくりかえして、

「（伊都国）世々王有り。皆、女王国を統属す」

と読むのです。これだと、従来とは逆に、伊都国が主人、女王国（邪馬一国）が家来、となるわけです。今まで〝倭国は邪馬一国中心〟というテーマが自明と考えられてきただけに〝虚をつかれた〟感じですが、果してこの新説は成り立つのでしょうか。もしこの新説が成り立てば、従来長年月の「邪馬台

国」論議は、〝焦点のおき方が根本からちがっていた〟ことになりましょう。

しかし、この問題の実証的な解決は、わたしには容易であるように思われます。なぜなら、

「A統属B」

という形で、「統属」という語は、上のAと下のBとの関係をしめす言葉です。ですから、それがどういう関係をしめしているか。それを実際にしらべさえすればいいのです。

どうやってしらべるか。方法は一つ。

第一作業。『三国志』全体から「統属」という言葉を全部抜き出す。

第二作業。各用例の用法をひとつひとつ検査する。

これです。ですから、方法上極めて簡単な作業なのです。調べてみました。いま問題の個所以外に、次の五例があったのです。漢文の訓読で、いささかしちめんどくさいかもしれませんが、さあーっと目をとおして下されば結構です。

(一)「(黄忠)裨《ひ》将軍に仮行せられ、……長沙太守の韓玄に統属す」(蜀志六)

ここでは「裨将軍」の黄忠と、「長沙の太守」の韓玄の関係が「統属」という言葉であらわされています。では、どちらが上位で、どちらが下位か。それがハッキリすれば「統属」という言葉の用法が分るわけです。この「裨将軍」というのは、副将軍のことですが、『漢書』によりますと、王莽《おうもう》のとき、この「裨将軍」の職名の人々は千二百五十人いた、と書かれています(漢書、王莽伝)。これに対し、「太守」というのは、郡守を改称したもので、秦制以来、三十六郡に各一人おかれていた、と言います(史記、秦始皇帝紀)。

古代中国では、現代日本と「郡と県」の関係が逆です。「郡」の中にいくつもの「県」があるわけで

す。卑弥呼の第一回遣使（景初二年）を洛陽へ導いた、あの帯方郡の劉夏《りゅうか》なども「太守」です。また韓伝にも韓人、臣幘沾韓《しんさくせんかん》の攻撃をうけて戦った帯方郡太守弓遵《きゅうじゅん》、楽浪郡太守劉茂の名前が見えています。

彼らと同格なのが、この長沙太守の韓玄ですから、千二百五十人もいる「裨将軍」とは、いってみれば格がちがうわけです。ですから、

「（黄忠）統㆓属長沙太守韓玄㆒」

は当然、黄忠が家来、韓玄が主人。従って「黄忠は長沙の太守韓玄に統属す」と読むべきです。決して「韓玄を統属す」などとは読めないのです。

㈡「（王沖《ちゅう》）牙《が》門の将たり。江州の督《とく》の李厳に統属す」（蜀志十一）

この「督」というのは、大将のことです。

「督。大将を謂《い》う」（後漢書、郭躬伝、注）

ですから当然、「将」が下位、「大将」が上位です。従って、

「（王沖）統㆓属江州督李厳㆒」

は、「王沖は江州の督、李厳に統属す」であって、「李厳を統属す」ではありません。

㈢「（士仁《しじん》）関羽に統属す」（蜀志十五）

ここは短いですから、全文を書いてみましょう。

「士仁、字は君義。広陽の人なり。将軍と為り、公安（地名）に住《とど》まる。関羽に統属す。羽《う》と隙《げき》有り。叛《そむ》いて孫権を迎う」

関羽は『三国志演義』でおなじみの豪傑。諸葛孔明、張飛と並んで蜀をささえる大物、三羽烏の一人です。けれども、関羽はその豪放さの反面、部下への細かい配慮に欠けるところがあったので、それが

士仁たちの反発をまねいたようです。蜀志関羽伝に、

「南部の太守糜芳《びほう》、江陵に在り。傅士仁《ふしじん》、公安に屯《とん》す。素《もと》より皆、羽自ら己を軽んずるを嫌う」

とあって、糜芳も傅士仁も、それぞれ〝関羽はおれを軽視している〟と感じ、これが彼らが叛意《はんい》をおこし、呉の孫権のもとに奔《はし》る原因となった、と書かれています。関羽の、他《ひと》に任せるよりも、みずから行動する方を好む短気さが、配下の人々にはやりきれなかったのかもしれません。

以上のような人間関係から見れば、士仁が下位、関羽が上位であることは明白です。従って、

「（士仁）統二属関羽一」

は、「関羽を統属す」でなく、「関羽に統属す」と読むべきこと、言うまでもありません。

㈣「皆、厳（李厳）に統属す」（蜀志十）

蜀志李厳伝によりますと、章武三年（二二三）劉備は病深く、李厳と諸葛孔明を呼んで、あとに残した子供（劉禅）を輔佐《ほさ》してくれるように頼みました。このさいのことを先主（劉備）伝では次のように書いています。

「先主、病篤《あつ》く、孤（劉禅）を丞相の亮《りょう》（孔明）に託し、尚書令の李厳を副と為す」

劉備の二人に対する信頼の厚さが察せられます。そのとき、劉備は、李厳を中都護に任命し、内外の軍事を統轄させ、永安（地名）に鎮をおかせました。その劉備も死んだ建興四年（二二六）に至り、諸葛孔明が漢中に出陣することとなります。孔明が名文「出師《すいし》の表」を蜀の第二代の天子となっていた劉備の遺児（劉禅）に奉ったのが有名です。このとき、孔明は李厳に後事を託し、江州に屯を移しました。

そのとき、

「護軍の陳到を留《とど》めて、永安に駐《とど》めしむ。皆、厳に統属す」

と書かれているのです。このとき李厳は、出陣した孔明に代って〝宰相の代理〟の恰好で、蜀全体を統轄していたのです。ですから、

「皆統㆓属厳㆒」

は、〝皆が李厳に統属している〟のであって〝皆が李厳を統属している〟のでないことは、ハッキリしています。第一、「皆」が主語になっている場合、「皆」が主人公で、「一人」が家来、などということは、どだいありえないことではないでしょうか。この点で例の、

「（伊都国）世有㆑王。皆統㆓属女王国㆒」

も、「皆」が主語になっている点、文形上はこの例と同じなのです。

以上、四例とも、不思議なことに、みな蜀志の例です。六例中、蜀志が三分の二の四例というのは、蜀志が十五巻で『三国志』全体（六十五巻）の四分の一弱という分量から見ると、かなりのかたよりですが、これは陳寿が蜀内の身分上の人間関係を知悉《ちしつ》していたことの、あるいは反映なのでしょうか。それはともあれ、この陳寿が知悉していた身分関係において、

「A統㆓属B㆒」

の形は、必ずAが家来、Bが主人公。「AはBに統属す」と読むべきことが確認できます。

もう一つの実例

最後の一つは魏《ぎ》志にあります。

(五)「（梁習《りょうしゅう》）冀《き》州に統属し、故《もと》の部曲を総《す》ぶ」（魏志十五）

まず、この事件の背後関係をのべましょう。時は後漢末。建安十八年（二一三）のことです。春正月、天子（献帝）から詔書が出されました。〝現在全国に州が十四あるが、これを五つへらして九州にせよ〟というのです（魏志一）。

一州や二州へらすならともかく、一挙に三分の一強もへらすというのは、まさに〝大改革〟といっていいでしょう。反面から言えば、大変な〝無理〟を承知で断行した、と言えましょう。しかもその理由は、はなはだ〝観念的〟なものだったようです。

「(建安十八年) 春正月、庚寅。禹貢《うこう》の九州に復す」(後漢書、帝紀九)

とあるように、中国最初の聖天子と言われる「堯《ぎょう》、舜《しゅん》、禹」の、あの禹が天下を九州に分けて統治した、という、『書経』の禹貢篇の記事に従って、それに合わせるべくこの「大行政改革」は行われたのです (このような観念的な動機だったために、当然のことながら種々の摩擦を生じ、魏の文帝のとき、またもとに復するに至ったことが、同じ梁習伝にしるされています)。

さて、その統廃合の実際はどうだったか、と言いますと、それをうかがう恰好の史料があります。

「時に幽・幷《へい》州を省き、其の郡国を以て冀《き》州に幷《あわ》す。司隷校尉《しれいこうい》及び涼州を省き、其の郡国を以て幷《あわ》せて雍《よう》州と為す。交州を省きて荊《けい》州・益州に幷《あわ》す。是において、兗《えん》・予・青・徐・荊《けい》・楊《よう》・冀《き》・益・雍《よう》、有るなり。九の数は同じと雖《いえど》も、「禹貢」は益州無し。梁《りょう》州有り。然して梁・益、亦《また》一地なり」(献帝春秋。後漢書、帝紀九注)

要するに幽州・幷州・涼州・交州と司隷校尉 (「司隷」は洛陽の治) が廃止されたわけです。

さて、本文にもどりましょう。梁習は幷州の刺史《しし》(郡国の督察官) だったのですが、右の措置によってその幷州が冀州に統合されたわけです。そこで、

「建安十八年。州は冀州に幷属す。更に議郎、西部都督従事を拝し、冀州に統属し、故《もと》の部曲を総《す》ぶ」(魏志、梁習伝)

となるわけです。「部曲」とは軍隊のことですから、「故の部曲」とは、〝今まで管轄していた幷州の

軍隊〟のことです。つまり、形の上では〝并州は消えた〟が、その実体は変らず、というわけで、どこの国でも〝上からの思いつきによる行政改革〟はこのようなはめにおちいりがちなもののようです。右のようないきさつですから、ここもやはり、「冀州に」であって、「冀州を」ではありません。

以上によってハッキリしましたように、『三国志』中のすべての「統属」の用例を検査しても、「A統属B」の場合、「AはBを統属す」と読みうる例は絶無です。このような史料状況にもかかわらず〝かまわぬ、わたしは「女王国を統属す」と読みたいのだ〟というのであれば、もうそれは〝学問の外〟のことでしょう。ちょうど「彼女は彼に殺された」という日本語を、〝いやわたしは、この文章を「彼女は彼を殺した」という意味の文としてうけとりたい〟と主張するようなものなのですから。

もう一つ面白い、これと対語をなす言葉が『三国志』では使われています。魏志濊南《わいなん》伝です。

「漢より以来、其の官に侯《こう》、邑君《ゆうくん》、三老有り。下戸を統主す」

「侯」「邑君」(あるいは「侯邑君」一語か)「三老」が支配者層、「下戸」が被支配者層であることは明白。ですから、ここの「統㆓主下戸㆒」が「下戸を統主す」と読むべきことは疑いありません。つまり「A統主B」の場合は、Aが主人、Bが家来です。この「統主」と「統属」とを混線した。——これが例の「伊都国中心」読法だったことになります。

国と王

この「伊都国中心」読法を創唱された阿部秀雄さんは、もう一つの論拠を提出しておられますので、それも今、吟味させていただきましょう。それは、

「(伊都国) 世有㆑王。皆統㆓属女王国㆒」

とあるとき、主語が「王」であり下の方(客語)が「国」になっている。〝王が国に属する〟というような概念は、近代のものであって、古代(中国)にはありえないと言われるのです。この議論には、

失礼ながら、一つの盲点があるのではないか、と思います。それは同一国内でこそ、〝王が国に属する〟ということは、古代世界ではありえないでしょうが、ここでは「伊都国」対「女王国」という、〝別の国の間〟の問題だ、という点です。

もう一つ。より大切な点は〝漢文の慣用的な書き方〟の問題です。たとえば、

(A)「黄初三年(二二二)二月、鄯善《ぜんぜん》・亀茲《きじ》・于闐《うてん》王・各《おのおの》使を遣して奉献す」(魏志二、文帝紀)

(B)「景元三年(二六二)夏四月、遼東《りょうとう》郡言う。粛慎《しゅくしん》国、使を遣わして、重訳《じゅうやく》、入貢す」(魏志四、三少帝紀)の二つを比べてみて下さい。

(A)は「王」が使を遣わして貢献した、と書かれてあり、(B)は「国」が使を遣わして貢献したことになっています。両者の実体にちがいがありましょうか。「国」という抽象物それ自体が貢献する、などということはありえませんから、当然これも「王」の貢献です。ただ書き方のちがいだけで、実体のちがいではありません。他の例をもう一つ。

(C)「建武中元二年(五七)東夷の倭奴国主、使を遣わして奉献す」(後漢書、光武帝紀下)

(D)「建武中元二年、倭奴国、奉貢、朝賀す」(後漢書、倭伝)

右のように、全く同一の事実が、一方では「国主」他方では「国」と表現されています。以上によってもお判りでしょう。「女王国に統属す」は「女王国の国主に統属す」と同じ意味なのです。〝そんなしちめんどくさいこと言わなくても、簡単に「女王に統属す」でいいじゃないか〟。そうおっしゃる方もあるかもしれませんが、――そうはいきません。なぜなら、今(卑弥呼、一与のとき)でこそ「女王国」ですが、その先代までは「男王」だったのですから。

ここに陳寿がわざわざ「女王国に統属す」と書いた、ささやかな秘密があるのです。陳寿は一見〝口

当りのよくない〝文面になっても、あくまで〝事実に則する〟よう、きめ細かな注意をはらっている。——わたしは『三国志』を読んでいて、よくそう感じることがありますが、これも、その一例なのです。

この説の創唱者、阿部秀雄さんについて、わたしには楽しい思い出があります。わたしが『「邪馬台国」はなかった』を出したあと、早速、丁重なお手紙が舞いこんできました。細かい几帳面《きちょうめん》な字で、ビッシリと批評を書きこんで下さったのです。

ことにわたしにとってうれしかったのは、その焦点が例の「魏晋朝短里」問題だったからです。あの帯方郡治《たいほうぐんち》から女王国までの「一万二千余里」が〝誇張だ〟などと言う前に、ぜひとも、この〝三国志で採用された里単位はいくらか〟という問いに答えねばなりません。これが現在の探究者の守るべきいわば〝最低限の〟学問的良心、現代の研究水準に則するものです。

そしてこの問題は、わたしの倭人伝解読の基本をなしています。しかも〝史観の相異〟などにかかわらず、いわば〝物理的に〟検査し、解決できる性格の問題なのです。だからぜひ、この議論をつめなければならぬ。わたしはそう思っていました。ですから、ひとつひとつの具体例を書いて質問して下さった阿部さんの真面目さがうれしかったのです。

そこでわたしも懸命に返事を書きました。阿部さんの提示された例をひとつひとつ検証し、「短里」と見なさねばならぬ理由を説明しました。あたかも、論文のように分厚い返事となりました。再び阿部さんの手紙。再びわたしの返信。何回も分厚い「論文書簡」を交わし合ったのち、やっと終りました。そのおかげで、わたしは一段とこの〝『三国志』は一貫して「魏晋朝の短里」をもとに書かれている〟という命題に確信をもつに至ったのです。まだお会いしたことのない阿部さんですが、今も、その往復書簡を、わたしは小さい宝物のように保存しています。

そのような次第ですから、この伊都国中心読法の問題も、阿部さんとの手紙のやり取りで討論の便りを交わせばそれでよかったはずなのですが、最近この読法が、あれよあれよ、と言ううちに研究界の中であたかも〝燎原の火〟のようにひろがりはじめたのです。

たとえば松本清張さん。古代史における〝偉大な啓蒙家〟としての役割は、皆さんよくご承知の通りです。最近ではさらに進んで〝古代史の首領《ドン》〟といった風貌をそなえてこられましたが――。わたしも三十代、まだ親鸞研究に没頭していたころですが、中央公論に連載された『古代史疑』が学校の図書館に毎号到着するのを待ちかねて読んだ思い出は忘れられません。

また佐伯有清さん。「邪馬台国」の研究史を緻密に平明に書いておられる、その業績はよく知られています。この方までが伊都国中心説への〝傾斜〟を表明されたのです。

またこのお二方より先に、森浩一さん。近畿説が圧倒的な考古学界の中で、早くから批判の目をもちつづけておられる、その姿は学界で目立っています。わたしも、何か疑問があるとお聞きするのですが、いつもザックバランに教えて下さる方のひとりです。このような方々を見ると、ひとつ気がつくことがあります。それはいずれも九州説もしくはそれに近い説をもっている人々だ、ということです。

これは考えてみれば当然なわけです。なぜなら、伊都国は、九州内。ですから、そこが「統属」の中心、というのは、とりもなおさず〝九州に中心をおく〟立場なわけです（〝伊都国は、近畿に至る広大な統一領域の中心〟とまで考える論者は、まだないようです。もしかりにそのような論者があったとしても、糸島郡を「中心の統属者」と見る以上、いわば〝広大な九州論者〟にほかなりません）。

従って筑後（福岡県南部）や肥後（熊本県）あるいは豊前《ぶぜん》、豊後《ぶんご》（大分県）といった類の個所に「邪馬台国」のありかとそのイメージを考え、その「邪馬台国」なるものは、実は代々〝糸島平野の伊都国に支配されてきた〟。こう考えようとされたのが、右の方々だったわけです。

なぜ、この方々がこのように考えはじめられたのか。実はここにこの「伊都国統属」問題のもつ、真の問題性があります。なぜなら、この方々は、あるいは〝作家の目〟で、あるいは〝研究史を大観した目〟で、あるいは〝考古学界の少数派の目〟で、鋭く〝問題の真の所在〟に目を凝らしてきた方々です。その方々がどうして〝そろいもそろって〟この〝文法的な無理〟という火中の栗を敢えて拾おうとする挙に出られたのか、ここに本当の問題があるのです。

分布図

わたしはかつて、ある東京のジャーナリズムの方から突然〝電話取材〟をうけたことがあります。何か特定のテーマについて、というのではなかったのですが、要するにわたしとの応答を通じて「邪馬台国」問題の現況についての感触をえよう、とされたようです。そのとき「みんな、いろいろ言っていても、結局、卑弥呼の金印が出ない以上、きめ手はないんじゃないですか」。そう言われました。つまり、「邪馬台国」の所在について、各論者いろいろ言うが、〝畢竟《ひっきょう》どんぐりの背くらべ〟――そう言いたい感じでした。

わたしがそれに対し、「それも一理ありますね。しかし反面から言うと、金印一つなら、〝移動する〟ということもありますよ、ね。その点、もっと確かなのは、分布図ですよ」。こう言いますと、電話の向うからけげんな声が聞えました。「え、ブンプズですって」。「ええ、出土遺物の分布をしめした地図です」。「それが何で〝邪馬台国〟と関係があるんですか」。わたしは分布図の説明をしかけましたが、向うがのみこみにくい様子なので、〝これは目で見なければ〟と気づき、「一度お会いしたとき、分布図を見せて説明しますから」。そう言って、電話を切りました。

この、未見の方との応答のあと、わたしは裏の竹藪の中の遠くつづく道をひとり散歩しながらふと思いました。「あの人の考え方は、おそらく現代の日本人の大多数の人々の考え方をしめしているのじゃないか」と。

先年来、「邪馬台国」論争に花が咲き、本屋さんに「邪馬台国コーナー」が出来るほどだった。このことはみんな知っています。しかしそこに並んだ本をいちいち読んだ人というのは、まず数少ないことでしょう。そこで大多数の人々は「人によっていろいろ説を出しているが、結局、解決はつかないんだな」「だからこそ、勝手に思い思いの〝熱〟をあげているわけだ」。そう思っているのではないでしょうか。

あの電話の主は、そういった大多数の声を代弁していた、とも言えそうです。「では、本当はどうか」と問われれば、わたしはハッキリ言うことができます。「もう、そのような百花繚乱の時期は終りかけているのだ」と。その点について、いささか詳しく申しましょう。

「邪馬一国」(従来説の「邪馬台国」)というのは、倭国の中で都の領域です。「都」というのはどういう地点でしょうか。当然のことながら、〝都でない領域〟に対してより繁栄している場所です。もっと言えば、その倭国の中で一番繁栄している地点、そこが「都」なのです。従って「その時代の一定の出土遺物が広がっている中で、一番質量ともに出土が濃密な個所。そこが〝都〟の領域だ」。これこそまさに古代世界における「都市の論理」なのです。

人麿《ひとまろ》と卑弥呼

この点、たとえば先年、梅原猛《うめはらたけし》さんが〝水底に人麿の墓を探る〟試みをされたことは有名です。田辺昭三さんなど、考古学者の協力をえての、その捜査、発掘。わが国でまだ歴史の浅い、というより〝歴史のない〟といっていい水中考古学の試みでした。結果としての、いわば表面的な「成功」「不成功」などを越えて〝貴重な試み〟だったと思われます。たとえば将来における、博多湾や唐津湾の水中考古学——それこそわたしの心底待望するところなのですから。

それはともあれ、当面の〝人麿の墓〟の検出そのものから言えば——その試みを最初に聞いたときのわたしの率直な印象では、「なかなかむつかしいだろうな」という感じでした。それは、梅原さん自身の推理の当否は、今は別問題として、当の水中から出てきた墓が——それが「墓」と確認されたとしても——果して人麿のものかどうか、という認定は、かなりむつかしいものではないか。そう思ったのです。もちろん、人麿の時代は〝文字の使われていた時代〟ですから、石か金属に「柿本人麿」の名でも刻んだものがあればズバリ明らかになるのですが、〝それがなかったら〟——とても特定は困難です。ですから、「特定できなくて当り前。できれば、まさにメッケモノ」。これがわたしの事前の観測だったのです。結果はやはり〝判然とした〟ものではなかったようです。ですが、それで当り前。決して〝無駄骨〟などと嘲ってはなりません。今回の経験をもとにして、もっと本格的な水中考古学の試みがわが国でさらに躍進するのをわたしは願います。

さて、こんな話題をもち出したのはほかでもありません。「〝卑弥呼の墓〟の場合はこれとはちがう」。——このことが言いたかったのです。なぜなら、人麿の場合、彼はその時代の下級官僚です。〝いやちがう、上級官僚だ〟と言ってみても、とてもナンバーワンやナンバーツーというわけにはいきません。まして都の地でなく〝流刑地〟といったことにでもなれば、先ほどのような〝偶然〟(記名の銘文)に恵まれない限り、なかなか特定できようもありません。

これに対し、「卑弥呼の墓」の場合はちがいます。ハッキリその時代の、その国のナンバーワンなのですから。ですから、かりに例の金印のような銘文つきの、きわめつきの証拠がなかったとしても、人麿などよりズッと〝見当〟はつけやすいはずです。もちろん、それにしても「卑弥呼の墓」という場合にはやはり〝偶然〟が必要です。あの志賀島の金印のように、〝ある日、農夫の鍬《くわ》先にキラリ〟といった、偶然の神の手助けが必要でしょう。

けれども「邪馬一国」そのもの、という「都」の所在となると、全く話がちがいます。時は弥生時代。銅や鉄といった金属文化の時代です。銅矛《どうほこ》や銅鐸《どうたく》といった金属器が、実用品というよりは宗教的な意義をもった祭祀《さいし》物、もしくは権力者のシンボルとして使われていました。それらの出土はおびただしい数にのぼっています。従って当然、その分布図が描けるのです。そしてそれらの一番濃密に集中している領域があれば、――それが「都」です。

今回はこの考古学上の問題に深入りするつもりはありませんが、少なくとも今、ハッキリ言えること、それは弥生時代の九州に関する限り、わたしが「筑前中域」と呼んでいる地帯、すなわち博多湾岸（及び周辺）と糸島平野にすべての出土遺物が質量ともに一番集中しているということです。銅矛も銅戈《どうか》も、銅鏡も、勾玉《まがたま》も、鉄器も、この領域こそ最大の宝庫なのです。ですから、ここ以外の場所、たとえば筑後山門《やまと》や肥後京都《みやこ》郡や豊前宇佐《うさ》や肥前《ひぜん》（島原半島）や、それらに「邪馬台国」を〝定めた〟論者は、ここでハタと困ってしまうのです。

なぜなら、「統属」させた主人公のはずの「邪馬台国」の方が、「統属した」家来のはずの「伊都国」（糸島平野に当てる）や「奴国」（博多湾岸に当てる）より〝圧倒的に少ない〟とは。何と弁明しようとも、先ほどの古代世界における「都市の論理」のしめすところ、通じようはありません。

たとえば〝卑弥呼は宗教的な巫女《みこ》であって、実際上の権力者ではなかったのだ〟といってみても、問題の「銅矛」（中広矛・広矛）や「銅鏡」は、ここではいずれも〝宗教的象徴物〟であって、男の戦闘や女のお化粧の〝実用品〟ではないのですから、当然、卑弥呼のいた宗教的中心地と一致すべきです。――やはりこの〝逃げ道〟も駄目です。

かつて〝自分自分が倭人伝を自己流に読みこなして、百人百説を立てていた〟そういう時代なら、それでよかったのかもしれませんが、これからあとは、そうはいきません。右のようなリアルな出土遺物の分布図から目をそむけることは許されない。そういう時代の扉はもはや開かれたのです。

道標ここにあり

このような状況に鋭敏な方々、それがあのお三方のような論者だったのです。そのため「筑前中域」の一角たる糸島平野（いわゆる「伊都国」）を、「統属」の主人公に見たてて、〝事態を切り抜けよう〟と試みられたのです。しかし、この試みは、先にのべましたように、『三国志』中のすべての「統属」の用例が冷厳にさししめすように、「成功」しませんでした。ですが、あの梅原さんの〝試み〟と同じように、この場合も、結果としての「成功」「不成功」は別として、大変有意義な〝試み〟だった。わたしにはそのように思えます。

なぜなら、少なくとも九州説に立つ限り、その中の中枢地は、この「筑前中域」しかない。すなわち、権力中心地としての博多湾岸。そこには銅矛《どうほこ》と銅戈《どうか》の鋳型が集中しています。そして倭国の「王家の谷」（ナイル中流のエジプトの古都テーベの西郊にある、エジプト新王国時代の王家の墓地。〈ジャポニカ〉）としての糸島平野。ここにおびただしい鏡をもった弥生遺跡が集中しています。

〝この「筑前中域」を都域以外の地とすれば、結局、解決の道はない〟。——そのことを研究史上にありありとさししめしてくれたのですから。学問上の進歩は、〝正しさ〟によってだけでなく、それに劣らず〝誤まり〟によっても推進されるものだ。——わたしはそう信じています。わたしはこれらの方々に深い感謝をささげたいと思います。

閑話休題。といっても、いささか〝堅い話〟で、申しわけないのですが、〝やっぱり、この話だけはしなければ〟という感じですから、しばらくおつきあい下さい。

倭人伝の解読で、謎のキイ・ポイント。それは何といっても、里数問題について、一方では、

「郡より女王国に至る、万二千余里」

として帯方郡治（ソウル付近）から邪馬一国（女王国）までの総里程を書きながら、他方では、部分里程が、不弥《ふみ》国までしかないことです。前にも書きましたように、

郡 ―7000里― 狗邪韓国 ―1000里― 対海国 ―1000里― 一大国 ―1000里― 末盧国 ―500里― 伊都国 ―100里― 不弥国（「伊都国 ―100里― 奴国」「不弥国 ―水行20日― 投馬国」は傍線行路）

というわけで、計一万六百里しかないのです。〝残り、千四百里の秘密は？〟というので、ウンウン苦しんでいた日々のことを思いおこします。四十歳代のはじめのころです。まだそのころは、邪馬一国の所在は〝博多湾岸から熊本県あたりまでの線上の、どこかにある〟というくらいしか、分らなかったのです。

ところが、昭和四十五年の夏のある日、倭人伝中の次の記事にハタと目がとまりました。

「対海国に至る……方四百余里なる可《べ》し」

「一大国に至る。……方三百里なる可し」

〝この二島は、「正方形」でとらえられている。それぞれの一辺四百里と一辺三百里だ。とすると、二辺で各、八百里と六百里。あわせて、あッ。――千四百里だ！〟こう気づいたとたん、わたしは飛びあがって、思わずアパートの外に飛び出していました。真夏の裸に近い恰好だったのも忘れて。下で洗濯をしていた妻に告げに走っていたのです。――このとき、わたしにとってはじめて倭人伝の骨組みが

〝見えた〟のです。そしてそのときが、わたしの『「邪馬台国」はなかった』の誕生開始の一瞬でした。

従来は、邪馬一国への行路とは別個、と信ぜられていた、この二島の周縁。ここにこそ最大の盲点があったわけです。あとになってみれば、このことは次の二点から、いわば〝自明のこと〟だったのです。

第一は、先の倭地の記事です。

「倭地を参問するに、海中洲島の上に絶在し、或は絶え或は連なり、周旋五千余里なる可し」

このように、倭地内の洲島について、〝周縁を旋《めぐ》る〟（周旋）と、チャンと書いてあったのです。

もちろん、九州島についてからも、「末盧国→伊都国→不弥国」と、北岸を「周旋」しているわけですが、その前にハッキリ書かれた二つの「洲島」たる、対海国と一大国も、「周旋」するのが、当り前だったのです。その場合、四辺めぐれば、もとの一点に帰り、一点にだけ立ち寄って〝行路に入れない〟つまり〝周旋行路をとらない〟のと、同じ計算になります。

そこで〝北から南へ進み、途中でこれらの島にぶっつかった〟場合、「半周計算」が一番自然な行路の算入法となるわけです。左のように、どの恰好に考えても、一緒です。

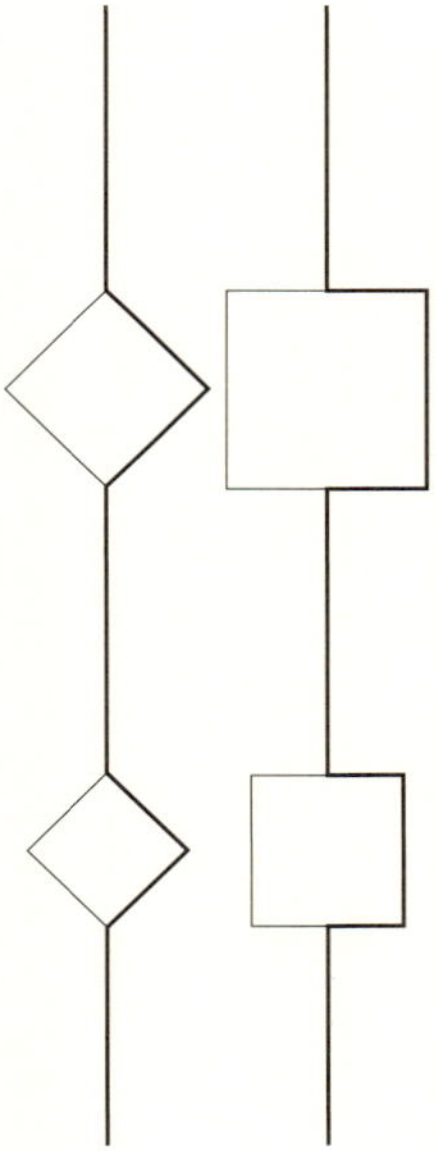

この場合、注意すべきこと。それは〝このことは、あくまで陳寿の「机上の算法」であって、魏使が実際にこのような半周行路をとったことを意味しない〟という一点です。たとえば壱《い》岐《き》島の場合。全島平坦《へいたん》部が多く、島は北から南まで、〝まっすぐ〟と言っていいくらい、突き抜けることができます。何も〝義理がたく〟半周する必要はありません。逆

に対馬の南島（下県《しもあがた》郡）の場合。山だらけで、そう器用に〝半周〟するわけにはゆきません。また、物好きでもなければ、その必要もないのです。海上を行く方がずっと楽ですから。

つまり、これは〝魏使の実際行路〟ではなく、「総計、一万二千余里」とはじき出したときの「陳寿の算法」の問題だったのです。わたしが『「邪馬台国」はなかった』を書いたあと、この点を心配して質問して下さった読者がありましたが、ことの筋道は右のようです。

この島廻り読法については、どうしても一言しておかねばならぬことがあります。わたしの思いがけぬ「発見」にも、先人があったことです。津堅房明《つがたふさあき》・房弘《ふさひろ》さんのご兄弟で、「邪馬台国への道——その地理的考察——、上・下」という論文が『歴史地理』（91—3・4、昭和四十一年）に発表され、そこでこの半周読法がとられていたのです。

『「邪馬台国」はなかった』が出たあと、お便りによって知り、お兄さんのご訪問をうけて、この尊重すべき先行者と親しく話し合った半日が今も楽しい思い出に残っています。ただ津堅さんの場合、唐津湾から有明海に抜け、九州南端・瀬戸内海という壮大なコースで近畿大和入りする、という立場でした。従ってわたしにとっての「千四百里」のもった意味とは、いわば〝その役割がちがっていた〟わけです。

わたしにとって真の問いは、次の一点だったのです。

第二。〝総里程が最後（邪馬一国）まで書いてあるのに、部分里程が途中（不弥国）で終っている。こんな馬鹿なことがありえようか〟と。——陳寿にはどうやって〝部分里程の合計〟であるはずの総里程が書けたのでしょう。

〝いや、別々の情報にもとづいて、ただ書き並べたにすぎんさ〟。などと言ってすまそうとしても、駄目です。なら、なぜ、その総里程から部分里程をさし引いて、

「不弥国より女王国に至る、千三百里」（「伊都国―100里―奴国」を傍線行程としない従来説の場合）。といった一句を入れなかったのでしょう。その手間が惜しかった、とでもいうのでしょうか。

「そんなん、知らん。要するに陳寿というやつが、それほど丹念な男ではなかっただけだ」。こう言って〝逃げ〟がうてるでしょうか。――駄目です。なぜなら、これがそそくさと原稿締切り、いや印刷締切りにまで追われての、いわばやっつけ仕事ならともかく、陳寿のライフ・ワークです。

その上、先にものべた通り、陳寿の生前、同時代の夏侯湛《かこうたん》も、これを読んで感歎、自分の書いた魏書をなげうった、というのです。とすると、陳寿の書いた「魏志第三十巻」も当然読んだはずです。その巻尾が倭人伝です。また陳寿の死後も、天子が詔《みことのり》によって書き写させ、これを西晋朝の「正史」として認定しているのです。

史局とその周辺の多くの人々の目。それは、みんな〝ふし穴〟だったのでしょうか。この部分里程と総里程の〝矛盾〟に誰一人気づかなかったのでしょうか。気がつけば、すぐ〝訂正〟もしくは〝加筆〟したはずです。だって、残余の、たかが「千三百里」くらいが「水行二十日（不弥国→投馬国）」や「水行十日、陸行一月」に当る、というのでは、いくら何でもあんまりです。そんなことをほうったまま、「正史」として認定するほど、陳寿の「著作権」を尊重したのでしょうか。

同じ『三国志』の蜀《しょく》志巻二の先主伝に、

「一日一夜、行くこと三百余里」

とあります。曹操が精騎五千をひきいて劉備の軍を追いかけたとき、このスピードで追いかけた、というところですが（湖北省の「襄陽《じょうよう》――当陽」間）、短里ですから、これを長里になおせば、ほぼ五十余里。当時の軍行は「一日三十里」（呂覧注）とありますから、通常の「軍行相場」の二倍近いスピードで追いかけたことになります（もし、この「三百余里」が長里で書かれているとしたら、当時の「軍行一日相場」の十倍以上という〝空想的なスピード〟となります。しかもこのスピードで何日何夜もつづけているのですから、なおさらです）。

　これで計算すると、先の「千三百里」は、わずか「四日」の行路。いくらこれは「精騎」のせいだといっても、「水行二十日」や「陸行一月」とは、けたちがいです。こんな矛盾に、魏晋朝の天子や重臣（張華）や将軍（夏侯湛）や史官連（范頵《はんいん》および史局の全メンバー）は、みんな〝目がふし穴〟だったのでしょうか。あの、陳寿を〝目の敵《かたき》〟にし、そのあらを必死に探していた荀勗《じゅんきょく》や荀勗派の全メンバーは、笑止にも、この〝明白な大矛盾〟に気づかずに、絶好の攻め手をうっかり見のがしたのでしょうか。

――考えられません。

　結局、この三世紀の魏晋朝の人々は、後代の「邪馬台国」論者のような〝漢文の読み方〟をしていなかったのです。彼らには、近畿天皇家に気がねして、何が何でも、「大和」へもってゆく義理合いも、筑後の「山門」といった地名の場所などへもってゆく筋合いも、全くなかったのですから。

　要するに、「周旋」した部分里程の総計が総里程になっていて、同時にその始発点（帯方郡治）から終着点（邪馬一国）までの総日程（水行十日、陸行一月）も書かれていた。――いかなる難くせつけの敵対者の目にも、〝そう見えていた〟からこそ、そこは非難されもせず、「訂正」もされなかった。そう見る以外の、どういう見方がありえましょう。

　そのさい、半周読法は、不可欠のキイ。そのキイでギイッと鍵のまわった瞬間、謎のドアが開いて、その向うには、博多湾岸の全景が「女王の都」の美しい姿をわたしに見せていたのです。

第四章　四～七世紀の盲点

歴代の倭都は「謎」ではない――『翰苑』をめぐって

「白村江」直前の書

日本の古代史界の中で、一種独特の色合いで研究者たちを魅惑している、そういう感じの史料があります。――その名は『翰苑《かんえん》』。この本のもつ魅力の第一は、中国で書かれた本でありながら、その生れ故郷にはすでになく、日本にだけ伝わって遺存していたことです。ところは太宰府《だざいふ》。いま天満宮の宮司をしておられる西高辻家に、写本で伝えられていたものです。残念ながら、いわば断片。完本ではないため、その全体像はわかりませんが、幸いにも最終巻（巻三十）だけは全部写されています。しかもそれは「蕃夷部《ばんい》」。倭国をふくむ、中国周辺の国々のことが書かれてあるのです。わたしたちにはもっとも関心の深い個所です。

第二にこの本の著者と成立年代がハッキリしていることです。これが分らないと、なかなか史料も使いように苦しむのですが、この本の場合は明快です。――その人の名は、張楚金《ちょうそきん》。唐の人で、顕慶《けんけい》五年（六六〇）の成立です。この年代は、言ってみれば大変な時期に当っています。この二年後、あの白《はく》村江《そんこう》の決戦が行われたのです（『日本書紀』では三年後となる）。この戦はご存じのように新羅と唐の連合軍が百済と倭国の連合軍と朝鮮半島中域西岸の白村江で天下分け目の一大決戦を行い、新羅・唐側の完勝に終ったのです。

その結果、敗者側の百済は即座に亡ぼされました。その余波をうけて五年後の総章元年（六六八）には、この戦争には参加していなかった高句麗まで亡ぼされます。残るは戦勝者の新羅だけ。はじめて朝鮮半島に統一国家が成立したのです。

ところが、従来の日本史の教科書によると、百済と同じく完敗したはずの「倭国」はそのまま。近畿天皇家だけは〝微動〟だにしない。これは、まさに東アジア古代史の「七不思議」を数えるとすれば、その筆頭にかかげられる「事件」ではないでしょうか。

「そこがわが万世一系の皇室の有難いところだ。唐・新羅側も、日本国民の手前そこまでは手が出せなかったのだ」。——戦前なら、こういった「精神訓話」で歴史の真実をすり抜けることができたでしょうが（もっとも、こんな大敗戦のことなど、戦前の教科書には顔さえあまり出させてもらえなかったのですが）。しかし、戦後の教科書でも、このとき百済と組んで戦った「倭国」の権力中心は近畿天皇家だ、とのべている限り、この完敗王朝無傷説という「歴史の奇跡」によりかかったまま安心している。——いわば、皇国史観の〝骨の髄〟をそのまま継承していることになるのです。

「先生、どうして敗けた倭国だけ、亡びなかったんですか」。教室でズバリこう質問されたら、ごまかしをうけつけぬ若い魂に対して、どうやって本当に納得させられるのでしょうか。

「島国だから、そこまで追っかけてこれなかったのだろう」。しかしそれは新羅・唐側に「占領」されなかったことの理由にすぎません。これだけの大敗戦で、敗戦王朝の存立に重大な亀裂《きれつ》さえ生じないとしたら、これが歴史の椿事《ちんじ》でなくて、何でしょうか。

「いや、壬申の乱（六七二）は、その影響だ、という話を読んだことがあるぞ」と言ってみても、話のスケールがちがいます。この興味深い乱の性格について、いろいろと〝推測〟し、〝読みこみ〟を行うこと、それは大変結構です。しかし、今の問題について言うと、結局は、〝兄の天智から弟の天武に権力がうつった〟だけのこと。東アジア世界全体の視野から見れば、コップの中の嵐。王朝自体は、びくともしていないのですから。

このように、すべての「弁明」はひっきょうして空しいでしょう。そう、このとき、敗戦した「倭国」は実際に亡びました。――それが九州王朝です。朝鮮半島で百済や高句麗が新羅に吸収されたように、日本列島でもこの倭国は、東方の近畿天皇家の権力内に吸収されてしまったのです。

このようにして、やっと近畿天皇家が日本列島を統一する、その大勢が出来上ってきました（ただ、先にものべましたように「蝦夷《えみし》国」「流求国」がありましたから、まだ朝鮮半島のように、ここで文字通り統一完成、というわけにはいきません）。

従ってこの白村江の戦は、「東夷」の世界内で各地域の統一に対し、いずれも大激震を与えた一大決戦だった。――これが『失われた九州王朝』で力説された、一つの焦点だったのです。

――なお脇道に入ることをお許し下さい。

博麻の塔

昨年、春以来、わたしを〝悩ませ〟つづけた、思いがけぬものに、〝書〟の問題がありました。それは春の終りころ、九州の八女《やめ》郡在の読者から一通の変った依頼状が舞いこんでからでした。

〝あなたの一連の本を、この土地の愛好者たちと共に愛読しています。なかでも『失われた九州王朝』の終り近い、「九州王朝の黄昏」以下の章に出てくる、筑後八女郡（上陽咩《かみつやめ》）の軍丁、博麻《はかま》の運命に深い

大伴部博麻之塔

感銘を覚えました。そのため、ここ、彼の故郷の片ほとりにひっそりと、その名を刻した、ささやかな塔を建てたいと思います〟。

こういった主旨が書かれていて、ついては〝その碑面の文字をあなたに書いてほしい〟との依頼でした（久保生二さん）。わたしは驚きました。書道など、小学生時代以来のご無沙汰です。なるほど、和紙に書かれた筆の文字を見たり、検査したり、は、親鸞探究のさいの主要な柱の一つでしたし、今もそうです。

しかし、自分で書くとなると……。当然、お断わりせねば、と思いました。けれども、〝著者の私〟にという、再三の懇望があった上、その方のいつも篤実なお人柄に動かされて、とうとうおひきうけするはめにおちいったのです。そして幸いにもこの一月、落成の日を迎えたようです。

さて、その博麻とは、——「九州王朝の黄昏」をお読みでない方のためにザッと申しますと、

〔661 (　) 博麻捕囚〕
663 (　) 白村江の敗戦（日本書紀）
671 (　) 薩夜麻の帰還
690 (　) 博麻の帰国
701 (　) 倭国—日本国

これは、起塔者の企画で、石塔の裏に刻まれるという白村江以降の年表です。

つまり、博麻は白村江に先立つ二年前、唐側の捕虜になったようです。その「捕虜収容所」はどこだったか、書かれていません。朝鮮半島か、中国か。ともあれ、その二年あと、例の白村江の大海戦が行われ、そのとき「倭国」の軍の指揮をとっていた「筑紫の君」薩夜麻《さちやま》も、捕えられました。――これが九州王朝の当主だったのですから、ここでこの王朝の命運は、事実上終ってしまったのです（形式上は、近畿天皇家が連続年号を開始する大宝元年〈七〇一〉です）。

そしてこの薩夜麻は、八年間唐側に捕えられていましたが、その「捕虜収容所」は先の博麻と〝同宿〟だったようです。もっとも、この頃になると、「捕虜」といっても、〝半自由人〟のような生活が許されていたようですが、ある日、とんでもない情報が流れてきました。〝唐は倭国に大挙襲撃するらしい〟。こういうニュースだったようです。

そこで「半自由」倭人たちは鳩首《きゅうしゅ》協議した結果、〝このニュースは祖国へ知らせねばならぬ〟という結論は出たものの、先立つものは、――金《かね》です。そのとき博麻は（正確には〝博麻たち〟と言うべきかもしれませんが）一つの提議を行いました。〝わたしの身を奴隷に売ろう。その金で帰ってほしい〟と。

――どのように厳粛な、あるいは沈痛な空気がその場の倭人たちの中に流れたか。人間の本来もっている想像力をもって思い描くしか、方法はありませんが、ともあれ、薩夜麻たちは、その〝奴隷身代金〟によって帰国したのです。時に天智十年（六七一）十一月。

それからさらに二十年の歳月が流れて、博麻自身も、やっと祖国の土が踏めました。その背後にどんな奴隷所有者の〝温情〟があったのか。もはや事実は歴史の帳《とばり》のかげにかくれて、すぐれた作家たちの力を借りなければ、とてもこの世に再現することはできませんが――。けれども、博麻の踏んだ大地は同じ九州。博多湾の海の青さも、基山《きやま》の列峰の連なりも、筑後川のうねりも有明海の風光もその姿は全く変ってはいなかったでしょうが、肝心の人間をとりまく政治情勢は、全く一変していたのです。紀元前から悠遠の歴史を誇ってきた九州王朝も、ついに終幕を迎え、代って東方の有力者、近畿天皇家が、この地にもその勢威をおおうてきていたのです。その間の事情を申し分なく象徴するもの。それは『日本書紀』にのせられた持統四年（六九〇）の、博麻に対する詔勅です。

「……『汝《なんじ》、独り他界に淹《ひさしく》滞《とどま》ること、今に三十年なり。朕《ちん》、厥《そ》の尊朝愛国、己を売りて忠を顕《あらわ》すことを嘉《よし》とす。……三族の課役を免《ゆる》して、其の功を顕さむ』と」

これで博麻は〝報いられた〟のでしょうか。その青春は。愛は。夢は。いや、八女の民としての、ささやかな家庭の幸せは。どこに、誰のために、消え去ったのでしょう。権力は、そして戦争は、あまりにも苛酷な運命を、過ぎて返らぬひとりの人間の生涯の上に刻印し去るものです。——七世紀の昔も、二十世紀の現代においてもまた。

昼寝の夢

博麻が三十年の捕囚生活を開始したころ、唐の張楚金は、『翰苑《かんえん》』を書き終えていたようです。いや、ことによると、執筆中だったかも分りません。さらに想像をたくましくすれば、博麻の主人たる奴隷所有者の豪族。その書斎の、明窓浄机《じょうき》の上に、最近の新著として、この『翰苑』が載っていたとしても、何の不思議もありません。

さて、この『翰苑』の巻末には、彼の書いた一種奇妙な後書き（跋《ばつ》）がついています。その文頭は次のような日付ではじまっています（全文の書き下しと口語訳を「資料」として一六九―一七二頁に掲載）。

「わたしは大唐の顕慶五年三月十二日（癸丑《きちゅう》）に、并《へい》州の太原県の廉平里《れんぺいり》で昼寝をしていた。そのとき夢を見た。——」

これはまた血みどろな決戦とはうってかわった、のどかな光景ですが、東夷《とうい》の国々との間が風雲急を告げていたとしても、一人の学者が昼寝をして悪いわけでもありません。

その夢の中で、彼はあの聖人孔子と会い、歴史について、詩について、死生観について、等々、次々と〝深遠な〟問答を交わすわけです。そして夢が覚めたところで、次のように言います。

「昔、孔子は大聖人だった。それでもなお言った。『わたしも衰えたものだ。ながらく周公のことを夢に見なくなった』と。だが、わたしは小人（徳の低い者）だ。どうしてあの孔子がわたしのような小人のことを知っていよう。それなのに、この夢の中で生き生きと交流できたとは、何という〝奇遇〟か」

と。まあ、言ってみれば、直接この本の内容とは関係のない、私的な感情にすぎぬわけですが、それでも二、三の注目点があります。

それは、第一に、この『翰苑』と『孔子』の春秋とが暗々裡《り》に比較されていること。第二に、その目的が歴史をのべ、時事にかこつけながら、「善をほめ、過ちをおとしめる」目的をもつものであること。第三に、孔子が歴史を描きながら、孔子と同時代の哀公十四年の「獲麟《かくりん》」の記事で終っているように、『翰苑』も「歴史を描きつつ、現代（七世紀後半）に及ぶ書物の体裁をとっているのではないか」という点。これがこの後書きから注意されるところなのです。もっとも以上の点が『翰苑』全体にどのように実現されていたか、いなかったか、それは全体が遺存していない以上、うかがうべくもありません。

ただ、この点を、いま問題の「蕃夷部」中の「倭国」について考えると、七世紀後半の時点において、「倭国の古と今」が描かれた、ということになるわけです。いいかえれば、〝白村江の決戦直前の唐朝人が見た倭国史観〟――これが『翰苑』という史料の根本性格なのです。

『翰苑』の「倭国」の項は短いですから、全文の書き下しと口語訳を書いてみましょう。


山に憑《よ》り海を負《お》うて馬臺《またい》に鎮し、以て都を建つ。

職を分ち官を命じ女王に統《とう》ぜられて部《ぶ》に列せしむ。

卑弥は妖惑《ようわく》して翻《かえ》って群情に叶《かな》う。

臺与《たいよ》は幼歯にして方《まさ》に衆望に諧《かな》う。

文身點面《てんめん》、猶太伯《なおたいはく》の苗《びょう》と称す。

阿輩雞弥《あはきみ》、自ら天児の称を表す。

礼義に因《よ》りて標袟《ひょうちつ》し、智信に即して以て官を命ず。

邪《な》めに伊都に届《とど》き傍《かたわ》ら斯馬《しま》に連《つらな》る。

中元の際、紫綬の栄を（受け）、景初の辰《とき》、文錦の献を恭《うやうや》しくす。〈（受け）は古田試入〉

口語訳（古田）

㈠倭国は、山をよりどころとし、海に接したところに、国の鎮《しず》めを置き、そこを「馬台」と称して都を建てている。

㈡官職を分って任命され、女王に統率せられてそれぞれ「――部」という形に分けられている。

㈢卑弥呼は妖《あや》しい術によって民衆を惑わしている、とわたしたち中国人に見えるが、それはかえってこの倭国の民衆のこころにかなっているようだ。

㈣台与は、まだいとけないうちに即位したが、ちょうどそのときの多くの人々の（内乱終結への）望みをかなえ、やわらげた。

(五)倭人は、身体にも顔にもいれずみをしており、さらに呉の太伯の後裔《こうえい》（子孫）だと称していた。
(六)隋代には倭国の王「阿輩雞弥」は、自ら「天児」の称を名乗って上表してきた。
(七)中国の「礼」「義」や「智」「信」といった徳目によって官職名をつけ、それを倭国内の官僚組織としている。
(八)倭国の都は、ななめに伊都国に直接とどき、その向うに斯馬国が連なる、という、地理的位置に存在している。
(九)倭国は、後漢の中元年間（光武帝の末年）に金印紫綬の栄をうけ、魏の景初年間にあや錦《にしき》（斑布）をうやうやしく献上するといったふうに中国の天子との交渉の淵源《えんげん》は古い。

わずか九聯《れん》の、律詩めいた詩句の中に、一世紀から七世紀に至る日中国交史の全体が集約されているのですから、これは大変な手際です。そのバックに『後漢書』『三国志』『隋書』などの記事があることは、すぐお分りと思います。

つまり唐朝人であった張《ちょう》楚金《そきん》にとって、いま現実に戦っている相手国である倭国は、一世紀から七世紀まで連続した一貫の王朝だった。――これがこの九行詩の背柱をなす、根本の歴史認識です。

〝いや、それほどくそ真面目にうけとるのが、おかしいよ。一世紀だって三世紀だって、同じ日本列島の上の国だというだけのこと。別に、日本列島の中の同じ場所に都がありつづけた、などと言っているわけではないさ〟。こうおっしゃる方があるかもしれません。では、この九行の描写の力点の一つ、〝倭国の都のありか〟を見てみましょう。

(一)には倭国の都に「馬台」があり、その地形は「山に憑り海を負うている」とあります。「憑る」は〝依拠する〟という意味です（〝やどる〟〝すむ〟の意味もあります）。「負う」は〝背負う〟の意と、〝いだく〟の意とがありますが、むしろここは〝海をいだく〟の意。つまり、山をバックにした港湾の地に、この都はあるようです（「負海」というのは本来〝四夷に接する遠国〟のことをしめす熟語ですが、ここはこの語形を使って具体的な地形をしめしたようです）。

ここで反問が出るかもしれません。

〝「馬台」というのは、邪馬台の省略形だろう。なら、やっぱり邪馬一ではないじゃないか〟。

これは、わたしの『失われた九州王朝』をご覧いただいた方々には、お分りですが、一言申させていただきます。わたしの立場は「邪馬台国」という名を全体として否定するものではありません。

(A)三世紀の名が邪馬一国。（三国志）

(B)五世紀以降の名が邪馬台国。（後漢書）

『後漢書』は五世紀の范曄《はんよう》が書いた本です。従って、

「国、皆王を称し、世世統を伝う。其の大倭王は、邪馬臺国に居《お》る」

とあるのは、〝五世紀現在〟の都の名です。これに対し、後漢代（一世紀）の名は、

「建武中元二年、倭奴国、奉貢朝賀す」

とある「倭奴国」です。

これは〝倭《わ》の奴《な》の国〟ではなく、「匈奴国」に対する、東夷の「倭奴《いど(ぬ)》の国」の意味だったのです。

そして大切な眼目、それは邪馬一《やまいち》も邪馬台《やまたい》も、変ったのは名前だけで、その場所も、実体もズバリ言って変化はない、ということです。「邪馬一」は「邪馬倭《い(ゐ)》」と同じ。ちょうど「狗邪韓《こやかん》」「不耐濊《ふたいわい》」（いずれも三国志東夷伝）がそれぞれ〝韓の中の狗邪の地〟〝濊の中の不耐の地〟をしめすように、「邪馬倭」は〝倭の中の邪馬の地〟を意味したのです。

この点、「邪馬台」の場合。この方は、倭国側自身がこの名称を名乗っていた可能性があります。かつて（三世紀）は、魏晋《ぎしん》朝の天子〝独占〟の用語だった「台」も、四、五世紀となると、五胡十六国競って「――台」を称するようになりました。「単于台《ぜんうだい》」（匈奴《きょうど》）「霊風台」（羯《かつ》）「留台」（羌《きょう》）など、このような東アジアの状勢下では、倭王もまた自らの宮殿を「邪馬台《やまだい》」と称した、としても、何の不思議もありません（ただ、このさいも、注意すべきは、これは「――台」という形であって、「ヤマト」という地名の表音表記ではないことです）。

倭都の隣り

さて、最大の問題は(八)です。これが倭国の都の位置を説明していることは言うまでもありません。倭国自身の範囲なら、伊都国や斯馬国の西に、なお末盧《まつろ》国（唐津）や一大国（壱岐）対海国（対馬）もあることです。ですから、やはりこれは〝傍国との関係で都の位置を明らかにしている〟。そう判断するほかはありません。

その都は――。「伊都国」これは言うまでもなく、糸島郡です。従来説では、糸島郡の平野部全体ですが、わたしは前原町付近を中心として、「糸島水道」近傍だと思っていることはすでにのべた通りです。「糸島水道」というのは、「前原―今宿」間で、唐津湾と博多湾を結ぶ水道です。現在でこそ姿を消していますが、中世までは存在したようです（長沼賢海『太宰府《だざいふ》と邪馬臺』参照）。

ここを境として北が斯馬《しま》郡、南が怡土《いと》郡だったのです。ですから斯馬郡とは、文字通り「島」だったわけで、これが「斯馬国」です。さて、「連なる」と「届く」の用法ですが、これは『翰苑』の「蕃夷部」中によく出てくる、いわば慣例用法です。

(A)（三韓）南は倭人に届き、北は穢貊《わいばく》に隣る。

(B)（高麗）境は穢貊に連なり、地は扶余《ふよ》に接す。

(A)は、『翰苑』の中で「倭」の出てくる、もう一つの個所です。『三国志』では狗邪韓国（中国側の呼び名）が倭地と見なされていることは、すでにしばしば論じられているところです（古田「九州王朝の論理性」東アジアの古代文化6号、一九七五爽秋）。すなわち韓国は倭人の国に〝届いている〟のです。つまり〝AがBに届いている〟というのは、〝AとBとの間に別国がはさまっていない〟ことをしめします。

これに対し、(B)に出てくる高麗と穢貊の場合、間に扶余がはさまっています。従って高麗は扶余に対しては〝接している〟のですが、穢貊に対しては「連なる」というわけです。すなわちこの用語は〝AとBの間に別国がはさまっている〟場合に使うのです。つまり、

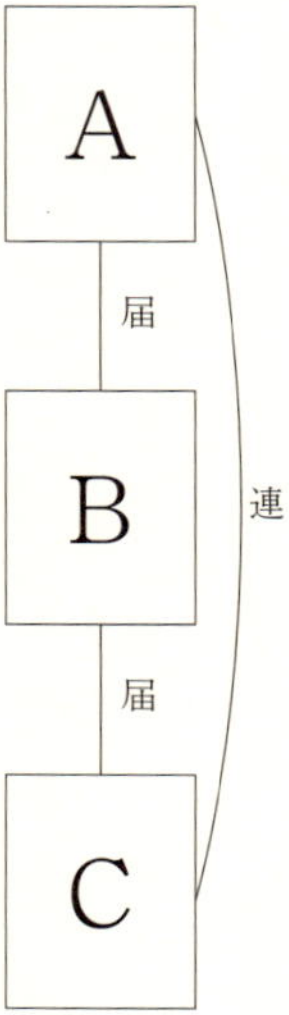

というわけです。

このような用法から見ると、都のありかは、

①伊都国との間に別国はない。

②その伊都国をはさんで、斯馬国がその向うにある。

以上のような条件にピタリあてはまる土地。それは——博多湾岸です。

しかも、大切なこと。それはこの張楚金の「博多湾岸」説が、決して三世紀だけの話ではないことです。『翰苑』は単なる史書ではありません。彼が後書きに示唆しているように、〝歴史をのべて現代に至る〟のがその立場です。従ってこれに書かれている「都」のありかとは、七世紀後半の〝白村江直前の

時点〝においてもまた倭国の都であったはずです。そうでなければ〝過去の都の位置〟だけ書いて、〝現在の都の位置〟は書いてないことになります。

〝いや、そこまでは、学者馬鹿の彼には分らなかったのだろう〟。こんなことが言えましょうか。大決戦前夜に当って、唐朝の人々がその敵国の〝都のありか〟さえ知らぬ。——そんな〝妄想〟が果して歴史事実の探究者に許されるものでしょうか。

第一、その妄想を拒否するのは、『翰苑』蕃夷部自体の構成です。その全体を書いてみますと、

匈奴《きょうど》　烏桓《うかん》　鮮卑《せんぴ》　扶余《ふよ》
三韓《さんかん》　高麗《こうらい》　新羅《しらぎ》　百済《くだら》
粛慎《しゅくしん》　倭国《わこく》　南蠻《なんばん》　西南夷《せいなんい》
両越《りょうえつ》　西羌《せいきょう》　西域《さいいき》　後叙《こうじょ》

この中で注目されるのは、「三韓」と「新羅・百済」とが〝別仕立て〟になっている事実です。「新羅」の冒頭に、

「源を開き構を拓《ひら》き、基を金水の年に肇《はじ》む」

とありますが、注に、

「金水は晋・宋の間なり」

とあるように、東晋と南朝劉宋の間、つまりほぼ四世紀末前後に建国した、というわけです。ですから、少なくとも西晋（三一六年まで）以前は、朝鮮半島南半は「三韓」として叙述されています。それ以後になると、「新羅」と「百済」の二国に分けて、というわけです。ですから当然、〝都のありか〟も別々です。

A（三韓）都を目支《もくし》と号す。

B（新羅）趾《あと》を卞辰《べんしん》の域に創《はじ》む。

〈注〉括地志に曰《いわ》く、新羅は金城に治す。

（百済）西は安城に拠る。

これに対し、もう一色変った叙述法をしめしているのは、「高麗」です。こちらは朝鮮半島南半とちがって〝ズーッと一国〟の形、つまり一詩にまとめられています。

ところが、その内部で、都の変移したさまがよく反映しているのです。

①「骨城を叩いて壌《くに》を闢《ひら》く。〈注〉（朱蒙）紇外骨城《こつがいこつ》に至り、遂に居し、号して高句麗と曰う」（魏の牧魏の後漢書、所引）

②「平郭壙《こう》を開く。〈注〉平郭城は今、建安城と名づく」（高麗記）

③「勲を不耐之城に銘す。〈注〉石に刻して功を紀し、丸都の山に刊《けず》りて、不耐の城と銘す」（高麗記）

④「績を丸都の嶠に表《あらわ》す。〈注〉其の宮室を焚《た》き、丸都を毀《こぼ》ちて帰る。乃《すなわ》ち不耐城なり」（十六国春秋）

このように開国や魏・高句麗戦争などの史実に則しながら、巧みに〝都のありか〟の変遷をのべようとしているのです。

これらに対し、「倭国」は――。

まず、〝国はズーッと一国〟。この点、〝高句麗なみ〟の扱いです。ところが、高句麗とちがうのは、〝都〟。そのありかが〝一つきり〟しか、書かれていないことです。すなわち〝倭国の場合、都のありかは、一世紀以来、ズーッと一貫している。伊都国に接した博多湾岸だ〟。これが「張楚金の目」なのです。

そしてもう一つ。この「張楚金の目」は、実は後代、考古学上の出土物によって裏づけされることとなったのです。それは「志賀島《しかのしま》の金印」です。現代のわたしたちにはあまりにも有名なこの出土遺物。ところが、ご承知のように、天明四年（一七八四）の発見ですから、千年以上前の七世紀後半の時点では、〝誰も知らなかった〟のです。

ところが、――もう一度、この『翰苑』の文面を見て下さい。

「中元の際、紫綬の栄（を受く）」

とあるのが後漢の光武帝の金印授与の史実を指すことは当然ですが、その倭王の都はどこか。当然、この文面の直指するところ、中国側から見て斯馬国の先、伊都国の向う側。その博多湾岸が倭王の都です。だから当然、その領域からこの金印は、――「張楚金の目」がもし正しければ――出土すべきだったのです。そしてその通り、一一二四年後に、その地に出土したのです。すなわち、「張楚金の予告は、的中し、実証された」のです。

現代のわたしたちには、知りすぎていてかえって〝見のがしやすい〟ポイントですが、事の筋道のさししめすところ、この道理、「予告的中」の事実をかき消すことはできません。

〈資料――『翰苑』後叙〉

叙して曰く、余、大唐顕慶五年三月十二日癸丑《きちゅう》を以て、幷《へい》州太原県の廉平里《れんぺいり》に昼寝す。夢に、先聖孔丘、被服して堂皇の上に坐す。余、座前に伏して問うて曰く「夫子《ふうし》、胡《なんす》れぞ春秋を制するや」。余の兄、越石、側に在り。曰く「夫子、麟《りん》に感じて作るのみ」。余対《こた》えて曰く「夫子、徒《ただ》、感麟を以て名となすのみ。其の深旨、何ぞ必ずしも麟に在らんや」。子曰く「然《しか》り。時に政道陵夷し、礼楽交々《こもごも》喪《うしな》わる。故に時事に因《よ》りて善を褒《ほ》め、過を貶《おと》し、以て一王の法を示す。豈《あに》専《もっぱ》ら麟に在らんや」。

余又問う。「論語に云う。『沂《き》に浴し、舞雩《ぶう》に風《ふう》し、詠じて帰らん』と。敢えて問う。何の謂《いい》ぞや」。子曰く「亦各其の志を言うなり」。余又問うて曰く「人の生や、夭寿《ようじゅ》あるか」。子曰く「爾《なんじ》、古の聖、今の愚を謂《い》いて寿と為すか。夭と為すか」。対えて曰く「古今、一死なり。孰《いず》れか其の夭寿を知らん」。子曰く「然り。夫《そ》れ、不死不生なるもの、自ら、生死の域に住《とどま》りて在りと云うを絶たば、則《すなわ》ち、彭《ほう》祖《そ》と殤子《しょうし》、亦《また》以て異る無きなり」。余又問うて曰く「夫子は周人なり。奚《なん》ぞ為《も》って尚《なお》存するか」。夫子、齔然《しんぜん》として咲《わら》って曰く「爾の及ぶ所に非ざるなり」。余又問うて曰く「夫子は聖者なり。亦居止の所有りや」。乃《すなわ》ち東牖《とうよう》の下を指して曰く「吾が居、是なり」。余、東牖の前を顧るに、玄縵《げんまん》・朱裏《しゅり》、床上《しょうじょう》に有り。緋褥《ひじょく》を舗《し》くに似たり。二侍者有り。前に立つ。言終って寤《さ》む。懼《おそ》れて興《た》ち、喟然《きぜん》として歎じて曰く「昔、夫子は大聖なり。尚称して曰く『吾の衰えたるや。久しいかな、復《また》夢に周公を見ず』と。余の小、何ぞ子、知らん。而《しこう》して将聖《しょうせい》に神交す」。感じて述あり。遂《つい》に是の書を著《しる》す。

（口語訳）

後書き。わたしは大唐の顕慶五年三月十二日（癸丑）に、幷州の太原県の廉平里で昼寝をしていた。そのとき夢を見た。——

あの聖人孔子が服を着て、堂皇（四壁のない建物。官吏が物を判ずる所）の上に坐っている。わたしはその座の前に伏して孔子に問うた。

「あなたはどうして、あの史書『春秋』を書いたのですか」

ときにわたしの兄の越石が（夢の中で）そばにいて、

「それは、きまってるじゃないか。麒麟《きりん》（想像上の動物。王道行われれば現われるという）の出現に感じて作られたのさ」（『春秋』の終末が「獲麟」の記事で終っていることは著名。魯《ろ》の哀公の十四年に当る）。

わたしはこれに対して言った。「あなたは、ただその件を、著作の動機として、いわば表面の『名』に使われただけなのですね。本当の意図は、必ずしもそんなところにあるわけではない。そう思っているのですが、どうですか」

孔子「そうだ。当時は政治の道がすたれ、礼も楽《がく》も次々と失われていった。そこでその当時の事件を記しながら、それをもとにして善をほめ、過ちをおとしめ、それによって『一王の法』（一代の王者の立てた法則。『史記』の自序に出《い》ず）をしめしたのだ。どうして麒麟などだけの問題だろうか」

わたしはまた問うた。

「論語に次のようにあります。『沂《き》に浴し、舞雩《ぶう》に風し、詠じて帰らん』（沂水《きすい》で水浴びし、雨乞《あまご》い台の上で風に吹かれ、歌を口ずさみながら帰ろう）と。あえて一歩すすんで質問するのですが、この言葉にもられた、あなたの真意は何ですか」

孔子「まあ、そのときの各人がそれぞれの志を言ったものさ」

わたしは、また問うた。「人間の生命には、短命と長寿がありますか」

孔子「お前に聞こう。古の聖人と現代の愚かな人間どもと、比べてみてどちらが長生きで、どちらが短命だと思うか」

わたしは答えた。

「古今、死は同じです。どちらが短命か長寿か。そんなことは分りません」

孔子「そうだ。いってみれば『不死不生』の境地。生死の領域にとどまっている、そんなことを云々《うんぬん》するのを自分で絶ち切ってしまえば、彭祖《ほうそ》（長寿で有名な、伝説的人物。堯《ぎょう》から殷《いん》末まで七百余歳生きたという）と殤子《しょうし》（年若くして死んだ者）と、その区別なんか、なくなってしまうのだ」

わたしは又、（夢の中と気づかず）問うて言った。

「あなたは周時代の人です。だのに、なぜここに生きていらっしゃるのですか」

孔子は、からからと笑って言った。「お前には、分らないよ」

わたしは又問うた。「あなたは聖者です。それでも住まいの場があるのですか」

すると、孔子は東の窓の下を指さして言った。「わたしの住まいは、ここだ」

わたしが東の窓の前をふりかえると、朱《あか》い色の裏地をもつ黒い布が床の上にあった。ちょうど、あかい敷物をしくようであった。二人の侍者《じしゃ》がいて、その前に立っていた。

言葉が終って目が覚めた。心中におそろしいような気持がしておき上り、深く歎息をついて、ひとりごとを言った。

「昔、孔子は大聖人だった。それでもなお言った。『わたしも衰えたものだ。ながらく、周公のことを夢に見なくなった』と。だが、わたしは小人（徳の低い者）だ。どうしてあの孔子がわたしのような小人のことを知っていよう。それなのに、この大聖人と夢の中で生き生きと交流できたとは、何という〝奇遇〟か」

そこで大いに感ずるところがあり、ついにこの書（翰苑）を著《あら》わした。〈書下し、口語訳、ともに古田〉

訓読の正否

歴史山脈を辿《たど》る山道をひとまず曲り角で休憩しましょう。

この『翰苑』について、全文（といっても、もちろん「蕃夷部」だけですが）の読解をほどこした本が出版された、と新聞のニュースとして報道されたのをご記憶の方もありましょう。

寧楽《なら》遺文・平安遺文・鎌倉遺文で有名な、わが国の代表的な校訂者のひとりとされる、竹内理三さんの校訂・解説によるものであり、図版（写真）釈文（印刷文字にした漢文）訓読文（書き下し）とそろっているのですから、まことに重要なものです。

わたしなど、大正十一年に内藤湖南《ないとうこなん》（あの、東大の白鳥庫吉と「邪馬台国」論争を展開したことで有名な学者）によって刊行されたコロタイプ版の写真をもとに、その解読に四苦八苦してきたのですから、これはまことに有難いことでした。

けれども、その有難さとは別個に、この読解の中に解せぬものが二、三あるのを「倭国」の項の中に見出しましたので、それについてふれてみましょう。

「卑弥娥《ひみが》、惑翻《わくほん》して群情に叶《かな》い、臺與《たいよ》、幼歯にして、方《まさ》に衆望に諧《かな》う」

これが竹内さんの読解です。ですが、この原文は、

「卑弥妖惑翻叶群情臺與幼歯方諧衆望」

つまり、

〈人名〉	〈形容詞〉	〈副詞句〉	〈名詞〉
卑弥	妖惑	翻	群情
臺與	幼歯	方	衆望

という対句形になっています。ですから、その詩句の姿を乱して読むことは許されません。この作者（張楚金）は、「邪馬臺」を「馬臺」と省略したのと、同じ手法で、「卑弥呼」を「卑弥」と〝切りつめた〟のです。いささか強引な手法ですが、こうでもせねばなかなか全日中国交史を十行足らずの韻律に収めこむ、という芸当は、できないでしょう。

問題は第三字目の「娥」と見えた字ですが、これが実は「妖」の字の〝書きあやまり〟というより、この筆者（内藤湖南は、鎌倉期の菅原為長の書写とする説を紹介）の筆癖なのです。この点、すでに京大の

尾崎雄二郎さんが指摘しておられるのですが、竹内さんは気づかれなかったのでしょうか（尾崎さんの場合、竹内さんの読解の先行者に当る『時代別国語大辞典』の上代篇「ヒメ」の項の、同じ読み方を批判されたのです。「日本古代史中国史料の処理における漢語学的問題点」京大教養部「人文」第十五集。

なお、ここの「臺與」は『三国志』原文の「壹與」を書き改めているのですが、これも必ずしもまちがいではありません。「倭《ゐ》→俀《たい》」という国名変遷にともなって、「壹《いち》→臺《たい》」という書き変えが行われた、と見られるからです。この点、面白い問題へと展開するのですが、今は繁雑を恐れて筆を伸ばしません）。

次にもう一つ。

「邪は、伊都《いと》に届《いた》り、傍《かたわら》、斯馬《しま》に連なる」

これが竹内さんの読みです。「邪は」というのは、〝邪馬台は〟の意と解されたのでしょうか。とすれば、内容自体はその通りですが、〝読み〟としては、いささか穏当ではないように思われます。なぜなら、

〈副詞〉	〈動詞〉	〈傍国名〉
邪	届	伊都
傍	連	斯馬

の対句形ですから、第二句の「傍」を副詞に読むなら、第一句の「邪」も同じく副詞に読みたいところです。

「邪」には〝ななめに〟と読む副詞の用法があります。諸橋の大漢和辞典によると、

「ななめ」、東北につづく。斜に通ず。

「邪《なな》めに粛慎と鄰を為す。〈注〉師古曰く、邪、読みて斜と為《な》す。東北に接するを謂う」（漢書、司馬相如伝上）

とあります。

「じゃあ、〝東北につづく〟場合だけじゃないか」。そうおっしゃる方もあるかもしれません。わたしも、はじめそう思いました。ところが引用文の『漢書』司馬相如伝《しばしょうじょ》を見ると、判りました。詳しくは次にのべますように、ここは、斉地《せいち》（山東半島付近）とその周辺の海（渤海《ぼっかい》・黄海など）を中心の視点において、東北の海の彼方にある粛慎国も隣みたいなものだ、と、斉の国の讃美者たる「烏有《うゆう》先生」（司馬相如の作中人物）が、いささか〝大風呂敷〟をひろげているところ。

それに対して後代（唐）の顔師古が「これは、この地帯（海陸）に対して粛慎国が東北方に接しているという地理状況をしめしたものだ」と注記しているのです。すなわち、このケースが「東北方に接している」場合なのであって、「邪（ななめに）」と言えば、すべて「東北方」というわけではないのです。この点、諸橋の大漢和辞典において、この言葉自体の意味を「東北につづく」意味と限定してしるしたのは、いささか顔師古注に〝密着しすぎた〟もののようです。

もっとも、反面から考えれば、張楚金がこんなむずかしい〝ななめ〟の「邪」字をなぜわざわざ使ったのか、と言えば、やはり「邪馬臺」の「邪」字の連想からだろうと思われます。従ってイキナリ「邪が」と主語にとるのも、実体としてはまちがいではないと思いますが、修辞上いささか温雅でなく、対句の妙を欠くように思ったのは、わたしの〝僻目《ひがめ》〟でしょうか。

右のような「邪への探究」の中から、わたしは最近すばらしい鉱脈につき当りました。

新しい鉱脈

これについてご報告しましょう。

前節であげた司馬相如伝《しばしょうじょ》。この人の名前に、聞き覚えがおありでしょう。そうです。陳寿が「文の

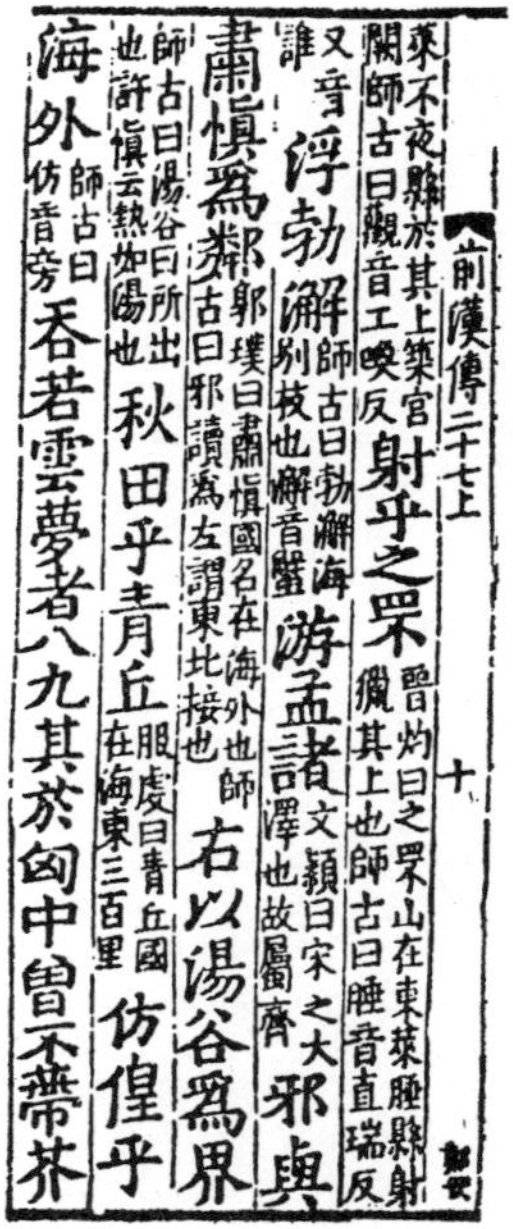
前漢傳二十七上　十

萊不夜縣於其上築宮闕師古曰觀音工喚反射乎之罘晉灼曰之罘山在東萊腄縣射觀其上也師古曰腄音直瑞反又音誰浮勃澥師古曰勃澥海別枝也澥音蟹游孟諸文穎曰宋之大澤也故屬齊邪與肅愼爲鄰郭璞曰肅愼國名在海外也師古曰邪讀爲左謂東北接也右以湯谷爲界師古曰湯谷日所出也許愼云熱如湯也秋田乎青丘服虔曰青丘國在海東三百里彷徨乎海外師古曰彷音旁呑若雲夢者八九其於匈中曾不蔕芥

「之罘・勃澥……湯谷」
（漢書司馬相如伝上）

つややかさでは相如に劣るが、質直においては彼に勝る」と評された、あの文章の神様です。神様だけあって、班固はこの『漢書』司馬相如伝の中にいくつも、その華麗な文章を収録しています。そのため、一個人の伝で上・下二巻の分量が必要になったくらいです。

その一つに問題の「子虚賦《しきょふ》」があります。これは三人の問答です。一人は子虚、これは〝虚言〟という意味の名前。彼は楚のファンです。二人目は亡是公。「亡二是人一」（是の人亡《な》し）という句を人名化したもの。三人目がさっき出てきた烏有先生、「烏有二此事一也」（烏《いずく》んぞ此の事有らんや）という句、つまり「どうしてこんなことがあろう。うそにきまっている」という内容を擬人化したものです。ともあれ、各出身地をほめたて、それぞれのファン筋のために、ひいきのひき倒しをやらかそう、というわけ。要するに「USO放送局」といった伝《でん》で、文章達者の腕にまかせた一大戯作《げさく》、それがまた史家に記録される名文、というのだから恐れ入ります。中国の漢字文化が生むべくして生んだ〝申し子〟といった感じです（明治日本の思想家、中江兆民の『三酔人経綸問答』は、この形式を借りた作品でしょう）。

前おきの講釈はそのくらいにして問題の個所に入りましょう。烏有先生が斉の山海を讃美するくだりです。

「且《かつ》、斉《せい》。東、鉅海《きょかい》に陼《しょ》し、南に琅邪《ろうや》有り。成山に観じ、之罘《しふ》に射、勃澥《ぼっかい》に浮び、孟諸《もうしょ》に游ぶ。邪《なな》めに粛慎《しゅくしん》と鄰を為し、右に湯谷《ようこく》を以て界と為す。秋は青丘《せいきゅう》に田《でん》（＝狩）し、海外に彷徨《ほうこう》す」

ここにはたくさん地名などの固有名詞が出てきます。全部で九つ。その中で具体的な地名・国名などをズバリ指しているもの七つを左に一覧しましょう。

琅邪——山東省諸城県の東南。

成山——山東省栄城県の東。海中に突入し、一小半島をなす。

之罘——山東省福山県の東北。俗に之罘島と称するが、実は半島。

勃瀬——渤海。

孟諸——河南省商丘県の東北。沢の名。

粛慎——挹婁《ゆうろう》に対する春秋戦国時代の呼び名。

青丘——①山東省広饒《こうじょうけん》県の北。

②海東三百里（朝鮮半島）。

はじめの五つはいずれも斉に属する地名です。最後の「青丘」については斉地でなく、朝鮮半島を指すと思われます。服虔《ふくけん》（後漢）が「海東三百里」と注記しています。確かに「海外に彷徨す」という句とセット（対句）になっている点から見れば、これは妥当な見解です。第一、朝鮮半島が出ずに、いきなりその北方の粛慎だけが出てきて、これと「ななめに隣を為す」というのではあまりにも唐突ですから。なお、冒頭に「鉅海」と言っているのは、もちろん黄海のことです。斉の山東半島の東、朝鮮半島との間にひろがっている海です。この字義は〝巨大な海〟つまり「大海」のことです（「鉅」は「巨」と同じ）。

陳寿が倭人伝の冒頭に、

「倭人は、帯方の東南大海の中に在り」

と書いたとき、文章の神様、相如の書いたこの「鉅海」の語が念頭にあったことは、おそらくまちがいないでしょう。「文艶」の相如が華麗なイメージで「鉅海」と書いたものを、「質直」の陳寿は簡明に「大海」と書いたのです（もっともこの「鉅海」を、黄海をさす固有名詞と見ることもできます）。

さて次にすすみましょう。粛慎の地と「ななめに隣している」と言っていますが、これはどこから見ての話でしょうか。渤海や黄海を中にして、西の斉地、東の朝鮮半島。いわゆる、わたしの言う中国海・内海文明圏の北半部。その領域（海陸）を中心視点としての発言なのではないでしょうか。「斉地はそのようなすばらしい中心領域にあるのだ」。烏有先生はこう言って、洛陽や長安中心主義者、また洞庭《どうてい》湖などの楚の讃美者に〝抵抗〟して、大いに気を吐いているのです。

いよいよ問題の「湯谷《ようこく》」です。まず、「右に湯谷」の「右」というのは、面白いことに〝東〟のことも、〝西〟のことも言うようです。

「凡そ門出《い》づれば則ち西を以て右と為し、東を以て左と為す。入れば則ち東を以て右と為す」（儀礼、士相見礼、入レ門左、疏）

要は、北から見るか、南から見るか、「目の位置」による、というわけです。ここは当然〝東〟のことです。なぜなら、

「湯谷。日の出ずる所なり。許慎云う。『熱して湯の如きなり』と」（顔師古）

と注されているように、ここは東の果て、日の出る所だからです。では、そこはどこでしょうか。

ズバリ言います。——それはわたしたちの日本です。

その証拠。『「邪馬台国」はなかった』をお読み下さった方はご存じと思いますが、『三国志』の東夷伝序文に、

「長老説くに『異面の人有り、日の出ずる所に近し』と」

とあり、これが倭人の「黥面《げいめん》」の風俗を指していたことをわたしは論証しました。すなわち、中国から見て「日の出ずる所に近し」というのは、倭人の地、九州だったわけです。そしてこの「長老説くに」という文形は、この考え方がただ魏晋《ぎしん》代のことに限らず、前代（漢代）から伝承された知識だったことをしめしているのです。その「日の出ずる所」としての伝承、それをしめす言葉がこの「湯谷」だったわけです。

湯谷《ようこく》の謎

先の司馬相如の文面をもう一度ご覧下さい。九つの地名のうち、八つまで具体的な地名、国名、海名。そしてあと一つも、風雅な表現を使って、いかにも〝斉は幽邃《ゆうすい》な東域に望んでいるぞ〟というムードをもりあげているのです。ですがその筆法からみると、風雅の衣につつみながらもやはり〝具体的な地域〟を指しているはずです。――それが日本列島の九州北岸領域。倭人の住む地帯だったのです。

考えてみれば、司馬相如は前漢末、武帝のときの人です。武帝といえば、

「倭は韓の東南大海の中に在り。山島に依って居を為す。凡《おおよ》そ百余国あり。武帝、朝鮮を滅してより、使訳漢に通ずる者、三十許国なり」（後漢書倭伝）

とあるように、明白に倭人の約三十国から貢献をうけています。しかもその前には「百余国」時代がありました。ですから武帝や武帝の愛した一大文人、奇異の世界の愛好家なる司馬相如が、この遠来の貢献国に興味をもたなかったはずはありません。少なくとも彼らが〝倭人の国々を認識していた〟ことについて、一点の疑いもありません。

このように見てくると、もはや明らかです。相如がはでやかな字面を使って「湯谷《ようこく》」と表出したところ、それはやはりわたしたちの国の西北隅を指していたのです。

中国の古典における、「湯谷」出現の歴史はかなり古いようです。

「（黒歯国）下に湯谷有り。湯谷の上に扶桑有り。十日浴する所」（山海経、海外東経）

「湯谷より出で、蒙汜《もうし》に次ぐ。〈注〉言う、日は東方湯谷の中に出で、暮は西極の蒙水の涯に入るなり」（楚辞、天問）

「扶木、陽州に在り。日の曊《かがや》く所」（淮南子《えなんじ》、巻四）

これらの「湯谷」や「陽州」が具体的にどのような地域としてイメージされているか。それは必ずしも明瞭《めいりょう》ではありません。ただ言いうること。それは、それぞれの時点における、中国人の地理的世界認識が反映している、ということではないでしょうか。

つまり、一定の時点で、中国人の視野の中に入ってきた全世界。その周縁部の〝東限の地〟を「日の出ずる所」と考えたのではないか。——一種の常識論にすぎませんが、わたしにはそのように思われます。

さて、〝想像ついで〟と言ったら、変ですが、「湯谷」について、面白い話があります。次の文面を見て下さい。

「湯谷、其の後に涌き、淯水《いく》、其の旁《きょう》に盪《とう》す」（張衡、南都賦）

「温泉水、北山の阜《ふ》に出ず。七源奇発、炎熱特に甚だし、郎の南都賦の謂う所の湯谷、其の後に湧く者なり」（水経、滍水注）

ここでは「湯谷」は温泉の意味で用いられています。例の東方の「湯谷」も、〝日の登る所〟というイメージと〝熱い温泉の出るところ〟というイメージが重なって出来たものかもしれません。とすると、火山と温泉の多い日本列島にはいよいよ〝もってこい〟のイメージですが、〝楽しすぎる〟空想は、一先ずこの辺で筆をとめておきましょう。

日出ずる処

「日の出ずる所」という言葉を聞くと、多くの方々は、まず第一番に思い出されるのは、例の文面ではないでしょうか。

「日出ずる処の天子、書を日没する処の天子に致《いた》す、恙無《つつがな》きや」

俀《たい》王の多利思北孤《たりしほこ》が隋の煬帝《ようだい》に出した国書の一節です。戦前の教科書では、「聖徳太子」の見識として〝日本人ここにあり〟といった形で大いに喧伝されたものですが、この本質（「推古朝の国書」として扱っている点）は、戦後の教科書にも〝見事に〟ひきつがれていること、もう今までにしばしばのべた通りですが、今の問題は、この文面です。

よく言えば大変独自性にあふれた文章ですが、中国側から見れば〝珍妙きわまりない〟文章です。〝同一文面に二人の天子〟こんな文章は、古今東西、漢文世界に出現した例はないでしょうから。これを受けとった煬帝が「無礼」と怒ったのも、無理のないところでしょう。しかし、わたしは『漢書』匈奴《きょうど》伝を読んでいて驚きました。この文章にはまさに〝先例〟があったのです。

「天地の生ずる所、日月の置く所の匈奴大単于《ぜんう》、漢の皇帝に敬問す。恙無《つつがな》きや」

これは漢の文帝の側から匈奴の老上稽粥《けいひつ》単于にあてた「皇帝、夷奴の大単于に敬問す。恙無きや」という国書に対する返事です。この時点（孝文帝、前六年）では、漢と匈奴とは「約して兄弟と為って」いましたから、形式的には対等。実力はむしろ匈奴が優勢でした。その関係が右の文面にはよく現われています。「天地の生ずる所、日月の置く所」という形容句には、〝ここ（匈奴の地）こそ天地の根源として日月の美しき国〃という自負が、自己美称の句として冠せられています。

この自己美称の句を「日出ずる処」ととりかえたのです。「日没する処」の句は、その対句として造出されたにすぎません。もちろん、この句もいつも中国本土を中心に〝東西を眺めてきた〟中国人にとって、心外至極なことだったでしょうけれども。

では、その「日出ずる処」の出典は。わたしは例の『三国志』の東夷伝序文だと思います。そこには明白に「日出ずる処に近し」とあり、その本文中の「倭人」を指して書かれてあるのですから。漢書の素養をもち、その匈奴伝から造文できる学者（多利思北孤の国書の作者）が、『三国志』を読んでいないことは考えられません。そして読めば、どこよりも倭人伝のある東夷伝を読む。それは自明です。

従って多利思北孤《たりしほこ》は、この「日出ずる処」の自称によって、漢代以来の倭国王朝を継承していることを自負していたのです。


閑話休題。

東夷伝序文の「日出ずる処に近し」をめぐって、一汗かいたことがあります。

わたしが『「邪馬台国」はなかった』で展開した〝東夷伝序文中の「日出づる処近くに住む異面の人」とは、倭人だ〟という説に対して批判して下さった方があったのです（留目《とどめ》和美さん）。

その方が目をつけられたのは、同じ東夷伝中の、東沃沮《よくそ》伝末尾にある次の記事です。

「王頎《き》（魏人）、別に遣わして宮《きゅう》（人名。高句麗王）を追討し、其の東界を尽くす。其の耆老《きろう》に問う。『海東に復《また》人有りや不《いな》や』と。

㈠耆老言う。『国人嘗《かつ》て船に乗りて魚を捕う。風に遭い、吹かるること数十日。東に一島を得《う》。上に人有り。言語、相暁《あいさと》らず。其の俗、常に七月を以て童女を取りて海に沈む』と。
㈡又言う。『一国有り。亦《また》海中に在り。純《ただ》女にして男無し』と。
㈢又説くに『一布衣を得。海中より浮び出で、其の身、中国人の衣の如し。其の両袖《そで》、長さ三丈』と。
㈣又『一破船を得。波に随いて出でて海岸の辺に在り。一人有り。項（うなじ）中、復《また》、面有り。生きて之を得。与《とも》に語、相通ぜず。食わずして死す』と。
其の域、皆、沃沮の東の大海の中に在り」

いずれも興味深い説話です。東沮沃は朝鮮半島東岸の北半部の国ですから、最後に「沃沮の東の大海」と言っているのは、当然、今の日本海です。ですから〝その海の向こうからの漂着物〟となると、日本列島日本海岸が最大の〝相手国〟となるわけです。

まず、四つの説話を分析してみましょう。

第一説話では、末尾の「童女を取りて海に沈む」の一語が光っています。〝竜神の怒りを沈めるための儀式〟なのでしょうか。もっとも、〝生けにえ〟として〝殺して〟しまうのか、形式的な儀礼として〝形骸化〟したものか、分りませんが、前者だとすると、――ゾッとする話です。日本海岸などの民俗に類似の竜神信仰を聞くだけに、奇妙に真実味《リアリティ》を感じさせますが――。

第二説話は、玄界灘《げんかいなだ》の沖の島や瀬戸内海の国東《くにさき》半島の女島《ひめ》のことなどを思わせます。〝男の立ち入り禁止〟という、女神などの祭儀の島だったのではないでしょうか。沖の島は今、逆に「女人禁止」です。〝女神の嫉妬のため〟とか、言うのですが――。

第三説話は、中国船が「中国海」で難破して、その残片が漂着したことを思わせます。いわゆる「鉅《きょ》海」で難船しても、南へ風で流され、いったん日本海流の中にまきこまれたら、一つの潮流の道は、朝

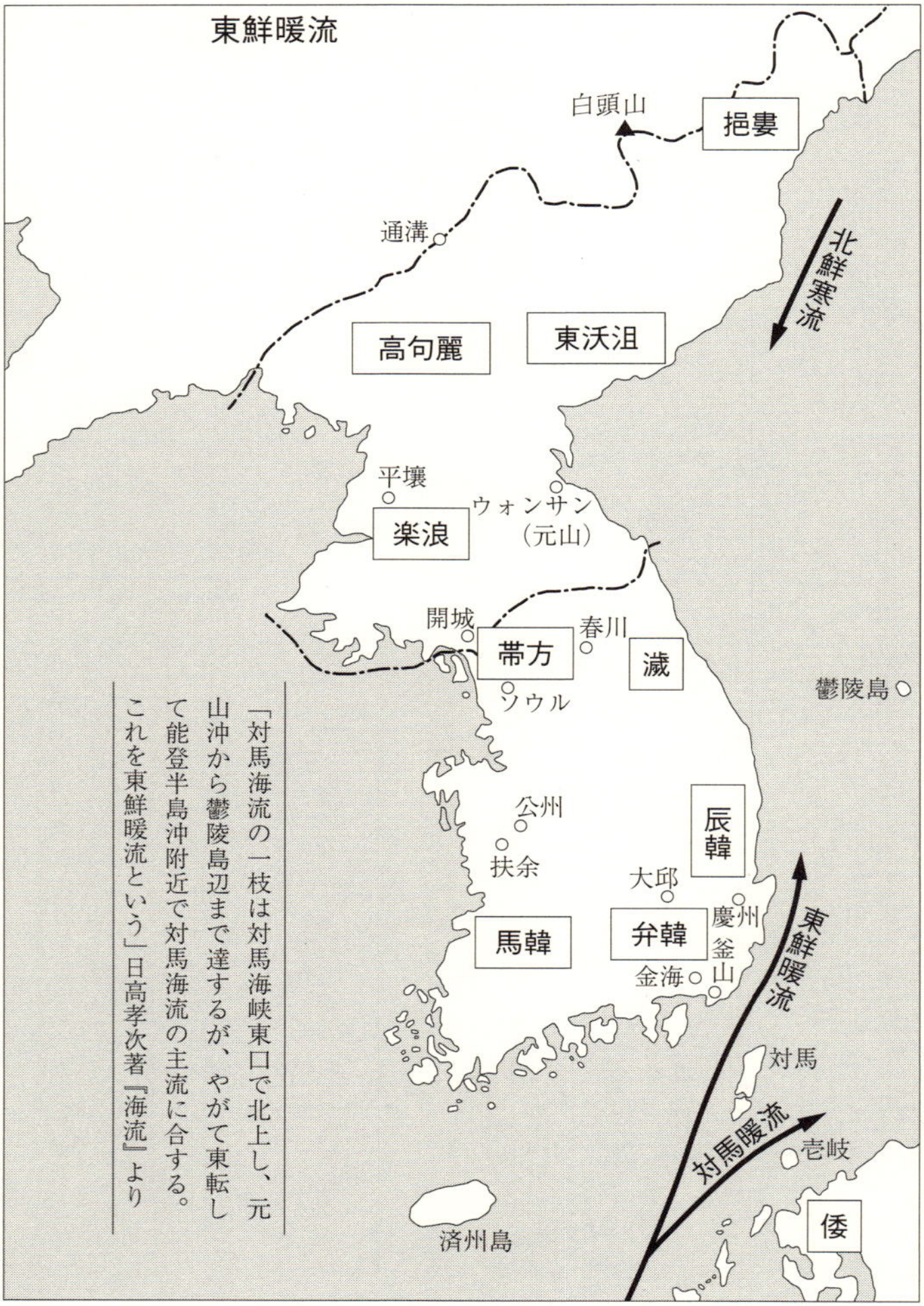

「対馬海流の一枝は対馬海峡東口で北上し、元山沖から鬱陵島辺まで達するが、やがて東転して能登半島沖附近で対馬海流の主流に合する。これを東鮮暖流という」日高孝次著『海流』より

鮮海峡を通ってから朝鮮半島東岸を北上するのです（もう一つは、まっすぐ出雲方面へと日本列島の海岸部を東上すること、ご存じの通りです）。

第四説話は、おそらく「シャム双生児」（身体の一部が結合している双生児）の辿った運命ではなかったでしょうか。親は、いや親族が、これを〝奇形の児〟として舟にのせ、海に流したのではないでしょうか。「食わずして死す」の一語に、千万語に尽くせぬ哀切のひびきがあります。

以上、〝海の奇譚〟ともいうべき、不思議な話ばかりですが、いずれも〝作り話〟にはない、真実味《リアリティ》を帯びています。

さて、留目さんの提案されたアイデアは、〝東夷伝序文にある「異面の人」とは、この第四説話のことを指すのではないか〟という点にあります（「倭人始祖伝説考」東アジアの古代文化10、一九七六年秋）。確かに序文が「長老説くに」ではじまるのと同じく、こちらも「耆老」の言説とされています。「項中、復、面有り」（うなじの所から、もう一つ顔が出ている）というのが、「異面」であることはまちがいありません。

そこでわたしも、懸命に再探究をはじめました。わたしの方法はいつも単純です。『三国志』の中の「長老」と「耆老」のすべての用例をしらべることです。そのポイントは〝どこの国の老人をさしているか〟です。もちろん東沃沮伝中の「耆老」が〝東沃沮の老人〟であることに疑いはありません。これに対し、わたしはこの「長老」を〝中国の長老〟と解したのです。問題は、東夷伝の「序文」という特異な場所にある、この「長老」。これが、中国の長老か、否か、です。

1「亶洲《せんしゅう》、海中に在り。長老伝え言う。『秦の始皇帝、方士徐福を遣わし、童男・童女数千人を将《ひき》いて海に入り、蓬萊《ほうらい》の神山及び仙薬を求めしむ。此の洲《しゅう》に止まりて還《かえ》らず、世子相承《あいう》けて数万家有り

……』」（呉志、呉主伝）

2「呉郡、言う。『臨平湖、漢より末、草穢壅塞《そうわいようそく》し、今更《さら》に開通す』と。長老相伝う。『此の湖塞《ふさ》がれば、天下乱れ、此の湖開けば、天下平らかなり』と」（呉志、三嗣主伝）

3「蹋頓《とうとん》（後漢末、烏丸《うがん》の人。世々遼西《りょうせい》に拠《よ》る）、又驍武《ぎょうぶ》。辺の長老、皆之を冒頓《ぼくとつ》（匈奴の単于）に比す」（魏志、烏丸鮮卑伝、序文）

右の諸例を対比してみましょう。

1と2はいずれも中国内部の「長老」です。これに対し、3の場合、「烏丸や匈奴の長老」です。その場合、陳寿はハッキリと「辺の長老」とことわっています。これと対比すると、東夷伝序文の場合、この「辺の」がありません。従ってこの「長老」は、やっぱり「中国の長老」だ——。わたしはそういう結論に達して、やっと落ち着きをえたのです。

この点、もう一つの論点があります。序文の「異面の人」の場合、「彼らは〝日の出《いず》る所に近い〟場所に住んでいる」というのですから、たったひとりの、あるいは〝ふたりぼっち〟の異形児を言うには、ふさわしくありません。やはり「黥面《げいめん》の民」の住地を指してこそ、適正な表現だ。——わたしにはそう思われたのです。

この探索の終りごろ、わたしの頭にふと一つの想念がひらめきました。——『古事記』の一節です。

「然《さ》れども、くみど（夫婦の寝所）に興《おこ》して生める子は、水蛭子《ひるこ》。此の子は葦船《あしぶね》に入れて流し去りき」

古事記神話の冒頭部。イザナギとイザナミの二神が国生みをするさい、女のイザナミの方が「アナニヤシ、エヲトコヲ」と呪文を先に唱えたために、失敗して異形児が生れた、という一節。何か、新しき〝男性優先思想〟が顔を出している、といった、奇妙な味をもった神話ですが、この神話の背後には、明らかに〝異形児が生れたら舟にのせて流す〟という民俗が横たわっています。

わたしは古代史の第三作『盗まれた神話』の中で、記紀神話を分析したさい、その原初形が〝壱岐・対馬・沖の島等を中心とする海上流域を舞台にしている〟ことをしめしました。「天国《あま》」とは、この領域のことだったのです。

そしてその領域から異形児を舟にのせて流したら、――半分は出雲方面に流れますが、あと半分は、先ほど書いた通りの海流ルートを通って朝鮮半島東岸部を北上し、東沃沮近辺の海岸に至るのです。してみると、この東沃沮伝に採集された第四説話。あの〝ふたりぼっち〟の不幸な子たちがこの世に生をうけた、母なる領域、それはこの倭人の原域たる「天国《あま》」だったかもしれません。

わたしはこのことに思い到ったとき、不思議な感動を覚えるとともに、わたしをさらなる探究へとながして下さった留目さんに言い知れぬ感謝を覚えたものでした。

四世紀は「謎」ではない――『広志』をめぐって

四世紀の書

「謎の四世紀」という言葉。お聞きになったことがおありでしょうか。〝「邪馬台国」論争には、いいかげん倦《あ》きた〟。こういった感じの人々の目をハッと引きつける。――そういうキャッチ・フレーズです。

ところが、この単語の裏に前提となっている考え方には、一つの問題があります。それは〝三世紀は、卑弥呼の時代だ。それが近畿であれ、九州であれ、それにまちがいはない。また五世紀以降については、「倭の五王」は近畿天皇家であって、これは確定的だ。なのに、その中間の四世紀は謎だ〟。こういう発想です。その立場から、いろいろな論者がこの四世紀についていろいろな仮説を提出し、議論を積み重ねているのです。

しかし、この骨格をなす構想の前提自身に大変、問題がひそんでいます。その点は今までの話ですでにご承知いただけたことと思います。三世紀はおろか、紀元前のはるか昔から七世紀まで、中国と国交してきたのは、一貫して九州王朝。――そういう命題をわたしは提出しているのですから。

では、この「謎の四世紀」というテーマは、わたしの立場からは全く無意味か。――そうではありません。三世紀と五世紀には同時代史書、つまり〝その時代のことを、その時代の人が書いた〟という本があります。三世紀は陳寿の『三国志』。五世紀は沈約《ちんやく》の『宋書』。ところが、四世紀には、そういった正史がないのです。そこに〝四世紀は謎だ〟と言われる、史料上の、一応もっともな理由があります。

「では、本当に史料がないのか」。そう問われると、わたしは答えます。〝いや、ある〟と。――それは、『翰苑』の注に引用された、晋の郭義恭《かくぎきょう》の『広志』です。

『広志』は、その本全体は残念ながら現存していません。いろいろな本に引用された断片があるだけで、その断片を集成した本『広志』が清朝の馬国翰《ばこくかん》の編集で作られています。この点、たとえば『魏略』と全く同じ状況です（清朝の張鵬一《ちょうほういち》の編集による『魏略輯本《しゅうほん》』）。

思えば、歴史学というのは、〝因業な学問〟です。この学問を探究するための殿堂は、全く偶然という敷石の上に築かれているのです。なぜなら〝それに当る史料が残っているか、どうか〟が、一切を決定する根元的な力をもっているからです。たとえば〝応仁の乱がなかったら〟――わたしたちの掌中に残されている史料は、今とは雲泥のちがいだったはずです。あのときの京の大火で、どんなにおびただしい史料群が空しく亡び去ったことでしょう。

中国ではこの類の大消失事件は日本以上です。たとえばいま問題の四世紀についていえば、建興四年（三一六）の西晋の滅亡。冒頓《ぼくとつ》の後裔《こうえい》劉聡《りゅうそう》の侵入で一挙に亡び去った、この大変動でどれほどおびただしい史料群が消え去ったことでしょう。陳寿の自筆本『三国志』や、もしかすればこの『広志』もまた——。

ですが、歴史の真実の探究者にとっての〝敵〟は、このような偶然の大火・大戦乱の類だけではありません。故意にもとづくものもあります。たとえば一つの時代の権力者は前時代の権力者から見れば当然〝成り上り者〟です。そして新しい権力者は、いつも自分を〝永遠の古《いにしえ》から尊貴な人間〟として全民衆の前にしめそうとするのです。そのため、いかにおびただしい古い史料が消し去られていったことか。その大量の〝完全犯罪〟を思うとき、わたしはいつも暗澹とした気持におそわれざるをえません。

しかし、こんなことをいつまで歎いてみてもはじまりません。犯人が狡猾であればあるほど探偵が情熱を燃やすように、歴史の帳《とばり》が重ければ重いほど、視界が暗ければ暗いほど、それをかきわけて真実探究をしようとする、人間の熱情は一段と燃えさかることとなるのですから。

ズバリ、問題の史料をかかげましょう。

邪馬嘉国の謎

「『邪《なな》めに伊都に届き、傍ら斯馬《しま》に連《つらな》る』

広志に曰く『①倭国。②東南陸行、五百里にして伊都国に到る。③又南、邪馬嘉国に至る。④百女国以北、其の戸数道里は、略載するを得可《うべ》し。⑤次に斯馬国、次に巴百支国、次に伊邪国。⑥安（＝案）ずるに、倭の西南、海行一日にして伊邪分国有り。布帛無し。革を以て衣と為す』⑦蓋《けだ》し、伊耶国なり」（番号は古田）。

この文面を見ると、「あ、ここの『邪馬嘉国』というの、見たことがある」。そうおっしゃる方もありましょう。その通り、この文面をもとに女王国山鹿説をのべた方もあります（鈴木武樹さん）。またこれを「臺→嘉」のあやまりとし、従って「臺→壹」のあやまりもありうる、と論じた方もあるのです（松本清張さん）。しかし、このような史料を使用する場合、一つの単語（国名）を抜き出して〝任意に〟使うのではなく、その前にその本全体の史料性格をしらべてみなければなりません。

少々〝しんどい〟話ですが、しばらくこの作業につきあって下さい。

右の一文は『翰苑』の「倭国」の項の(八)（一六三頁）の注記として引文されているものです。『翰苑』は唐の張楚金によって書かれたあと、雍公叡《ようこうえい》によって注がつけられています。この注記が重宝で『魏略』『広志』のような現存していない本からの引用文が数多く引かれているのです。

ただその引文の仕方には特徴があります。たとえば、先の『翰苑』の「倭国」の項の(九)に当るところに、次の引文が注記されています。

「『景初の辰《とき》、文錦の献を恭《うやうや》しくす』

魏志に曰く、『①景初三年に、倭の女王、大夫《たいふ》難升米《なんしょうまい》・（牛《ぎゅう》）利《り》等を遣わし、②男生口四人、女生口六人、斑布二疋二尺を献ず。③詔《みことのり》して、以て親魏倭王と為し、金印紫綬を仮す。④正始四年に、倭王復《また》、大夫伊声耆《いせいき》・掖邪狗《えきやこ》等八人を遣わし、生口を上献す』」

右の「魏志」の文面を、わたしたちの知っている「魏志倭人伝」と比べてみましょう。

①、②は陳寿の地の文（ⓐ）と明帝の詔書（ⓑ）を合成し、縮約したものです。

ⓐ「景初二年六月、倭の女王、大夫難升米等を遣わし、郡に詣り、天子に詣《いた》りて朝献せんことを求む……」

ⓑ「……帯方《たいほう》の太守劉夏《りゅうか》、使を遣わし、汝の大夫難升米、次使、都市牛利《としぎゅうり》を送り、汝献ずる所の男生口四人、女生口六人、斑布二匹二丈を奉り以て到る……」

③は詔書内部からの縮約です。

「……今汝を以て親魏倭王と為し、金印紫綬を仮し、装封して帯方の太守に付し仮授せしむ。……」

④は「正始四年」項です。

「其の四年、倭王、復た使大夫伊声耆、掖邪狗等八人を遣わし、生口、倭錦《わきん》、絳生縑《こうせいけん》、緜衣《めんい》、帛布《はくぶ》、丹木拊《たんぼくふ》、短弓矢を上献す」

こうしてみると、『翰苑』の引文は、かなりその個所の文章自体を縮約するとともに、はなれた個所の文面と連結して一文化していることが分ります。

つまり、「魏志に曰く」とあっても、決して「魏志」からの直接引用ではなく、要約文であることが分ります。それは唐、宋代の書物に共通した手法なのです。

このような、史料の引文性格をしっかり見つめた上で、問題の文面の分析に入ります。

傍国を描く

①倭国。――これは全体の表題です。

②「東南陸行五百里にして伊都国に至る」――右の表題からいきなりこの文、ということはありません。①～②の間には「帯方郡治～末盧《まつろ》国」間の行程の記事が省略されているのです。

③「又南《みなみ》、邪馬嘉国《やまかこく》に至る」――②と③の間にも、当然省略部があります。なぜなら、この「邪馬嘉国」なるものが伊都国自体の南に当る、とは考えられないからです。では、何か。この点、あとでもう一回ふれます。

④「百女国《ひゃくじょこく》以北、其の戸数道里は、略載するを得可《うべ》し」――この「百女国以北」を従来「自女王国以

北」（女王国より以北）のまちがいだとして、訂正して読んできました（岩波文庫本〈魏志倭人伝その他〉及び竹内理三さんの『翰苑』）。たしかにこの『翰苑』（西高辻家本）は、誤脱の多い写本です。だからこの場合にも、と食指が動くのも、理由のないことではありません。

しかし両文面を比べてみて下さい。ちょっと〝直し過ぎ〟ではないでしょうか。本当にここまで手を入れていいのか。いや、直さなければ文意が通じないのか。この点、あとでもう一度吟味しましょう。

⑤「次に斯馬《しま》国、次に巴百支国、次に伊邪国」

――これは、いわゆる「傍国列記」です。国名が三つ〝投げ出されて〟いますが、おそらく原文には、もっとたくさんあったのではないでしょうか。〝『広志』以前〟の、『三国志』倭人伝すら二十一の傍国が国名だけ〝投げ出されて〟書かれているのですから。

この三つは、倭人伝の二十一国中でも、最初の三国に当ります。

「次に斯馬国有り、次に巴百支《は(い)はし》国有り、次に伊邪《いや》国《こく》有り、次に都支国有り、……次に奴国有り」（倭人伝）

このうち、三つ目の「伊邪国」で切ったのは、次の伊邪分国説明につなげるため、と思われます。

⑥「安ずるに、倭の西南、海行一日にして伊邪分国有り。布帛無し。革を以て衣と為す」

――ここここそ、この一段の中でもっとも生彩をはなっているところです。今まで（『三国志』以前）になかった、新史料なのです。ここで「倭の西南」と言っているのは「九州の西南」の意。「伊邪分国」とは、あの屋久島のことと考えてまちがいないでしょう。「海行一日」というのも、正確だと思われます。この点は、従来もそう解してきたようです（岩波文庫等）。

岩波文庫本は、「伊邪分国」の「分」に「久か」と注記していますが、必ずしもそう考えなくても、「伊邪という分国」の意とも考えられます。ただ結論としての実体は変りません（竹内さんは「いやぶ」と訓読）。

ともあれ、大事なこと、——それはこの『広志』の著者（郭義恭）が九州の南端からさらに「海行一日」の領域まで知って、その記述をしていることです。しかも、西の流求国から東上してこの地の記述にいたったのではなく、北九州の伊都国から南下してこの地の記述にいたっていることです。すなわち、この著者の目は少なくとも九州の西半部について〝南北を通過している〟。この点が肝要です。

では、この視点から目をひるがえして、先に保留した③と④をふりかえってみましょう。

まず、「邪馬嘉国」。これは山鹿《やまか》です。熊本県の山鹿郡は、『和名抄』にも出ている古い地名。ズバリ、その表音表記です。屋久島あたりまで知っている、この著者が、山鹿を知っていて、何の不思議もありません。

次に「百女国」。これは八女《やめ》郡あたりか、と思います。これも『和名抄』にも出てくる地名です。北から視点が南へ移動してきて、山鹿に至るとすれば、その途中にこの八女郡が現われてきて、何の不思議もありません（なぜ「百女国」と表記したか、という問題は面白い問題に発展しますが、今は省略します）。

ここは、筑後。いわば筑後の南辺です。そして同時にそれは「女王国の南辺」に当っていたのだと思います（後に詳述）。だから〝ここから北については、戸数道里を略載した〟と言っているのです。としますと、「百女国以北」とは、〝女王国の南辺以北〟ということになります。ですから、そのさらに南方に当る、女王国外の領域たる「山鹿以南」については、〝里数や戸数が書かれていなかった〟のです。

以上の分析の、最後の結論は、次のようです。②と③の間には、重要部分がカットされている。——

それは首都圏たる「女王国部分」だ、と。こう言うと、〝そんな馬鹿な。肝心の女王国をカットするなんて〟。そうお思いの方もありましょう。しかし、よくご覧下さい。ここは『翰苑』の「倭国」の項の㈧の「邪《なな》めに伊都に届き、傍ら斯馬《しま》に連なる」という傍国記載の項目に対する注記です。ですから、あくまで「傍国」を書くのが目的、「首都部分」はカットされるのが当然。――この点、すなわち史料性格の根本が、従来のすべての論者や校訂者に看過されてきた、肝要の一点だったのです。

倭王の邦台

そこで湧きおこる問い。それは〝この注解者（郭義恭）にとっての「首都記載」はどこにあるか〟です。――当然、『翰苑』本文㈠の「首都」の項の所に注記されているのです。

「『山に憑《よ》り海を負うて馬臺に鎮し、以て都を建つ』」

(A)後漢書に曰く『倭は朝（鮮）の東南、大海の中に在り。山島に依って居す。凡《おおよ》そ百余国。武帝、朝鮮を滅してより、使訳漢に通ずる者卅余国。王を称す。其の大倭王、邦臺に治す。楽浪郡の徼《きょう》、其の国を去ること万二千里。其の地、大較会稽《おおよそかいけい》の東に在り。珠崖《しゅがい》、儋耳《たんじ》と相近し』

(B)魏志に曰く『倭人は帯方の東南に在り。倭地を参問するに、海中洲島の山に絶在し、或は絶え或は連なり、周旋すること五千余里なる可し』

(C)四面、倶《とも》に海に抵《あた》る。営州より東南、新羅を経て其の国に至るなり」

右の(A)の「邦臺」こそ、まぎれもなく首都記載です。

「大、邦と曰《い》い、小、国と曰う」（周礼、天官、大宰注）

とあるように、「大国」を邦と言うのですから、「邦臺」とは、中国周辺の夷蛮中の〝大国の台〟という意味です。全世界の中心の〝中国の天子の「臺」とはちがうぞ〟。そういった感じです。これはむろん、『後漢書』の原文そのものではありません。「邪馬台国に居《お》る」を「邦台《ほうたい》に治《ち》す」と手直ししているのです（これを竹内さんは「邦」は「邪」のまちがいとして「邪臺」と手直ししておられます）。

「邪馬臺国」を「邦臺」と直す。――このようなやり方は、わたしたちにはとんでもない仕打ちに見えますが、唐、宋代にはかなり行われた引用手法です。たとえば、唐代の『通典』では倭国について「大較《おおよそ》、会稽閩川《びんせん》の東に在り」と書いていますが、これは明らかに『後漢書』の「大較、会稽東冶《とうや》の東に在り」を使ったものですが、そのさい「東冶」を「閩川」に書き改めているのです。これは、唐代の読者にとって「東冶」というより「閩川」という方が、〝ああ、あそこか〟と分りやすかったので、その言い方に書き改めているのです。こういったやり方は、要するに〝読者に分りやすくした〟だけで、別に他意はないわけです。宋代の『太平御覧』にも、この種のやり方はよく出てきます。

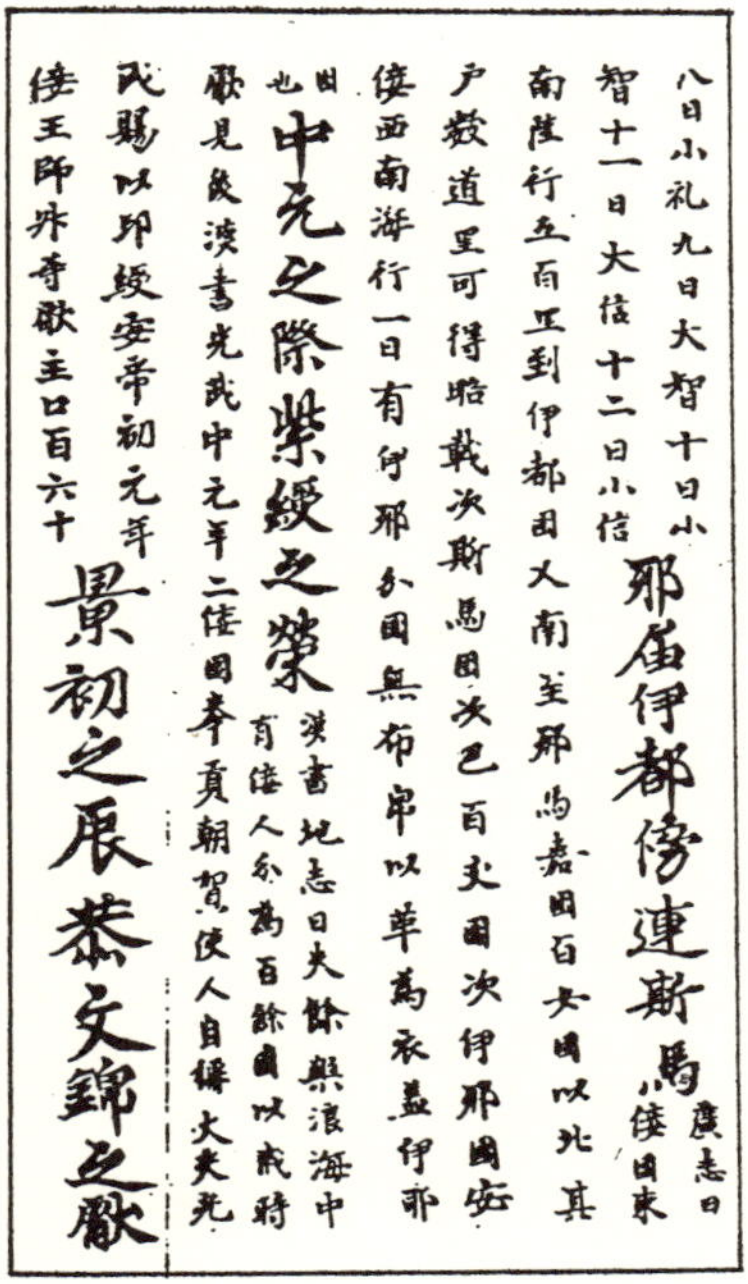
八日小礼九日大智十日小
智十一日大信十二日小信
邪届伊都傍連斯馬　廣志曰　倭国東
南陸行五百里到伊都国又南至邪馬嘉国百女国以北其
戸数道里可得略載次斯馬国次巴百支国次伊邪国安
倭西南海行一日有伊邪分国無布帛以革為衣盖伊耶
国也　中元之際紫綬之栄　漢書地志曰夫餘楽浪海中
有倭人分為百餘国以歳時
獻見後漢書光武中元年二倭国奉貢朝賀使人自稱大夫光
武賜以印綬安帝初元年
倭王師升等獻生口百六十
景初之辰恭文錦之獻

邪馬嘉国（翰苑）

次に(B)の場合、「倭人は帯方の東南に在り」が倭人伝の文頭であるのに対し、次の「倭地を参問するに」以下との間に大量のカット部分のあることは、倭人伝を見たことのある方なら、よくご存じの通りです。ここは、要するに、倭地の大勢を俯瞰させようとして、それに必要な所だけ、引き抜いてきてつなげ、それを「魏志に曰く」としてしめしているのです。

最後の(C)は、引用ではありません。注記者（雍公叡《ようこうえい》）の地の文です。

「四面、倶《とも》に海に抵《あた》る」。これは「津軽海峡の論理」のところで、お目にかかったもの。『旧唐書』で倭国と日本国と地形がちがう、としている、あの倭国の方の表現。これが現われています。――つまり九州島です。「営州」は遼東半島の西に当り、今の錦州です。ここが当時の中国の東北経営の中心、というわけでしょう。〝ここから東南は新羅〟という、この新羅はおそらく「統一新羅」(六六九―九三五)のことと思われます。

以上、雍公叡は、ここで倭国の都とその大観、中国(営州)から倭国へのおおまかな経路、それらをしめそうとしているのです。

なお、次の(二)の「職を分ち、官を命じ、女王に統ぜられて部に列せしむ」の項では、『魏略』引用の形で、〝帯方郡治から伊都国まで〟の各部分行程が書かれています(倭人伝のものと大同小異)。

以上で判明しますように、雍公叡は(一)(二)で、首都や「帯方郡治→伊都国」間の行程をすでに注記ずみだったのです。だからこそ、(八)の「傍国記載」の項では、それらをすべてカットした、それだけのことです。

以上を要約してみましょう。

第一。ここに印象的に出現する「邪馬嘉国」の言葉。これは決して女王国という首都のことではなかったのです。従ってこれを「邪馬臺国」のまちがいと見なし、〝見よ、ここにもまちがいの例がある〟といった言い方、それは決して正しくなかったのです。ただ、このような論法の背景には、従来(岩波文庫本や竹内さんの本で)、これを「邪馬台国」のまちがいときめて〝訂正〟を加えてきた校訂手法、そこにも一つの原因があったのではないでしょうか。校訂者のなみなみならぬご苦労には何度感謝しても し足りないのですが、あえて将来のために苦言を呈させていただきました。

第二。その点、これを率直に「山鹿」と見なされた鈴木武樹さんは、見事だったわけですが、そこから「山鹿首都説」の方向へと進もうとされたのは、いささか〝勇み足〟だったようです。

第三。もっとも大切な点は、この『広志』の記載が『三国志』の倭人伝より一歩前に出た、より詳細な記載を行っていることです。すなわち、女王国の範囲内に、南辺の一中心たる「百女国」をとらえ、さらにすすんでその南の山鹿の地の表音まで正確にキャッチしているのです。その上、九州南端のさらに南の海上の島の風俗まで、よくキャッチして報告しています。

この点、『広志』は明らかに「続《ぞく》、倭人伝」として、すぐれた史料性格をもっているのです。全貌の残っていないのがくれぐれも惜しまれます。

広志の成立

では、『広志』は、いつ成立した本でしょう。断片しか残っていないため、正確には分りませんが、清の馬国翰《ばこくかん》編集の『広志』によって、いささか見当をつけてみましょう。

(一)五世紀後半成立の水経注にも、この『広志』が引用されています。

(二)朝鮮半島の国々を「韓国・夫余《ふよ》・挹婁《ゆうろう》」と書いています〈「長尾雞《ちょうびけい》は細くして長し。長さ五尺余。東夷の韓国に出づ」〈初学記巻三十〉「貂《てん》は扶余、挹婁に出づ」〈芸文類聚、巻九十五〉〉。ところが、これらの国々は、四世紀末前後には「新羅《しらぎ》」「百済《くだら》」という国名で現われてきます〈高句麗好太王碑《こうたいおうひ》〈新羅・百残〉、宋書〉。

(三)さらに成立年代をおしつめる方法、それは「短里」問題です。

「牧牛有り。項上堆《たい》肉。大なること斗の如し。馲駞《たくだ》に似る。日行三百里」〈初学記、巻二十九〉

「馲駞」はご存じ、ラクダ〈後漢の『方言』にも出ています〉。この牛は、うなじのところにうずたかい肉をもっていて、ちょうどラクダのようだ、というわけです。

ところがこの牛のスピードが一日に三百里。もしこれが長里なら、一三〇・五キロ。ちょっと牛とは思えぬ超スピード。ところで『広志』は、馬国翰編集本所収の、他のいずれの記事を見ても、中国周辺の産物類の知識を広く収集したもので、いずれの描写もすべて冷静かつ真実《リアル》です。まあ、一種の地理・産物志といった感じの本。さっきの倭国の伊邪分国の記事なども、その視点から収集されたものです。ですから、ここも、空想的な動物を書いたものとは思われません。現にここも〝ラクダに似ているが、ラクダではない。牛だ〟という立場で冷静に観察しています。

すると、ここの「日行三百里」は、やはり長里ではない、短里だ、ということになります。短里だと二二・五キロ。まあ、これなら、妥当な線ではないでしょうか。ここにも「魏・西晋朝の短里」が『三国志』以外でも使われている、実例があります。

さて、この「短里」は「魏晋（西晋）朝の史料批判」（『邪馬壹国の論理』所収）で論証しましたように、西晋末（三一六）までで終ったようです。とすると、二九〇年に死んだ陳寿につづく時期に、この『広志』の著者郭義恭は生きていたようです。

そう言えば、倭国描写にも両者の密接な関係が感ぜられます。すなわち、陳寿の場合〝九州の北岸部・東岸部（水行二十日）・南岸部（投馬国）の三方〟が書かれていました（『「邪馬台国」はなかった』参照）。ここでは他の一方、西岸部が〝探検〟されて描写されたのです。――そして「四面、倶《とも》に海」である九州島の実態が一層リアルに把握されているのです。

閑話休題――わたしの失敗譚。

はじめ馬国翰の『広志』を見たとき、次の史料が目にとまりました。

「蒲昌海《ほしょうかい》、一名、塩沢《えんたく》。広袤《こうぼう》三百里。其の水は淳《じゅん》、冬夏減ぜず。皆以て地下に潜行し、南に積石《せきせき》に出ず」

蒲昌海というのは、新疆《しんきょう》省の婼羌《じきょう》県にある湖の名です。ロブノールといわれます。中央アジアのタリム盆地の内陸湖で、南西から北東へ二〇〇キロを越える乾湖床が塩でおおわれているのです。「さまよえる湖」の異名のように、大きさも時代によって変動した、といいます（小学館・ジャポニカより）。ところが、「三百里」というのは短里では二一・五キロ。いかに何でも全然合いません。どうしても長里の方の一三〇・五キロです。〝これなら、『広志』は長里だな。すると、三一六年以後、東晋期の成立だ〟。——こう思いこんでしまったのです。

ところがその思いこみの含まれた原稿（「謎の四世紀の史料批判」歴史と人物、昭五十一年五月号）を書いて送ったあと、ふと気になっていたことが頭をかすめたのです。〝あの点、原本（初学記）で確認してないぞ〟まさか、と思いましたが、〝やはり裏をとるのが正道だ〟と思って、京大の人文科学研究所の図書閲覧室へ行きました。〝ただ形式的に念を押すだけさ〟。そう思いながら。

そして初学記をしらべたら、何と、この一文が全くなかったのです。いや、あるにはあったのですが、それはレッキとした〝『漢書』西域伝からの引用文〟として、でした。これなら「漢の長里」はあたりまえです。これに対し、肝心の『広志』引用の部分は全く別。

「又郭義恭の広志に云う。蒲類海《ほるいかい》、西域の東北に在り。竇固《(とうこ)》、伊晋《いしん》を撃ち、蒲類海に戦う」

ここには全く里数記事などありません。思うに、先の『漢書』西域伝の引用記事の直後に接続していたので、馬国翰がノートかカード段階で両方とも『広志』のようにまぎれさせてしまったのではないのでしょうか。

「尤《もっと》も漢学に精通し、玉函《ぎょくかん》山房輯佚書《しゅういつしょ》六百巻を編す」（諸橋、大漢和辞典）と書かれた、この清朝の大家がこんなミスを犯すとは。いや、他《ひと》のことなど笑えません。わたし自身、当然なすべき裏もとらずに思いこんでしまっていたのですから。——帰ってから『漢書』西域伝を確認したところ、まさにこの文章がのっていました。恐るべきは孫引き。おかげで、あのラクダに似た姿態をもつ〝牧牛さん〟も、天馬空をゆくていいのいさましい能力の牛へと仕立て上げられずにすんだわけです。

ここでわたしの考えている女王国の全体像（中心と範囲）についてのべさせていただきましょう。『「邪馬台国」はなかった』を書いたとき、わたしはまだ女王国の中心を十二分には特定しかねていました。伊都国が前原町から伊都神社の辺を中心とする糸島水道付近。そこから東へ百里（七・五キロ）と言えば、当然、博多湾岸に入りますが、その西端の下山門、まず室《むろみ》見川下流域付近といった所です。そこが女王国の玄関、そこから南が女王国、となるわけですが、その博多湾岸の中のどこが女王国の中核か。その点になると、まだ迷っていました。

室見川下流域から文字通りストレートに南となれば当然、室見川の上流です。そこには「都地《とじ》」という思わせぶりな地名があります。糸島郡の南辺から日向《ひなた》峠を越えると、ここに来るのです。このあたりを一生懸命歩きまわったこともありました。——昭和四十五年頃です。しかし、出土遺物の状況からみると、博多湾岸の中心部は何と言っても、「弥生銀座」の異名をもつ東半部です（この名は土地の筑紫豊さんの命名と聞きました）。

博多駅から太宰府に至る領域を中心として、ザクザク、ザクザク。ここ掘れワンワンではありませんが、工事のたびに各種の豊富な弥生遺物がでます。本当に〝ありふれた〟出土物です。このあたりの土地のおばさんと、「ああ、あの甕棺《かめかん》のことかね。いくらでん、でてきますばい」。「出て来たらどうします（古田）」。「いや、どうするっていうたっちゃ、こわしてしまうしかしようのないもんね」という問答をして、あと、ゾッとしたことを思い出します。
春日千歳町《かすがちとせ》の土木工事のとき、大量の銅戈《どうか》（中広戈四十八本）が出土し、弥生銀座の〝守り神〟の一人、亀井勇さん（春日町公民館長）が、人夫の人たちの家を一軒一軒まわって懸命に説得し、ようやく返してもらったときの話。じかにお聞きしながら、好々爺然《こうこうやぜん》たる亀井さんのお顔とは対照的にやはりゾッとする思いがしたのをハッキリおぼえています。

このような次第ですから、〝出土物からは、ここが中心〟と思いながら、一方で〝やはり文面通り、「真南」と解すべきではないか。このあたり（春日町付近）なら、「東南、女王国に至る」と書くべきではないか〟。こういった思いが消し切れずにいたのです。この迷いは、『「邪馬台国」はなかった』の中にそのままあらわれています。女王国中心の第一候補地を博多湾岸西半部、第二候補地を東半部としたのです。

しかし、その後、ふとしたことから問題は解けてきました。

たとえば『三国志』の中に「洛陽に至る」とあったとき、それは具体的に洛陽の中のどの地点を目指して書いてあるのでしょう。それは「門」だ、と思います。北方から来たとしますと、洛陽城の北方の門に至ったことを意味する、と思います。では、天子の居所は、その城郭内のどこにあったか、となると、これは別問題です。右の一句からはうかがうべくもありません。

これと同じです。「南、邪馬一国に至る」で、あとはもう全部邪馬一国の中。博多湾岸の中のどこに女王の居所があるか。それまではこの文面からは、うかがうべきではなかったのです。魏使にとってここまで来れば、もう到着。あとは見まがうべくもないのですから。ですから、その女王の居所のありかは倭人伝からではなく、やはり出土遺物から求めるべきです。――それが弥生銀座です。

次にもう一つの問題。それは女王国の範囲です。いま言ったのは「女王国の中心」の問題です。それすら、倭人伝から直ちにはうかがえません。まして女王国の〝全領域〟など、魏使にとって興味のない所です。「北方の門口」たる不弥《ふみ》国から女王国に入れば、それで〝お役目達成〟なのですから。ですから「七万余戸」という、その全範囲は、となると、全く別の方法でせまらねばなりません。

ひとつの手がかりは地名です。西北の入口が「下山門」(五万分の一地図にはそうありますが、その現地で聞くと、ただ「山門(やまど)」と言っているようで、〝「下山門」とか、そんなこと言わんね〟との返事でした)。とすると、例の筑後の「山門」も、「南辺の入口」ではないか。そう思われます(中心の「山」をふくむ地名としては、太宰府と基山《きやま》の間に「山家《やまえ》」「山口《やまぐち》」などがあります)。

もう一つの理由。それは出土遺物です。つい今、「倭人伝からは、女王国中心はうかがうべくもない」と書きましたが、これは十分に正確ではない、と言えましょう。なぜなら倭人伝に、

「宮室、楼観、城柵《じょうさく》、厳かに設け、常に人有り、兵を持して守衛す」

とありますが、この「兵」とは、〝兵士〟ではなく〝兵器〟のことです。その〝兵器〟とは何か。これは倭人伝内にハッキリ書いてあります。

「兵には矛《ほこ》、楯《たて》、木弓を用う」

この中で現在も腐蝕せず、出土するものは何でしょうか。楯も木弓も、木製ですから駄目。矛も、柄《え》は駄目(「駄目」といっても、もちろん条件に恵まれれば出土するでしょうが)。腐蝕せず、出土するのは、金属(銅もしくは鉄)の矛先です。とすると、銅矛の出土物を比べれば、倭国の勢力の直接およんだ領域が分り、その一番濃密な地点が女王国、すなわち卑弥呼のいた都である。こういう定式が成り立つのです。

この点、「邪馬台国論争は終った」（『邪馬壹国の論理』所収）や『古代史の宝庫』（朝日新聞社刊）をご覧の方には、お分りと思いますが、北は朝鮮半島の釜山《ふざん》付近から、南は四国の足摺岬付近まで広汎に分布しています。その分布中心は博多湾岸です。ことに鋳型がこの地帯に集中しているのが、決定的です。ところが、筑紫内部では、博多湾岸に次ぐ出土量をしめしているのが、先にあげた八女郡《やめ》（及び八女市）なのです。そしてその中間の朝倉郡にも、中広戈の鋳型をはじめ、注目すべき出土物があります（この点、興味深いのは、対馬における大量分布ですが、この点あらためて論じます）。

そこでわたしは次のように表現してみました。――「博多湾岸は表座敷。朝倉郡は奥座敷。八女郡は離座敷」と、これが女王国です（ただ、東辺については、まだわたしには限定できません。立岩遺跡や遠賀《おんが》川流域や京都《みやこ》郡などが、女王国の内部か、外部か、という問題です）。

平西将軍の謎――『宋書』をめぐって

新旧の世代

倭の五王で有名な『宋書』。――こう書いてみて、ふと気づいたことがあります。現在の日本の読者は二つに分れているのです。四十代後半を境にして。

わたしの第一作『「邪馬台国」はなかった』の場合は、まだそれほどでもなかったのですが、第二作『失われた九州王朝』でそれを感じました。この本では、第一作が『三国志』一つを対象にしていたのに比べ、いくつもの古典が対象になっています。『宋書』『隋書』『旧唐書』など。さらに高句麗好太王碑や隅田八幡《すだはちまん》の人物画像鏡など。たくさんの史料が分析されています。〝かなり読みづらいんじゃないかな〟、そう思ったのですが、意外。〝この本がとてもいい。読みやすかった〟と言って、愛読書にしてくれている若い人によくお目にかかるのです。うれしい〝誤算〟でした。

ところが、その次の第三作『盗まれた神話』となると、これまた逆。こちらの方は〝ややこしい〟分析よりも、ズバリ本質を突く。そういった筆致で書いたつもりだったのですが、〝読みづらかった〟。——これが若い人の声でした。

「〝天照大神〟というのが出てくるけど、何と読むのかな、と思って、〝テンショウダイジン〟という音《おん》で読んでいったけど、終りの方になって読みが書いてあったので、やっと分りましたよ」。こう言われて〝ええッ〟と思いました。なるほど、わたしの方は「これは当然読める」。そう思って仮名などふってなかったのです。そして最後近い所で、次のような議論をした個所がありました。「この漢字は、そのまま読めば〝アマテルオオカミ〟だ。これが本来の読み、すなわち本来の神名だったのではないか。たとえば対馬の北島（上県郡《かみあがた》）の南辺に今も『阿麻氐留《あまてる》神社』がある。これこそこの神の原型、その生れ故郷ではないか。現在わたしたちの知っている〝アマテラスオオミカミ〟という読みは、奈良〜平安時代の（『日本書紀』の講読の役目の）学者による、いわばお家流《いえ》。原文に則していない敬語過剰の読みだ。それが後世固定化されたのではないか」。

このように書いたのです。ここでこの若い読者は「ああ、普通は『アマテラスオオミカミ』と読むのだな」と、ここで知った、というのです。つまりそれまでは、何とも〝居心地の悪い〟感じでページをめくっていた、というわけです。読みだけではありません。たとえば天孫降臨神話。

「その降臨地とされている『高千穂《たかちほ》のクシフル峯《だけ》』とは、宮崎県の高千穂ではない。福岡県の筑前中域（博多湾岸と糸島郡）を東西の二つの領域に分つ山、高祖《たかす》山のつらなりだ」。こういう論証をしたとき、「えっ、その『天孫降臨』とかいうのは、一体、何」。——こういう反応です。たしかに、その前提となっている説話類の詳細をいちいち説明していませんので、それが〝常識〟になっていない、若い読者がとまどったのも、全く無理はありません。

これが五十以上の人ともなると、逆です。「〝倭の五王〟で有名な」と書いても、「ナニ、その〝倭の五王〟とは何者だ。日本の話か」といった反応。「『失われた九州王朝』は読みにくかった」。そう、中学時代以来の親友からもらされたことがあります。ところが、『盗まれた神話』に登場する神々、たとえば大国主神《おおくにぬし》やスサノオノ神となると、〝耳馴れている〟というわけです。今回は、やさしく書くよう彼（堀内昭彦）がすすめてくれました。この経験で、わたしはつくづく今の日本列島は二つの歴史教養の世代に分れている。そのことをいまさらのように痛感したのです。

平西将軍の謎

本筋に入りましょう。その『宋書』をこの一両年、あらためて全体にわたって一字一字調べてみました。例によって、一つの単語を追って。〝失《う》せ物の家《や》探し〟をやったわけです。その単語の名は――「平西《へいせい》将軍」。こんな将軍の名は聞きはじめの方も多いと思いますが、『宋書』倭国伝の中に出てきます。

「（太祖の元嘉二年〈四二五〉）讃《さん》、又司馬曹達を遣わして表を奉り、方物を献ず。讃死して弟珍《ちん》立つ。使を遣わして貢献し、自ら使持節都督、倭・百済・新羅・任那《みまな》・秦韓・慕韓六国諸軍事・安東《あんとう》大将軍・倭国王と称し、表して除正せられんことを求む。詔《みことのり》して安東将軍・倭国王に除す。珍、又倭隋等十三人を平西・征虜《せいりょ》・冠軍・輔国《ほこく》将軍の号に除正せんことを求む。詔して並びに聴《ゆる》す」（宋書、倭国伝）

倭王自身でなく、いってみればその輩下ですから、従来は特にとりあげて論ぜられることはありませんでした。ことのきっかけは、東大の武田幸男さんの論文です（「平西将軍・倭隋《わずい》の解釈――五世紀の倭国

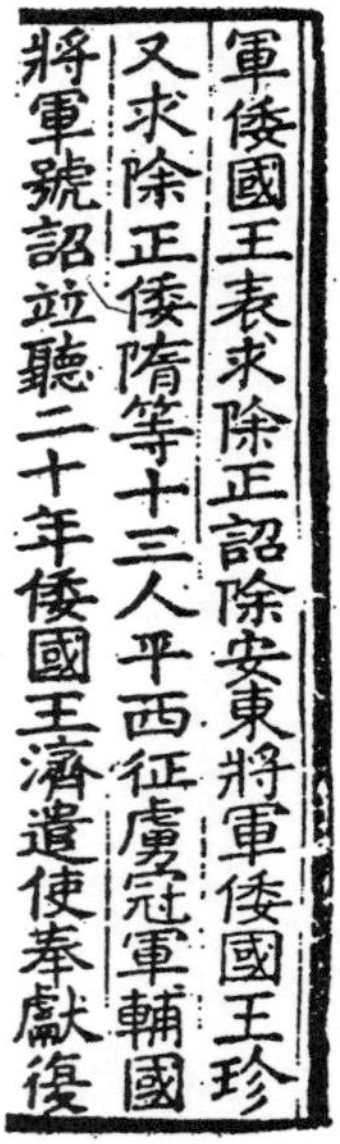
軍倭國王表求除正詔除安東将軍倭國王珍
又求除正倭隋等十三人平西征虜冠軍輔國
将軍號詔竝聽二十年倭國王濟遣使奉獻復

平西・征虜・冠軍・輔国将軍
（宋書倭国伝）

政権にふれて――」朝鮮学報第七十七輯宋輯50・10）。武田さんは、右の平西将軍に注目され、この「平西」という称号から見ると、「古田のように倭の五王の都を九州と考えたのでは、解けないのではないか。九州の西は海しかない。平らげるべき〝西の領域〟がないのではないか」。そう言って心配して下さったのです。これに対し、従来説のように倭の五王の都が近畿（大阪、奈良付近）と考えれば、「西九州を平げるための将軍」として、すんなり理解できる、というわけです。しかも武田さんは『宋書』の中のいくつかの他の用例をしらべ、詳細な論文を作っておられたこと、これは方法論という点で、わたしにとって何よりうれしいことでした。

そこでわたしとしては、大いに意欲を燃え立たせ、さらに『宋書』全体をしらみつぶしに〝家探し〟しようと思い立ったのです。そしてその結果、武田さんの考えが正しければ、即座に「あなたの言う通りでした」と叫べばいいのです。これは真実の探究者の本懐、いつの日も内心待ち望んでやまぬ一瞬ではないでしょうか。

そこで調べてみました。驚いたことは、『宋書』の中の将軍号のおびただしさ、です。『宋書』の倭国伝をお読みになった方なら、すぐお気づきのことですが、やたらに授号記事が多いのです。「中国の天子が倭国の王にこれこれの称号を与えた」という記事。ことに倭王の場合、なかなか〝あつかましく〟て、当人から「これこれの位をよこせ」と、しきりにねだっています。中国側は、時によってこれを認めたり、一部認めたり、拒否したり、いろいろしていますが、いささか倭王の強引さをもてあましぎみ、といった感じです。ともあれ、倭国伝のほとんどは授号記事なのです。

ところが『宋書』全体も同じ。授号、位階記事の氾濫です。「——将軍」という形の記載だけでも、実に全体（百巻）で千六百回を越えているのです（数え方で多少誤差が出てきますが、約一六二〇回くらい）。よくも書いたり、という感じでした。この点、倭国伝もまさに「宋書百巻の中の一つ」というわけです。

さて、問題の平西将軍の場合。わたしの視点は、「それがどの地域を任地とする人物に対して任命されていたか」です。たとえば、

「前の鎮軍将軍、司馬休之を以《もっ》て平西将軍、荊《けい》州刺史《しし》と為す」（武帝紀中）

右では、新任の荊州の刺史に対して平西将軍の称号が与えられているわけです。任地の分る全例を左に表示しました。

〈刺史名〉

荊州	7
郢《えい》州	6
予州	5
雍《よう》州	2
南予州	1
益州	1
益・寧《ねい》二州	1
……………………	
都官尚書	1

平西将軍任地分布図

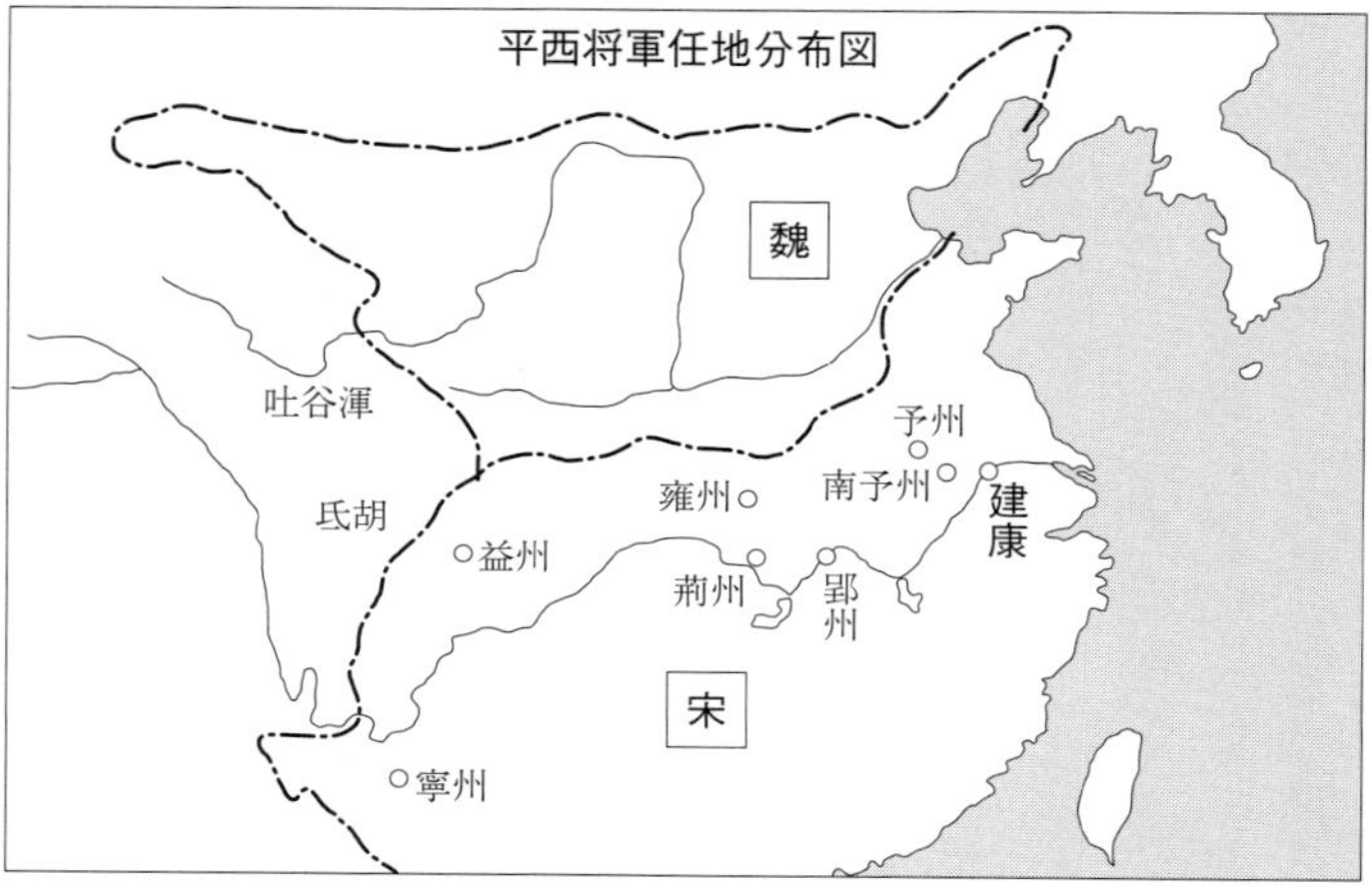

吐谷渾《とこくこん》　17
氐胡《ていこ》　1

これによって一目瞭然です。都（建康。今の南京）から見て〝西方に当る地域〟の刺史にこの称号が与えられています。ことに南予州などは、都のすぐ西側のお隣、といった感じです。

夷蛮に当る吐谷渾、氐胡の場合も、もちろん西方です。ただ一つの例外として都官尚書があります。これは当然都の任地ですが、これは〝兼任〟のようです。この点、倭国の場合は「東夷」ですから、いささか異なっています。中国の都から見て倭国自体が「西」のはずはありませんから、これは明らかに〝倭国内部〟の視点です。いわば「メイド・イン・ジャパンの平西将軍」なのです。それに対し、中国の天子からの〝追認〟を求めているわけです。ですから、その「平西将軍の任地」は、「倭国の都から見て西方に当る地域」だということになります。

これを今、具体的に考えてみましょう。博多湾岸の太宰府あたりを都としますと、例の、かつて「一大率」のおかれていた伊都国。そこは都の西に当りますから、この地の軍事司令官はまさに「平西将軍」の称号にふさわしいものとなりましょう。もちろん、「平西」という言葉自体からなら、末盧国の故地、唐津《からつ》でも、いいわけです。壱岐あたりでも、不可能ではないかもしれません。

だが、この「平西将軍」について、二つのヒントが倭国伝の文面に秘められています。

第一。将軍号が「平西《へいせい》・征虜《せいりょ》・冠軍・輔国《ほこく》」と四つあげられていますが、その筆頭ですから、倭国内の臣下中では、最高位だと考えられます（「征虜」の「虜」については、『宋書』では北朝側を「索虜《さくりょ》」と呼んでいることとの関連が注目されます。また「冠軍」は〝武官の一種〟、「輔国」は〝国をたすける〟の義です）。

第二。これらの官号をもらった人について、「倭隋等十三人」と書かれています。その筆頭は「倭隋」です。この「倭」が〝倭王の姓〟であることは、すでに『失われた九州王朝』の中で論証しました（「倭王倭済」〈宋書、文帝紀〉という表現があります）。従ってここの「倭隋」も当然倭王の王族だ、ということになります（高句麗〈王は高璉〉、百済〈王は余映。夫余の余〉でも、「高翼」「余紀」といった人物〈王族の臣下〉が国交の使者となったり、将軍号を与えられたりしています）。

この倭王の一族の「倭隋」が「平西将軍」だったとすると、いよいよ倭国内部での、この称号の高さが分ります。以上の二点から見ると、「平西将軍」の拠点は、〝都の西〟に当るだけでなく、〝倭国内第一の拠点〟という性格を帯びてくるのです。

三世紀の読み

実は、これに関連して興味深い話があります。倭人伝内の官名。これはわたしにとって〝残された課題〟です。たとえば、

○邪馬一国——㈠伊支馬《いしま》、㈡弥馬升《みましょう》、㈢弥馬獲支《みまかし》、㈣奴佳鞮《ぬかてい》

これを何と読むか。明治以来の「邪馬台国」論争では、国名・地名に劣らず、これらの官名にそれぞ

れ思い思いの〝読み〟をつけてきました。近畿説は近畿説なりに、九州説は九州説なりに、それぞれ自説にいわば〝好都合に〟読まれていることはいうまでもありません。しかし、わたしとしてはそれを警戒しました。〝我田引水〟に流れやすいからです。要は、三世紀における、その漢字の読み。さらには『三国志』における、その漢字の読み。それをハッキリさせ、その上に立って読む。――それが肝要だと思ったのです。そしてそれが自分の都合、つまり先入観に合おうが合うまいが、そんなこと、知ったことではない。これがわたしの立場です。

ところが「三世紀の読み」、これがなかなかの難事なのです。わたしは倭人伝を探究しはじめたころ、当然ながらこの問題について読みあさりました。しかし「これほど著名の言語学者が言っているのだから、これはまちがいないだろう」といった考え方、つまり〝肩書主義〟とキッパリ手を切っていたわたしにとって、明快な「三世紀の音韻史料に裏づけをもつ、三世紀の確実な読み」の解説には、どうにもお目にかかることができませんでした。それもそのはず、「三世紀の体系的な音韻史料はない」のです。

いや、正確に言えば『声類』という韻書が存在していたことは知られていますが、残念ながら現存せず、例によって断片が注記の中に姿を現わしているだけです（その断片の集成は玉函山房輯佚《しゅういつ》書、第七十七冊に収められています）。しかし、これらはあまりにも少量で、とても全体の音韻体系をうかがうに足りず、ことに倭人伝内に出現している文字の読みには〝直結〟しません。

それだけでなく、わたしは次のような文章に遭遇しました。

「『魏志』倭人伝で、『ヤマト』を『邪馬臺』と書いてあるのは有名な事実である」

これは藤堂明保《とうどうあきやす》さんの名著とされる『中国語音韻論』（一九五七）の一節です。ここでは逆に「邪馬臺＝ヤマト」から〝三世紀の臺の音は「ト」であったろう〟と推定され、これが好個の〝音韻史料〟とされているのです。

この点、直接、藤堂さんに〝三世紀に「臺」を「ト」と読んだという、三世紀の中国側の、確実な音韻史料が存在するか、否か〟をお問い合わせしたところ、しばらくして丁重な長文のお手紙をいただきました。その要旨は、「音韻の変遷は、あくまで大勢上の議論です。ですから、特定の時点（たとえばこの三世紀）にどう読んだか、という、その確証となると、資料上容易に確定しがたいと言わざるをえません」とのことでした。そこでその〝特定の時点の読み〟を〝確定〟するために、「邪馬臺＝ヤマト」という日本史側の「定説」が使われた。こういう次第だったわけです。

まだわたしの『邪馬壹国』（史学雑誌、一九六九）の出る前の本ですから、これを史学界の定説と藤堂さんが考えられたのも、無理からぬところかもしれませんが、わたしとしては、やはり倭人伝中の固有名詞（地名、官名など）解読のむずかしさを痛感しないわけにはいきませんでした。

だから「今まで通念化されている読みに安易に依存すまい」。そう決心したのです。

「西」の長官

というわけで、わたしは『「邪馬台国」はなかった』のとき、この〝官名の読み〟にはふれませんでした。「おそらくこれはこう読むのだろうから」といった前提に立つことの、安易さを恐れたのです。そしてその安易さが邪馬一国のありかをミス・リードすること、それをわたしは避けようとしたのです。けれども今、わたしにとって邪馬一国のありかは、確定しました。博多湾岸を中心としてその周辺です。従ってこれからはこの官名問題も、ひとつひとつ〝用心深く〟ふれてみたいと思います。

さて、前置きが長くなりましたが、今の問題は伊都国の長官です。

「（伊都国）官を爾支と曰《い》い、副を泄謨觚《せもこ》・柄渠觚《へくこ》と曰う」

この「爾支」は何と読むのでしょう。従来、「ニキ」と読んで稲置（いなぎ）のこととしたり（内藤湖南）、「ヌシ・ニシ」と読んで県主（あがたぬし）の意か、と考えたり（山田孝雄）、していました。この「支」は果して「キ」と読むのか、それとも「シ」か。これがまず問題です。ところが『三国志』をしらべてゆくと、次の個所にぶっつかりました。

(A)「公孫瓚《こうそんさん》、字《あざな》は伯珪《はくけい》。遼西《りょうせい》、令支の人なり。〈注〉令音、郎定反。支音、其児反」（魏志八）

(B)「韓当《かんとう》、字《あざな》は義公。遼西、令支の人なり。〈注〉令音、郎定反。支音、巨児反」（呉志十）

ここで「反」というのは、中国独特の発音表記法です。詳しくは「反切」と言い、「二音を使って一音を表現する法」です。右の「令」の場合、「ロウ、テイ」でローマ字で書けば、“ro-tei”ですが、これを〝つづめた〟「レイ」（rei）という音を表現しているのです（ローマ字ですからもちろん中国音そのものの完全な表現にはなっていませんが）。従って「支」の場合、「其児」（キジ“ki-ji”）、「巨児」（キョジ、“kyo-ji”）とも「キ」（ki）の音を現わしているのです。けっして「シ」ではありません。

「ああ、やっぱり『三国志』では『キ』か」。そう思ったのです。そこで京大の尾崎雄二郎さんにお会いしたとき、お話したところ、意外にも、「いや、それは反対です。『三国志』では、一般に『シ』と発音するからこそ、〝この令支の場合は『レイシ』でなく、『レイキ』だ〟。そう言っているのです」と。

「なるほど」と、わたしはうなりました。『三国志』にはほかにも「支」字はたくさん出てきます。

「一般の通音とここはちがう」。そういう意味の注記だ、というわけです。この尾崎説に立ちますと、問題の「爾支」は「ニシ」です。博多湾岸の都の中心域（博多駅——太宰府）から見ての〝西の拠点〟を意味する言葉となります。

伊都国には「一大率」がいます。これがこの「ニシ」と深い関係をもつことは当然です。長官「ニシ」自身が「一大率」の軍事権力をもつ。そういう可能性も十分ありましょう。倭王が〝東夷の国〟としては風変りな「平西将軍」の称号を第一の臣下に対して承認するよう、中国側に求めた、その背景には、この「ニシ＝西」の称号があった、こう考えるのは、うがちすぎでしょうか。

しかし、このような、いささか不確定要素をふくむ推定（たとえば「爾」にも、他に「ジ」「ディ」「ナイ」の音があります）は一応別としても、いま確認できること——それは、九州に「都」がある場合も、その西方に拠点をもつ軍事司令官（長官）がこの「平西将軍」の号をもつこと、それは中国本土における用例から見て、何の不思議もない。——この一点です。

一大率の探究——『宋書』をめぐって

一大率への疑い

『宋書』全体をしらみつぶしにしらべているうちに、望外の幸に恵まれました。問題の「一大率」。その文字の真の意味が判明したのです。

わたしははじめ、この「一大率」を〝一大国の率（軍団）〟ではないか、と考えたことがありました。『邪馬台国」はなかった』を書く前です。しかし、『三国志』全体を再三しらべてゆくうち、「一大石」「一大虵《じゃ》」といった用法にぶっつかりました。〝一つの大きな石〟〝一つの大きなへび〟という意味です。そこで「ああ、『一大率』も、この慣用語形の一つだな」と思い直さざるをえませんでした。「『三国志』全体の用法に立って倭人伝の語句を理解する」。この方法論に立つかぎり、これ以外の方法はありません。いかに自分が〝これはうまい思いつきだ〟と思っていても、それが史料事実によって裏切られれば、スッキリ捨て去る。それが大事だ、と思います。『三国志』全体のしめすところ、陳寿はこの

〝一つの大きな〟という言い方がなかなか好きなのですから。英語で言えば文字通り〝a big——〟です。

こういう言い方をする時の話し手（もしくは書き手）の心理を考えてみましょう。「普通わたしたちの見ているような石。それより大き目の石が一つ」。「普通わたしたちの知っている蛇。それより大きな蛇が一匹いて」そういった感じです。その普通の「石」や普通の「蛇」という〝普通の基準〟は、もちろん中国の事物です。

ここでは事物の名は「率《そつ》」です。ですから「中国で言う、普通の『率』に比べて、ずっと大きな『率』」——こういった感じで使われているのです。少なくとも中国（西晋朝《せいしん》）の読者は、そううけとるわけです。この点から見て、最近時として説かれる〝一大率は中国側の設置した官名〟という説（松本清張さん、江上波夫さん）には、残念ながら全く成立の余地がないようです。なぜなら、中国側の軍団や官職なら、それを呼ぶ名前（固有名詞）がチャンとあるはずです。だったら、ズバリそれに従って呼ぶのが中国側の正史として当然です。それを〝一つの大きな〟などと、物珍しげな呼び方をするいわれなど、全くないからです。

第三国の人間が倭地に来て、偶然中国側の軍団を見た、といった状況ならともかく、ここは「中国の天子の命をうけた、帯方郡の太守の輩下」たる郡使が見、中国の天子直属の史局の一員たる陳寿が書いているのですから、「それは何物か。正規の名前が分らない」。そんな馬鹿な話は考えてみても全くありえないのです。

五率の道理

では、中国で普通の「率」とは何か。これが分りませんでした。『三国志』の場合、「ひきいる」という動詞形ではよく出てきます。また「大率」というと、「おおむね」という副詞の意味で使われており、ここことは全然別です。そこでわたしの頭の中に「?」が貯蔵されていたのです。ところが、『宋書』百官志（下）をしらべているとき、次の文面にぶっつかったのです。大切なところですから、全文あげます。

「太子左衛率《さえいそつ》、七人。太子右衛率《うえいそつ》、二人。二率の職は二衛の如し。秦の時は直《ただ》に衛率《えいそつ》と云う。漢、之に因《よ》る。門衛を主《つかさど》る。晋の初（二一六）、中衛率と曰《い》う。泰始（二六五—二七四）分れて左右と為《な》し、各《おのおの》、一軍を領す。恵帝の時（二九〇—三〇六）愍懐《びんかい》太子、東宮に在り。加えて前後二率を置く。成都王の穎《えい》、太弟為《た》り。又中衛を置く。是を五率と為す。

江左（東晋の建国、三一六）の初、前後二率を省《はぶ》く。孝武の太元中（三七六—三九六）、又置く。皆、丞《じょう》（副官）有り。晋の初、置く。宋の世、止めて左右二率を置く。秩《ちつ》、旧四百石」

要旨は次のようです。

「『率』とは『衛』のことだ。秦の時代はただストレートに『衛率』と言っていた。漢もこれに従った。その職務は、要するに『門衛を主《つかさど》る』ことだ。

その設置数は時代によって増減した。西晋の初は一つ。やがて二つとなり、それぞれ一軍を支配していた。次いで恵帝のとき、二つふやして四つ。やがてさらに一つまして五つとなった。そしてこれを『五率』と称した。

その後、西晋が亡んで（三一六）、建康に東晋が建国したとき、二つ減って三つ。孝武帝のとき、またもとの『五率』が復活した。これにはそれぞれ「丞《じょう》」と呼ばれる副官がついている。これは西晋の初からのことだ。

現在の宋（南朝劉宋《りゅうそう》）の時代になってからは、縮減され、三つ減らして二つ。『太子左衛率』と『太子右衛率』だ。その定員は前者が七人、後者が二人である」

結局、「率」とは「天子の都を守る門衛」のことです。王家の一族の筆頭たる、太子がこれを支配し、「率」の数だけ、「一軍」があった。つまり「五率」なら「五軍」です。

その数は時代によって変ったが、最盛時は西晋の恵帝のとき。陳寿の最晩年です。そのころ、この「率」はぐんぐんふえつづけていたのです。西晋時代全体でいえば「一―二―四―五」という伸び方で、衆目を奪っていたのです。すなわち、陳寿が『三国志』を書き終ったころ、洛陽とは「五率に囲まれた都」だったのです。そして『三国志』の最初の読者たちにとってもまた（『三国志』でも、「率更令《そっこうれい》」〈呉志八〉として出現する「率」がこの用法です）。

このような当時の読者の視点から見ると、倭人伝に「一大率」とあるとき、そのイメージは明白です。「女王の都の門衛たる、一つの大きな軍団」。――これ以外にありません。すなわち、「邪馬台国」ファンにはあまりにも著名な、この呼び名自身が実はズバリ証言していたのです。この伊都国（糸島水道付近）の地から山（高祖山）一つ越えたところ、その博多湾岸こそ女王の都であることを。

思えば、わたしがはじめて高祖山に登ってこの「糸島水道」の地を遠望したときの絶景、それは〝生涯の記憶に残る〟美しさでした。頂上の平地は、樹木がしげりすぎて、今は展望がきかなくなっていますが、それから少しさがったところ。右手（東）は眼下に博多湾岸、歩をかえして左手（尾根の西）に出れば、同じく眼下に絵巻物のような糸島平野。はるかに光る唐津湾。――同行の小吹さん（読売テレビの方）と共に、しばし息をのんで見つめていたのをハッキリ覚えています。

閑話休題。最近、小林秀雄さんの『本居宣長』という本が出ました。新聞でそれを知り、早速近所の本屋さんに走りました。というのは、青年のころ、小林さんの文章にしばしばふれていた時期、ゴッホやモーツァルトなど、そこには一つの新鮮な世界があったのを憶えています。その後、ながらくのご無沙汰だったのですが、今回〝ぜひ〟と思ったのは、もちろん「本居宣長」という対象です。わたしの古代史の研究にとって、〝大切な人〟であっただけに、「あの小林さんがこの人をどのように」という気持が働いたようです。ちょうど一年前の吉本隆明さんの『最後の親鸞』のときも、同じような〝胸のざわめき〟を覚えたのを記憶しています（古田『わたしひとりの親鸞』毎日新聞社刊、収録）。

さて、読みはじめると、さすがに小林さんらしい、対象の本質をさぐり、人間の深所にふれる、鋭利な筆致がつづいていたのですが、次の一節に目がとまったとき、「小林さん、あなたもまた」と、深い歎息をつかざるをえませんでした。

「『古事記傳』といふ劃期的な仕事は、非常に確實な研究だつたので、本文の批評や訓法の決定は言ふに及ばず、總論的に述べられた研究の諸見解も、今日の學問の進歩を以てしても、殆ど動じないと言つてゐゝやうだが、……」（三二四頁）

このような文章は、小林さんが「今日の學問」なるものを、正確にキャッチしておられた上で、書きうる文面であること、それは自明です。「言つてゐゝやうだが」と、断定は避けてある、といってみたところで、それは言葉のあやにすぎません。「なるほど、宣長の研究は、今日もほぼ認められているのだな」。小林さんの〝権威〟を信ずる、多くの読者がそのようにうけとってもやむをえぬ、そういう筆致です。そして小林さんは宣長を古伝説に対する「最初にして最後の、覺め切つた愛讀者」（五六八頁）だと讃美するに至っておられます。

しかし、わたしの目には、ちがって見えています。宣長の業績には、大きな矛盾と弱点があります。その事実をしっかり正視しなければ、未来の本当の「愛読」も研究も一歩もすすめない。「今日の學問」は、そのような地点にさしかかっているのです。今、一、二の例だけ抜き出してみましょう。

常所駐東南至奴國百里官曰兕馬觚副曰卑奴
母離有二萬餘戸東行至不彌國百里官曰多模
副曰卑奴母離有千餘家南至投馬國水行二十
日官曰彌彌副曰彌彌那利可五萬餘戸南至邪
馬壹國女王之所都水行十日陸行一月官有伊
支馬次曰彌馬升次曰彌馬獲支次曰奴佳鞮可

「南至邪馬壹国女王之所」
（三国志倭人伝）

第一。宣長は、例の「邪馬臺国」。これに「ヤマト」という明快な訓をふって、今日までの「邪馬台国」研究界の大勢を決定づけた第一人者です（『馭戎概言《ぎょじゅうがいげん》』）。

もちろんこの原文改定の創始者は、松下見林ですが、明治の古典学者たちに与えた影響力からいえば、見林は宣長の比ではありません。彼らは宣長の訓法や本文の批評に対して〝絶対的な〟信頼をおいていたのですから。この「邪馬臺国」という字面自体が、『三国志』の倭人伝中の中心国名としては、あやまっていること、それはわたしがくりかえしのべたところです。しかし、それは今、さておきましょう。さておいた上でも、なおかつ、二つの問題があります。

その一つ。「古典の姿が後代人の頭から見ておかしい、と見えても、なまなかな判断で、さかしらに疑ってはならない」。これが宣長のくりかえし力説した、彼の学問の本質だったはずです。ところが、彼自身が見事にこれをふみにじり、原文の「邪馬壹国」を、後代の〝さかしら〟で書き変えて使っているのです。そしてその「本文の批評」上の自己矛盾に気づきさえしていないのです。〝よその国の古典など、いくらさかしらに書き直してもいい〟。――彼には、そう言いうる資格があるのでしょうか。

その二。もし「邪馬臺」という字面を採用したとしても、これを「ヤマト」と読む場合、必要なことは何でしょうか。それは『三国志』全文の中から「臺」を「ト」という音の表音表記として使った例があるか、どうか。――この検査です。宣長が『古事記伝』で展開したやり方に従えば、それは不可避のはずです。だのに、そんな手間を一切かけず、彼は断乎、「ヤマト」と読んだのです。なぜでしょう。――「日本列島の中で正当に倭王と称しうるのは、恐れ多くも古《いにしえ》より天皇のみ」。この信念が、易々として、この手間をはぶかせたのです。

もっとも、現代の多くの学者も、今なおその手間をはぶいたまま、「邪馬台国」を「ヤマト」と読んだり、講釈したりしています。その〝怠惰な〟現況を指して、小林さんは「殆ど動じない」と、これを皮肉られたのでしょうか。

第二。例の天孫降臨神話。ニニギの命《みこと》が祖母の天照大神から命《めい》をうけ、天国《あまくに》から筑紫へと〝天下る《あまくだ》〟説話です。

その一。この「天下る」を、宣長は文字通り〝天上から降りる〟意と解しました。これを疑うのは、〝後代人のさかしら心〟だ、というわけです。そのため、「『古事記』『日本書紀』を通じて、「天下った」対象地が筑紫、出雲、新羅の三領域しかない。〝天上から〟だったら、もっと他の領域にも直接至れるはずだ」という、子供でももつ、率直な疑問から目をふさぎました。そのため、「天国の原領域は、右の三領域内部の海上の島々だ」という、平明で確実な真理に到着できなかったのです。

その二。降臨地たる「筑紫《ちくし》の日向《ひむか》の高千穂のくしふる峯《たけ》」を宮崎県の「日向」と独断したため、『古事記』の地の文の用例では、「筑紫」は九州島全体ではなく、福岡県の筑前領域を指している、という事実に目をふさいだのです（「豊国の宇佐」「竺紫の岡田宮」――ともに神武記――という書き分けがそれを証明しています）。

その三。宣長は右のような宮崎県境降臨説に立ったため、降臨直後にニニギが語った、「詔《みことのり》」として書かれている次の一文が理解できなくなりました。

〈原文〉
此地者
向韓国真来通
笠沙之御前而
朝日之直刺国
夕日之日照国
（六字一句）

此の地は
韓国《からくに》に向《むか》いて真来《まき》通り
笠沙《かささ》の御前《みまえ》にして
朝日の直刺《たださ》す国
夕日の日照る国
〈読み下し――古田〉

そこで宣長は敢然と、『古事記』の原文の〝大量改悪〟へと踏み切ったのです。

「そじしの韓国（＝空国）を、笠沙の御前《みさき》真来通りて詔《の》りたまはく『此地《ここ》は、朝日の直刺す国、夕日の日照る国』」

ニニギの「詔」の内容は、どこの土地でも通用する〝万能の美辞〟にすりかえられたのです。これなら、ニニギはどこでもこの案文一つおぼえていれば、一切通用することになりましょう。ちょうど現代の政治屋が選挙区の結婚式でのべる〝きまり文句〟よろしく。すなわち宣長は、古典固有の美しい個性を〝後代人のさかしら〟でチャチな文面に改変したのです。

これに対し、改変されざる原文そのものは、この降臨地の特有の性格をズバリつかんでいます。「ここは、韓国の対岸、そこからまっすぐに大道が通っているところ。それに笠沙（博多湾岸の御笠川流域）の前面に当る要衝《ようしょう》だ。そして朝日が（高祖山から）真向《まっこう》からかがやき、夕日の美しい国だ」と。つまり、わたくしが登り、そしてまざまざと見たように、高祖山から糸島水道の前原町あたりを見下《おろ》して、古代的簡明さで語っている言葉です。ここに言う〝一筋に通った大道〟とは、あの「狗邪韓国《こやかん》→対海国→一たのです。

大国→末盧国→伊都国」という、『三国志』の倭人伝にも書かれた、有名な〝古代中央道〟のことだっ

少なくとも「韓国に向いて」の一句が原文にある限り、宣長は直ちに宮崎県境降臨説を捨てるべきでした。〝古典を尊重する〟という、彼の立場に従う限り。しかし、宣長は逆に、古典の方を見るも無残な姿に〝切りきざんで〟しまったのです。

以上は、わたしが『「邪馬台国」はなかった』と『盗まれた神話』に明記したところです。

小林さんは、今でもなお、以上のようなわたしの批判など、〝とるに足らぬ一知半解〟と見なし、知らぬ顔をしようとされるのでしょうか。わたしの提起に対して〝とりあわない〟顔をしている古代史研究界の大家たちに同《どう》じて。〝小林さん、あなたもまた〟。わたしがそう感じたのは、だからです。青年の頃敬愛していたあなたですから、失礼をかえりみずいわせていただきます。

わたしは青年時代、村岡典嗣《つねつぐ》さんから学問の何たるかを学びました。文字どおり、村岡さんの〝最後の弟子〟であったことにひそかな誇りをもっていることを隠そうとは思いません。その村岡さんは若き日に一書『本居宣長』を書いて、そこからみずからの学問を出発させた方でしたが、何か事あるたびに、「本居さんは、ねえ。……」という口調で、親しい先輩のことをわたしに告げておくように、話して下さったのが、今も耳の底に残っています。たとえば「師の説に、な、なづみそ」(先生の説に拘泥《こうでい》するな)という宣長の言葉を学問の基本として、よく聞かせて下さいました。この言葉は、今も、村岡さんを通じて宣長からうけとった、わたしの宝です。

ですから、わたしの知っている本居さんは、いたずらに賞美の辞を連ねるより、けれんみなく批判の刃をむける後学に対して、山桜の下の墓の中から莞爾《かんじ》としてほほえみかけてくれる人なのです。

太宰府の素性——『宋書』をめぐって

『宋書』の背後に隠されていた、最後の珠玉。——それは「太宰府《だざいふ》」です。

前から『宋書』をめぐるたびに気がついていました。ページをめくるごとに〝気になる〞単語が飛び出してくるのです。たとえば「開府儀同三司」「——六州諸軍事」さらに「太宰」といった言葉がひっきりなしに交錯する、そういった感じです。これらの言葉は、すぐわたしに倭国伝の中の、有名な倭王武の上表文、あの前後の一節を思いおこさせました。

「『……竊《ひそ》かに自ら開府儀同三司を仮し、其の余は咸《み》な仮授して、以て忠節を勧《すす》む』と。詔して武を使持節都督、倭・新羅・任那・加羅・秦韓・慕韓六国諸軍事・安東大将軍・倭王に除す」

これらとよく似た感じの官名の〝サンプル〞を一身になっている人物がいます。それは、江夏文献王、義恭《ぎきょう》。彼の生涯の官名遍歴を具体例として追跡してみましょう。

彼は高祖（宋の第一代、武帝。四二〇—四二二）がことに寵愛した子供で、「幼にして明穎《めいえい》（あきらかでさとい）姿顔美麗」、他の子供たちの及ぶところではなかった、と書かれています。いわゆる〝秘蔵っ子〞です。彼は景平二年（四二四）「監《かん》、南予《なんよ》・予・司・雍・秦・并《へい》、六州の諸軍事、冠軍将軍、南予州刺《し》史《し》」という官名をもらい、歴陽（安徽《あんき》省和県）に赴任した、と言います。時に十二歳。〝可愛らしい将軍〞だったことでしょう。

最後の珠玉

ここにあらわれている「諸軍事」というのは、上にあげられた六州に対する軍事的支配権、というわけですが、ここには一つの〝カラクリ〞があります。はじめの南予州と予州の二州はたしかに宋（南朝劉宋）の領域内です。ところが、あとの四州は、北朝側、魏（北魏）の域内なのです。「そんな、ばかな。他国の領内に対して、何で」とおっしゃる方があるかもしれませんが、そこが大義名分論の〝妙味〟です。今、わたしたちは〝南北朝〟などと気安く呼んでいますが、当の五世紀時点では、そんな言葉はありません。南朝側の宋の視点では、北半はたまたま「叛乱賊軍の不法占領下にある」ということになります。ですから、当然、その領域内の各州あての軍事担当者の官職名が必要、というわけです。北魏の側から言うと、事態は当然逆になるわけです。

さて、高祖の〝秘蔵っ子〟義恭は、元嘉九年（四三二）次のような官号を与えられます。十九歳頃のことです。

「徴して都督、南兗《なんえん》・徐・兗・青《せい》・冀《き》・幽、六州、予州の梁郡、諸軍事、征北将軍、開府儀同三司、南兗州刺史と為り、広陵に鎮す」（宋書、武三王伝）

今回は南兗州・徐州・兗州・青州の四つが宋の域内の〝実州〟で、冀州・幽州は北朝内、例の名義だけの〝虚州〟です。これらの州はすべて都（建康）から見て北方にありますから、「征北将軍」という称号が与えられているわけです。

ところでここに新たに与えられた官名、それが例の「開府儀同三司」です。この官名の解説をしてみましょう。まず、「開府」というのは、「――府」という「府」（官省。官吏の止まる所）を開く権限を与える、ということで、『宋書』には、この「――府」がたくさんでてきます。――天府・大府・東府・州府・領軍府・司徒府・丞相府・大司馬府・太尉府・司空府・衛軍府・安北府・相国府・平北府といったように。

次に「儀同三司」というのは、「儀は三司に同じ」つまり〝儀礼上、三司と同じと認める〟というわけで、その「三司」とは、「太尉《たいい》・司徒《しと》・司空《しくう》」の総称です。漢代に設けられた官名ですが、この南朝劉宋でも用いられていました。トップクラスの高官です。先にあげた「太尉府」「司徒府」「司空府」などは、これらの高官統轄下におかれた「府」ですが、これに準じた府を開く権限を与える。これが「開府儀同三司」です。

戦前、日本の軍隊でも「佐官待遇」といった言葉があったようです。年配の方はご存じだと思いますが、あれです。「大佐・中佐・少佐」といった佐官そのものではないが、それに準ずる待遇を与える、というわけです。

魏の黄権《こうけん》にはじまったといわれる、この「開府儀同三司」の官名は、この『宋書』にもしばしばあらわれてきます。

こうしてみると、倭王武がまず自称した上で、その承認を求めたという、この一連の称号は、この天子の〝秘蔵っ子〟義恭の称号のスタイルそっくりだ、――この点にまず注目しておきたいと思います。つまり倭王側は、この南朝内部の官名構成をよく〝のみこんだ〟上で、自称したり、追認要請したり、しているわけです。このような官号昇進コースの〝上《あが》り〟はどこか。それをしめすものが、この江夏王義恭が死んだときの官号です。

「大明八年（四六四）前廃帝即位し、詔して曰く、『……太宰、江夏王義恭、新たに中書監、太尉に除す。……』」（宋書、武三王伝）

「太宰と太尉」の兼任。すなわち「太宰府と太尉府（「三司」の筆頭）」を共に統轄していたのです。事実、その前々年には、

「大明六年（四六二）司徒府を解く。太宰府は旧《もと》の辟召《へきしょう》（任官）に依る」

として、彼が「太宰府」を統轄していたことが明記されています。そしてその上は――、もう天子しかありません。しかし、彼は天子にはなれませんでした。大明八年、世祖（孝武帝）の死と共に天子の座についた新帝（「前廃帝」）によって突如虐殺されてしまったからです。

それは年号の変った永光元年（四六五）の八月のことでした。新帝はみずから羽林《うりん》の兵（近衛兵）をつれて彼（義恭）の邸宅を急襲し、彼と四人の子供を皆殺しにします。それだけではありません。彼の死体を切り割《さ》き、腸や胃を分ち裂《さ》き、目玉（眼精）をえぐり取り、これを蜜《みつ》にひたして、「鬼目粽《きもくそう》」（粽は〝ちまき〟）と称した、と書かれています。ナンバーワンがナンバーツーを憎しみをこめて消し去る。そういう図のようです。

さて、右の官名関係を『宋書』百官志（下）によって整理してみましょう（全部で「九品」に分れています）。

開府儀同三司

太傅《たいふ》・太保《たいほ》・太宰《たいさい》。太尉・司徒・司空。大司馬・大将軍。諸位従公。（右第一品）

特進

驃騎《ひょうき》・車騎《しゃき》・衛将軍。諸大将軍。諸持節都督。（右第二品）

（この表では「太傅・太保・太宰」の順で書かれていますが、実際の順位はちがっています。それは先の江夏王義恭の昇進順位にもしめされています。また百官志の「上」では、「太宰一人……太傅一人……太保一人」という順位で書かれています）

倭王武は「使持節都督」「安東大将軍」に任ぜられていますから、「第二品」に属します。そして同時に「開府儀同三司」つまり、第一品の「太尉・司徒・司空」に準ずる位置を自称したのです。

これは直接には、高句麗王と〝はりあう〟ところに直接の動機があったように思われます。なぜなら

高句麗王はすでに、

「（大明七年（四六三）七月）征東大将軍、高麗王高璉《こうれん》、車騎大将軍、開府儀同三司に進号す」（宋書、孝武帝紀）

とあるからです。倭王武の上表文は、この十五年後ですが、そこには、

「而《しか》るに句麗無道にして、図りて見呑《けんどん》を欲し、辺隷《れい》を掠抄《りゃく》し、虔劉《けんりゅう》して已《や》まず」

と、高句麗を最大の敵対者として訴えています。そのあとで例の「開府儀同三司」の自称に及ぶのですから、「あの高句麗王がもらっているのに、なぜおれが」という口吻《こうふん》が感じられます。

しかし高句麗に対して、宋朝の期待するところは大きかったようです。

「元嘉十六年（四三九）太祖、北討せんと欲し、璉《れん》（高句麗王、高璉）に詔して馬を送らしむ。璉、馬八百匹を献ず」（宋書九十七、高句麗伝）

とあるように、大量の馬が献上されています。その上「北魏に対する東辺からの圧力」も期待していたことは当然でしょう。宋朝はこの倭王の要求をうけいれませんでした。ために倭王側の不満を買ったようです。何しろ、倭王は、西晋の滅亡（三一六）後、朝鮮半島中央部の楽浪・帯方郡が空白化した、その間隙をぬって、東夷世界において「中原に鹿を逐《お》う」大決戦を高句麗にいどんでいたのですから（その状勢に対する、高句麗側からの記念碑、それがあの有名な高句麗好太王碑です）。

これ以後、倭王の〝自己誇示〟はいよいよ昂進《こうしん》し、ついには中国の天子とみずからを対等におく「日出ずる処の天子」の自称にまで至ったことは、すでによくご承知ですが、その一点に至る前に、〝必至の関門〟があります。――それは臣下としての最高位、「太宰」の自称です。

すでに『失われた九州王朝』で論じましたように、七世紀になって俀《たい》王の多利思北孤《たりしほこ》が天子を自称し

た時点、そのときは中国側の大勢は一変していたのです。禎明《ていめい》三年（五八九）北朝、隋の南征軍が建鄴《けんぎょう》（今の南京）に殺到しました。南朝の陳《ちん》の天子（後主）は宮中の井戸に身を投げようとして果さず、隋軍に捕えられて「王公百司」と共に長安に連れ去られます。その結果、南朝は滅亡し、南北朝時代は終り、隋の天下統一は成ったのです。このあと、十八年目の隋の大業三年（六〇七）に「日出ずる処の天子」の自称が表われます。

　このことは何を意味するか。——それは南北朝対立時代、倭王にとって「天子」は「南朝の天子だけ」でした。北朝の天子は「ただ北方の夷蛮《いばん》（索虜）が大義に反して、天子を自称しているだけ」。そう見えていたのです。その肝心の「南朝の天子」亡き今、隋の天子と自分とは、対等だ。——これが多利思北孤の「天子自称の論理」だった、と思われます。

　とすると、南朝との国交が健在だった当時、倭王の自称は、たかだか「臣下としての最高位」どまりに依然とどまっていた、と考えなければなりません。——「太宰」です。すなわち、倭王の都、それは「太宰府」と称されていたのです。では、日本列島の中に「太宰府」なるものが存在した痕跡があるでしょうか。ご存じのように一つだけあります。ズバリ言えば、それが倭国の都です。

太宰府の論理

　この点、さらに念を入れて吟味してみましょう。

　この「太宰」という言葉のもつ論理性、それは〝臣下の中のナンバーワン〟だ、ということです。いってみれば〝総理大臣〟です。後世の「大宰相」などという言葉にも、この用語の名残りが感じられます。もし、近畿の天皇家を〝日本列島版天子〟として、それを中心点とした「太宰府」だ、としましょう。そのことは、平たく言えば〝近畿の天皇家が博多に総理大臣をおいた〟ということを意味します。そんな形跡があるでしょうか。——ありません。

またこれが、例の〝自称〟だった、としましょう。では「博多の豪族がみずから近畿天皇家の総理大臣だ、と自称した」。そんな史実がありましょうか。——ありません。そう言えば、日本の古典にこの「太宰府」が登場する、その登場の仕方が奇妙なのです。『古事記』には出てきません。『日本書紀』で最初に出てくるのは、次の記事です。

「（天智十年十一月）対馬国司《つしまのこくし》、使《し》を筑紫大宰府《つ(ち)くしだざいふ》に遣わして言う」

これは、例の筑紫君《ちくしのきみ》薩夜麻《さちやま》（野馬）が筑後の軍丁博麻らの奴隷身代金によって帰ってきたときの件《くだり》です。ここでいきなり筑紫の「大宰府」が出てきます。「いついつにこの地に近畿天皇家は太宰府をおいた」という設置記事など、一切なしに（「筑紫の大宰」の初出は、同じ『日本書紀』の推古紀。十七年の四月ですが、ここでも〝いきなり〟の出現です）。

これはよく考えてみれば、天下の奇怪事です。なぜなら、これがもし、はしばしの、いわば枝葉末節の官庁なら、「そこまでは書き切れなかったのだろう」ですませることもできましょう。しかし「太宰府」というのは、いま言いましたように、いわば「総理府」にあたります。それを「つい、書き忘れたのだろう」などという処理、それはあまりといえばあまり。勝手きわまるものではないでしょうか。

この問題の指さす帰結、それは明白です。近畿天皇家の「正史」たる『日本書紀』。この「正史」にとっては「はじめに大宰府ありき」なのです。ということは、この〝中央官庁〟の名称は、近畿天皇家がつけたものではない。——これがのがれがたい結論です。

この点は、東アジア古代の〝常識〟から見れば、さらに一点の疑いもなく明白です。なぜなら、「府」というのは、いうまでもなく中国語です。そして「——府」というのは、先にあげたように、本来中国の天子のもとの官庁名です。ですから、古代東アジア世界において、「——府」とあれば、まず第一に、

「中国の天子の都を原点においた『——府』ではないか」。そう考えるのがことの順序です。そしてそのような視点では、どうしても律し切れないとき、はじめて「これは中国の制度を模倣した、周辺の『夷《い》蛮《ばん》』の国、たとえば『メイド・イン——国』の都を中心としたミニチュア版の『——府』ではないか」。こう考えをすすめるのが、筋道ではないでしょうか。

そのような正当な思考の順序を追わず、「『日本書紀』に出てくるのだから、設置記事があろうとなかろうと、近畿天皇家の任命によるもの以外にはありえない」。こういった、怠惰な、あるいは傲慢な態度で処理し通してきた日本史学界。それは、わたしには見事な〝思考の逆立ち〟の好例と見えているのですが、〝僻目《ひがめ》〟でしょうか。

〝日本列島は永遠の昔から近畿天皇家が中心〟というイデオロギーを、「論証無用の前提」としてきた戦前史学。いわゆる皇国史観の亡霊に、しっかりと今も両肩をおさえられ、さらなる前進をはばまれている。——わたしの目には、戦後史学の姿がそのように見えているのです（『日本書紀』にあらわれている、もう一つの「大宰」。それは「吉備《きび》の大宰」〈天武八年三月九日条〉です。西日本に複数あらわれる「大宰」。——ただ吉備の場合、「大宰府」としては出てきません。——これこそ、日本列島の西部領域が南朝系大政治圏の一端にあったことを物語る、「夷蛮の自称」の例だと思われますが、この点あらためて詳論の機会をえたいと思います）。

九州の論理

このテーマを決定的に裏づけるもの、それは「九州」です。わたしが『三国志』の全体をしらべていたとき、はじめハッとしたのは、この「九州」という言葉がくりかえし出てくることです。〝何でこんなところに九州が〟といぶかったのですが、しらべてみれば何のことはありません。古代中国本来の、それも眼目をなす用法だったのです。

「禹《う》、九州を分つ」（尚書、禹貢）

中国の伝説的聖天子、禹が天下を九つに分けて統治した、というのです。

このあと、「九州」の語は代々の典籍、史書にうけつがれて「天下」を意味する重要な政治用語となってゆきます。

「凡《おおよ》そ九州、千七百七十三国」（礼記《らいき》、王制）

「天に九野有り、地に九州有り」（呂覧《りょらん》、有如）

「禹の九州を序する、是なり」（史記、騶衍《すうえん》伝）

「今、魏《ぎ》、九州に跨帯《こたい》す」（蜀《しょく》志十四）

前（二三九頁）にあげた「十四州を統廃合して九州にする」という、後代のわたしたちには〝馬鹿馬鹿しく〟見える、あの動きも、この正統的な政治概念が基盤になっていたわけです。

さて、この用語の核心は、ただ〝州が九つに分れている〟というのではありません。それは「天子の下の直接統治領域」というにあるのです。いわゆる「夷蛮《いばん》」とは、この「九州」の外にあって、中国の天子に対して貢献の礼をとるべきもの、そう考えられていたのです。これは、わたしのような無知な人間こそ驚いたのですが、古代東アジアのインテリの教養の中ではまず第一クラス、いわば〝常識中の常識〟だったわけです。

こう考えてくると、この日本列島における「九州」。この名前が実は不思議な〝歴史の光〟を帯びていることに気づかざるをえません。

地名は、普通いつけられたか、明らかでないことが多い、といえましょう。それだけにいろいろ後代の研究者の〝都合〟で〝勝手な解釈〟がほどこされることが多いわけです。しかし、中には、その用語の特殊な成り立ちからして、明らかに〝素性の古さ〟、さらには〝素性そのもの〟が明らかになる場合があります。

今、わたしにとって印象的な事例をあげますと、わたしの住んでいる京都府の向日市《むこう》に「太極殿《だいごくでん》」という変った田畠の字《あざ》がありました。土地の人に「なぜそんな地名が」と聞いてみても分りません。「何か知らんけど、昔からそう言いますのや」というわけです。

ところが、最近、現地の考古学者・中山修一さんの執念が実り、かつては「まぼろし」と言われた長岡京が、その全貌を現わしてきました。……と、その中心に当る「太極殿」の跡が、まさに字《あざ》、太極殿の付近だったのです。「面白いもんですねえ」。この話をしてくださった中山さんの朴訥《ぼくとつ》な声のひびきを思い出します。実は九州にも、これに似た問題があります。吉田東伍《とうご》の『大日本地名辞書』の筑前、筑紫郡の「太宰府址」の項に次のような記事があります。

「又此辺の田畠の字を内裏趾、紫宸殿《ししんでん》などといふといへり、其は安徳天皇しばらく此所に鳳駕《ほうが》をとゞめ給ひしによりての名なりとぞ（此に内裏跡云々《うんぬん》とあるは虚誕のみ）」

ここに書かれていることは、三段に分れています。

㈠ここ（都府楼址）のあたりの田畠の字《あざ》に、「内裏跡」「紫宸殿」などという、変った、田畠の字がある。

㈡これは、あの平家と共に壇浦《だんのうら》に没した安徳天皇が、ここにしばらく滞在されたから、ついた名だろう、と言う者がある。

㈢しかし、ここで「内裏跡云々」というのは、とんでもない〝ウソ〟にきまっている。

つまり、㈠は土地の農民たちの伝承であり、同時に「なぜかは知らないが、昔からそう言ってきた」地名なのです。これに対し、㈡は土地のインテリなどが〝かこつけた〟もの知り顔の講釈でしょう。㈢

は明治の吉田東伍の批評でしょう。「虚誕《きょたん》のみ」ときめつけられた、その対象が㈡だけか、㈠㈡ともにか。この短文からはハッキリしませんが、おそらく㈠㈡ともだろうと思います。

〝安徳天皇の御座所〟説など、史実から見てありえないこと、これは当然です。してみれば、こんなところにこんな大層な地名などあるはずがない。――これが「皇国史観」盛行時に生きた東伍の判断だったとしても、〝無理からぬ〟ところです。〝㈡のような浮説に立って、無知な百姓どもが㈠のようなだいそれた「字」をつけたのだろう〟と。こういう思考の仕方です。

しかし、農民にとって日常の必要物である土地の「字」というものは、インテリや学者の机の上の「浮説」にもとづいてつけられる、そんな性格のものではありません。

「長岡京など実在しなかった。だのに〝太極殿《だいごくでん》〟などという字があるのはおかしい。おそらく『続日《しょくに》本紀《ほんぎ》』の記事を盲信した学者の〝浮説《ふせつ》〟にまどわされて、無知な百姓がつけたのだろう」。もし、中山さんの「長岡京発見」以前に、こんな「学説」をのべていた学者があったとしたら、さぞかし〝恥をかく〟こととなったでしょう。幸いにも、この字の存在は、それほど注目を浴びず、従って学界で論議もされずに来ましたけれども。

わたしも、同じような経験をしたことがあります。太宰府の西南、基山の上に山城址《さんじょうし》があります。その亡ぼされた城に門の趾《あと》が三つあります（左図萩原越・仏谷・北帝の三門）。最初の萩原門は萩原越を経て萩原村へ連なっていますから、何の不思議もない名前です。次の仏谷門。これも今はありませんが、この基山につらなる峰々には、多くの亡ぼされた仏寺があったといいます。ちょうど京都の東山、比叡山の峰々のように。そこに向った門ですから、「仏谷門」という名も、そのものズバリです。

不思議なのは、最後の「北帝門」。「北」とは天子の座です。後世、「北面の武士」という言葉があり

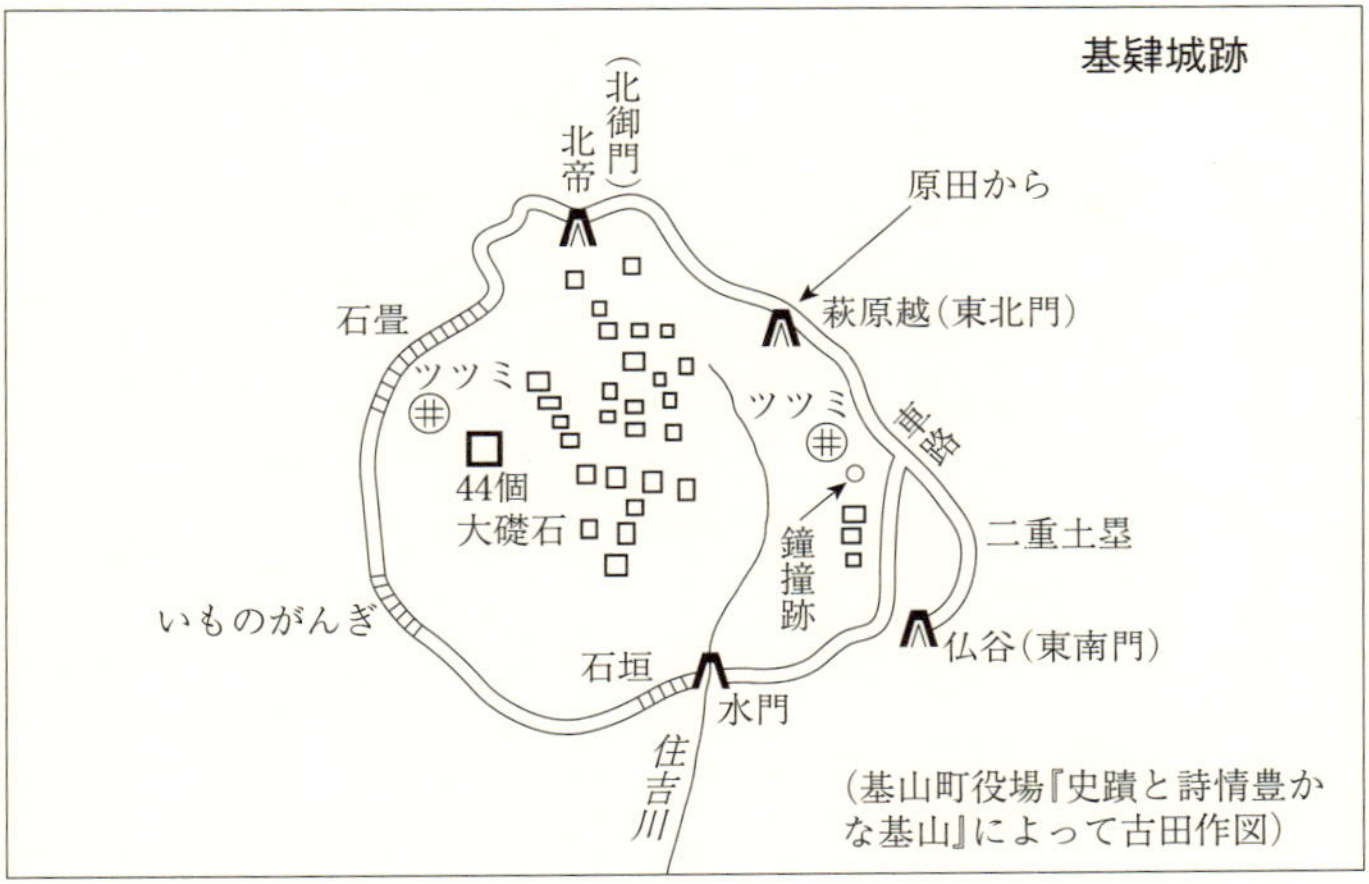

（基山町役場『史蹟と詩情豊かな基山』によって古田作図）

ますが、南から〝北なる天子の座〟に向っていたから、この称があることは、よく知られています。その意味では、ここの門も正しく義にかなった名前なのですが、問題は――〝誰が北帝なのか〟です。

当然、ここ基山の山城にその北帝なる者がいたことになりますが、それは誰か。

土地の高校で考古学に没頭しておられる先生にお聞きしてみましたが、分りません。「天智天皇が来られたから、言うのではないでしょうか」といったお話。そういえば、山城跡に麗々しく「天智天皇欽仰碑」（精しくは「天智天皇御聖徳奉讃銅標」）なるものが建てられていますが、肝心の天智天皇の〝本家本元〟ともいうべき大津京をはじめ、近畿（奈良・京都・大阪）には「北帝門」などという門はありません。ですから、〝近畿なる都をまねて〟というわけにはいかないのです。また天智天皇と「仏谷門」とどう関係づけるのか。無理な話と言わざるをえません。これも、東伍風に言えば、「虚誕のみ」と言うしかありません。要は、

(一)「北帝門」「仏谷門」といった名称が古い城の門趾

にあり、土地の人々はそれを伝承してきた。

(二)後代のインテリや学者が近畿中央史観（いわゆる皇国史観）にもとづいて、これを天智天皇の御座所として〝権威づけ〟しようとした。

こういう次第ではないでしょうか。従って「虚誕」として斥《しりぞ》けられるべきは(二)であって、(一)ではないのです。現にその石垣や門址、礎石等が現存しているのですから。

このようにしてみると、南方筑後平野の彼方を眼下にした「北帝」がここにいた。そう考えるほかありません。それはおそらく太宰府あとの「内裏跡」や「紫宸殿《ししんでん》」と一連の名前だった、と思われます。そしてその一望の平野には、あの人形原、石人石馬、装飾古墳群がひろがっているのです。

以上の観点から見れば、「九州」は、「北帝」を原点とした〝中国のミニチュア版〟の呼び名である、という帰結が浮び上ってきます。

三段の論理

もし、近畿天皇家の側でこの名前をつけたとすれば、日本列島全体を「九州」と呼んでいるはずです。せめて、近畿とその周辺を「九州」と呼んでいなければ話になりません（現にこの「近畿」という地名は〝天子の居城の周辺〟という性格を帯びた命名です）。

なぜなら、わたしのような無知の現代探究者だからこそ、『三国志』の中に「九州」が出てくるのを見てびっくりしたのですが、古代東アジアのインテリにとって、それが「中国の天子を原点にした天下」を意味する語であったことは、自明の常識であったはずです。『尚書』にも、『礼記』にも、『史記』にも、『漢書』にも、そして『三国志』にも、めくれば必ず出てくる中枢の政治用語なのですから。

ですから「つけてみたら、偶然一致していた」。そんなそらとぼけた話はありえないのです。この点、四国とはちがいます。この場合は単に四つの国があるから四国です。ですが、九州はただ〝九つの国〟

というわけではありません。

「筑前・筑後」のように「前・後」に分けたり、「日向」のように一つきりだったり、何とか無理やりあわせて〝九つだから〟と言ってみても、それなら「九国」とか「九邦」とか言えばいいわけです。ですからやはり、この「九州」は、中国の用法のミニチュア版としてつけられたもの、と見るほかないのです。それは『隋書』俀《たい》国伝に書かれた〝阿蘇山の国〟。——その俀王がみずからを「日出ずる処の天子」と称した、その直接統治領域を指す、由緒ある呼び名だったのです。

わたしはかつて『失われた九州王朝』を書いたとき、この「九州」の原義とメイド・イン・ジャパンの「九州」との関係について、すでに気づいていました。だからこそ「筑紫王朝」でなく、「九州王朝」という呼び名を使ったのです。わたしたちが二十世紀の今日、なお「九州」という呼び名を日常に使っているのは、まさに〝ドーナツ化現象〟を地でゆくものだったわけです。すなわち、文明中心でかつて使われていた言語もしくは風俗といった文化現象が、その中心部では失われても周縁部に残存する。——その好例だったのです。でも、あの本のさいは、この「九州」という地名の使いはじめの時期が日本の文献でつきとめにくかったこともあり、直接ふれるのを避けていました。

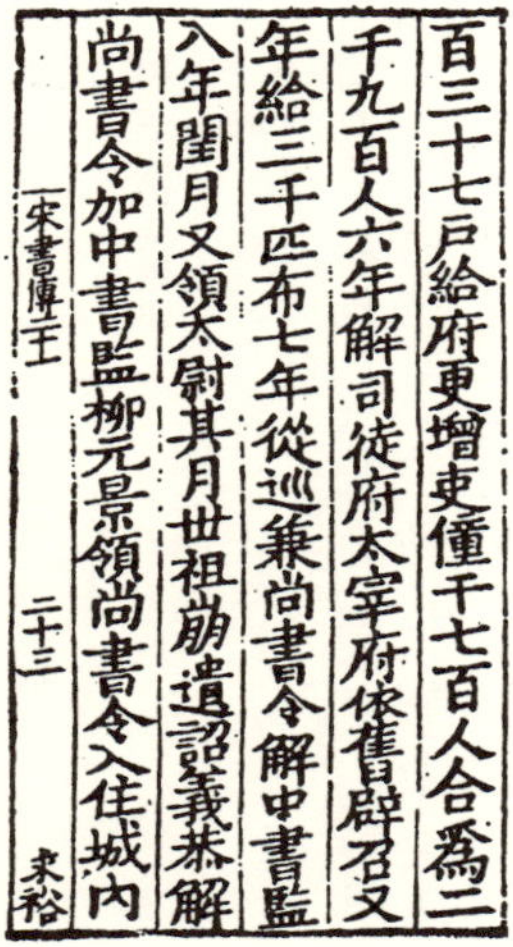
百三十七戸給府吏増吏僮千七百人合爲二
千九百人六年解司徒府太宰府依舊辟召又
年給三千匹布七年從巡兼尚書令解中書監
八年閏月又領太尉其月世祖崩遺詔義恭解
尚書令加中書監柳元景領尚書令入住城内
宋書傳二十一　二十三　宋裕

『宋書』における太宰府の用例（宋書武三王伝）

しかし、今、「太宰府の論証」に到達することができ、「開府儀同三司→太宰府→九州」という三段の論理が一本の線として結びつくこととなりました。それは、中国側の正史『宋書《そうじょ》』から『隋書』へとつづく歴史の内実とピッタリ相応していた。——それが今、歴史の明るみへと論証の光を浴びることとなったのです。

閑話休題。

わたしの失敗譚

「開府儀同三司」から出発して、『宋書』百巻の文字の大海の中で、「太宰府」の三文字にめぐり会った。——これがわたしにとってどれほどの意味をもつ経験だったか。わたしの九州王朝論の性格からみて、容易に察していただけることと思います。樹海の中をさまよった旅人が、やっと木々のあいまから、目指す山頂を見た、そのときに似ていたかもしれません。

そのはやる気持から、わたしはいささか〝早とちり〟をやったのです。「開府儀同三司」の「三司」とは「三公」とも言う（諸橋、大漢和辞典）。そしてその「三公」とは——。『漢書』の百官公卿表（上）に次のようにあります。

「夏《か》・殷《いん》、聞《ぶん》を亡《うしな》う。周官は則《すなわ》ち備われり。……太師、太傅、太保、是を三公と為《な》す」

この「太師」が「太宰」となり、『宋書』百官志（上）の冒頭には、

「太宰一人。周の武王の時、周公旦始めて之に居る。……

太傅一人。周の成王の時、畢公、太傅たり……。

太保一人。……周の武王の時、召公、太保たり……」

とあったので〝ハハア、宋朝は周制を採用（復古）したのだな〟と考えてしまったのです。もちろん、そのこと自体は正しかったのですが、そこから〝すると、宋代の「三司」はこれだ〟と〝速断〟してしまったのです。〝とすると、「開府儀同三司」とは、このベストスリー待遇のことだ〟と考えが進展していったのです（『古代史の宝庫』）。

しかし、これはまちがっていました。同じ『漢書』百官公卿表（上）には、先の一文につづいて、

「或は説く。司馬は天を主《つかさど》り、司徒は人を主り、司空は土地を主る。是を三公と為す」

とあり、宋朝はこの系列の考え方を継承していたのです。つまり「司馬（のち、太尉）・司徒・司空」が「三司」というわけです。ところが、さらに漢―魏―西晋―東晋―宋と、官名が次々とつけ加わった結果、

○太宰[1]―太傅[2]―太保[3]―相国[4]―丞相[5]―太尉[6]―司徒[7]―司空[8]―大司馬[9]―大将軍[10]

という官名が同時に並置されるに至ったのです。

何とかかんとか理由をつけて、〝官号のバラエティ〟をふやす。これは権力者が〝人間をあやつる〟ために発明した、すばらしい魔法のようです。ナポレオンもしかり、そしておそらく――現代もまた。

しかも、「1〜3」の「三公」については、

「其の人無ければ則ち闕《か》く」（宋書百官志）

とありますから、〝常置〟ではなかったのです。また「相国[4]」についても、

「魏・晋以来、復《また》人臣の位に非ず」（同右）

とあって、〝王族専用〟だったようです。さらに「丞相[5]」についても、おかれたり、やめたり、改廃常ならぬ状況です。ですから、事実上は、「太尉[6]」以下が〝最高クラス〟の官号だったわけです。ここらあたりに、「太宰」の江夏王義恭が「三司」の筆頭に当る「（領）太尉」を兼任した、その背景がありそうです。

ゴチャゴチャ書きましたが、要するに「開府儀同三司」とは、これら6〜8という〝事実上の最高ク

ラスの官号に準ずる（三司待遇）〃という意味をもつ官号だったわけです。そして肝心の一事、それはこれら繁雑に発達し、輻湊《ふくそう》した南朝の官号群の、最終の里程標。それが「太宰」。そしてその直属官庁が「太宰府」だったことです。——あとは「天子」しか残されていません。

ですから、日本列島内のこの地名（太宰府）の来歴も、問答無用式の独断で近畿天皇家と結びつけるのでなく、より優先すべき撰択肢のあることに目がむけられるべきです。すなわち、より先立つ〃南朝官号群の大海〃の中にひたしてみる、その冷静な手続きが必要だったのではないでしょうか。

わたしは密林から高峰をいったん眼前にしながら、ふたたび岐路にまよい、断崖に至ったのち、やっと「太宰府」の山頂に達することができたようです。

第五章　二つの不思議

親魏倭王の印——『宣和集古印史』をめぐって

息づまるような探究を終えた今、今度はくつろいで話をお聞き下さい。これからの話は羊頭狗肉《ようとうくにく》、狗頭羊肉、とりまぜです。もっともなかにはとびきり上等の霜ふり肉さえふくまれているかもしれませんが——。

「金印」の不思議

まずとりあげたいのは「親魏倭王の銅印」。先日、東京・上野の国立博物館で陳列されました。あれ、です。今となっては衆目にさらされましたが、わたしとしてはあれに辿《たど》りつくまで、かなり苦労しました。

大庭脩《おおばおさむ》さんに『親魏倭王』（学生社）と題する本があります。この本を手にとったことのある方の中には、裏表紙を見て〝ハッ〟とされた方もあるのではないでしょうか。そこにはとてつもなく大きく「親魏倭王」の朱印が押してあるのです。〝アッ、とうとう発見されたのか〟。早まってそう思われた方もあるかもしれませんが、本文を読んでみれば、無残。「お話にならない」と大庭さんによってハッキり烙印が押されています。

つまり、明の万暦時代に来行学《らいこうがく》という人物が、石箐山《せきせいざん》という山中の古墳墓の中から「北宋の徽宗《きそう》皇帝の印譜」をえた。そこで刊行したのが『宣和集古印史』という印の本です。これが日本列島に伝わり、江戸時代寛政のころ、当時、古代史の〝通〟であった藤貞幹が刊行した『好古目録』という本中に転載してあるのです。この大庭さんの本の裏表紙にあるものは、その再転載というわけです。そして大庭さんは次のような理由で、〝にせもの〟だと論断しています。

まず第一。当の『宣和集古印史《せんわしゅうこいんし》』。「これは偽書である」

第二。「倭国へ持って来た印が中国で出るはずもなく」

第三。「鈕《ちゅう》、すなわち印のつまみの姿がわからないというのは物がないからである」

以上です。

いずれも、一応もっともな理由ですが、よく考えてみると疑問も出てきます。第一『宣和集古印史』について、「これは偽書である」と明快に断じてありますが、その理由は書いてありません。〝理由は書いてなくても、あの専門の学者が言うのだから〟。――これでは学問でなく、〝信仰〟です。その結論が結局は正しいとしても、その理由をつきとめてみねば、――そう思いました。その上、この偽書問題というのは、考えれば考えるほど厄介です（印譜の場合、「偽書」というのは、著者が自分で勝手に偽印を作り、これを真作と称して押印してあるものです）。なぜなら、もし本当にそれが「偽書」だったとしても、では、そこに押印されている印は全部〝にせもの〟か。そうならそれでまた、その本は〝偽印サンプル集成〟として貴重なわけですが、一つ一つの印について、偽印か真印か、その判別を紙に押印された結果からそう判断する、となると、とてもじゃないがやりきれたものではありません。まあ、書画の鑑定家風に言えば、〝偽書にのせられた印は、まあ信用できませんな〟ですむものの、一印をとりあげて問題にするとなると、真否の判定は軽々しくできません。

わたしもかつて「漢委奴国王《かんのいどこくおう》」の金印問題（『失われた九州王朝』第一章参照）で多くの印譜・印書類をしらべたとき、いつもこの疑いに悩まされ、いやが上にも神経質にならざるをえませんでした。その点、理由抜きの「これは偽書である」という、大庭さんの断定は、問題の終り、というよりむしろ、問題のはじまり、のようにさえわたしには見えたのです。

第二の、「〝親魏倭王〟の印が中国で出るはずもない」との論定。一応もっともですが、よく考えてみると、これも必ずしも簡単ではありません。

なぜなら、たとえば北宋（十二世紀初頭）徽宗に先立つ十一世紀以前、これは日本では平安時代ですが、日本列島のどこかでこの印をふくむ弥生墓に農民の鍬《くわ》先がカチッとつき当り、その結果、「親魏倭王」の印が掘り出されたとしましょう。そのとき、あの後代（天明四年〈一七八四〉）の農夫甚兵衛のときのように、早速、黒田藩《はん》に提出されたかどうか分りません。いや、あのときだって、役人のはからいいかんで雲散霧消する運命にあったこと、大谷光男さんの『研究史、金印』にも紹介されている通りです（中島利一郎氏による『筑紫史談』第四集）。

まして平安時代、中央の藤原氏などの貴族が「遙任《ようにん》」などと称して、身は都にいたままで、全国各地の領地を所有し、〝あがりの収奪〟だけしか関心のなかった時代、おいそれとその農民が献上に及んだかどうか怪しいものです。まして江戸時代になって、やっと盛んになりはじめた愛印好事《こうず》の風は、まだ日本列島には絶無。まず考えるのは、それを高く評価してくれる中国へと日宋交通のルートに乗って逆流する。こういったケースです。

前にも一度あげた日本の僧侶奝然《ちょうねん》が、五、六人の仲間と共に中国に渡った話（一一五頁）、あれも雍《よう》熙《き》元年（九八四）ですから、日本では平安時代、中国は北宋。例の徽宗皇帝の百年あまり前です（宋史日本伝）。奝然はそのとき「銅器十余事幷《なら》びに本国の職員令、王年代紀各一巻」を献じたと言います。その銅器がどんなものだったか書いてないのが残念ですが、銅器の本場、中国側でこれを珍重してくれることを期待しての献上でしょう。また奈良時代の日本で作られた「和銅開珎《ちん》」が近年、長安で出土したのは有名な事実です。これも日本から中国へ運ばれたことは確実です。

このような例からみると、〝日本列島から中国へ〟という還流ルートは実際問題として十分ありえたわけです。これはもちろん、単に可能性の問題にすぎませんが、この点を気にし出すと、〝日本で出土するはずのものが、中国の印譜に現われることはありえない〟という論断にも、どこか風穴が一つあいている。そういった感じです。

第三の「鈕《ちゅう》」の問題。印には当然つまみがあります。これがなくてノッペラボウだったら、押しにくくてしようがありませんから。あの志賀島《しかのしま》出土の金印にも、「蛇鈕」と呼ばれるつまみがついていることはよく知られています。ところがこれが書いてない。このことを大庭さんは『好古目録』の文を引用して裏づけておられます。

「此印宣和集古印史ニ載ス、鈕製ヲ脱ス。惜《おし》ムベシ」

けれども、この点もわたしはいささかひっかかりました。というのは、かつて印譜・印書の類を漁ったとき、鈕をのせているもの、のせていないもの、まちまちだったことを思い出したからです。一つの印書の中でさえ、のせたり、のせなかったり、しています。

大体、このような印譜・印書類というのは、あの「正史」といった公的な書物ではなく、たいてい私的、趣味的な色彩の濃い本です。考えてみれば、これほど〝ぜいたくな本〟もないわけで、中には一頁に一印ずつ、ぺたりぺたりと押していって一冊の本に仕立ててあるものもあります。従って部数も、しれている。文字通り〝手作りの本〟というわけです。印の好事家が自分の所蔵の豊かさを誇示したい、そういう動機もこめられているのではないでしょうか。ですから、鈕をわざと書かないで、それが知りたかったら、私のところへ礼をもってやっておいでなさい。こういった伝《でん》で〝かまえている〟、そういう場合だってあるのです。そんなにかまえているやつのものなんか、どうせにせものだ。そう割り切ってしまえば簡単ですが。

ともあれ、〝鈕が書いてあるか、ないか〟で即、〝本物か偽物か〟は決められない。わたしは今までの経験からそう思っていたのです。以上のような次第ですから、大庭さんの論断結果そのものには、必ずしも反対だったわけではないのですが、いつかこれらの点を確かめてみたい、というわけで、いわば気にかかっていたのです。

連続する謎

この問題をもう一歩おしつめたければ、手だてはもちろん一つしかありません。もとの『宣和集古印史』という本をつきとめることです。ところが、これがなかなか簡単ではありませんでした。江戸時代の日本にはあったのだから、今もある可能性は、と思ってあちこち探してみたのですが、なかなかお目にかかることができませんでした。さっき言ったように、最初の出版部数も知れていますから、そうあちこちにあるものでないことは当然ですが。

そうしているうちに、偶然、この本が横田実という古印の収集家の手もとに愛蔵されていることが分ったのです。喜んでその方のところを探しあて、おうかがいしたい旨を連絡したところ、「当人が亡くなったため、本人の愛蔵品は東京の国立博物館においていただくことにしましたので」とのご家族のお

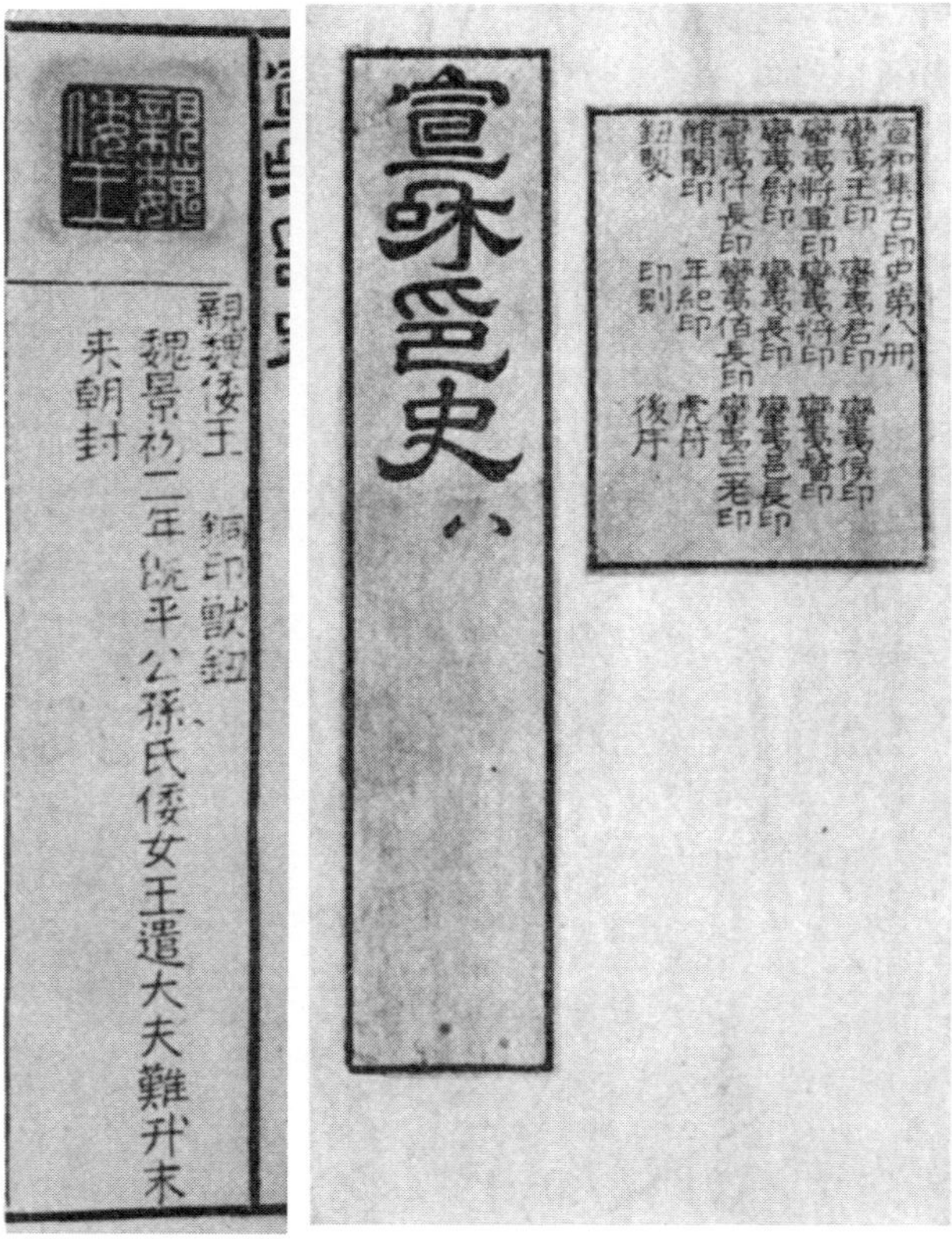

右，宣和集古印史，第八冊表紙。左，親魏倭王の印（宣和集古印史—横田実氏，東京国立博物館在）橋本崇氏撮影

話。そこで博物館に問い合わせると、「目下整理中。寄贈記念展を予定しているが、公開時期不明」とのこと。ガッカリしました。しかし、再三お願いした挙句、樋口秀雄さんという博物館の生き字引のような方のご理解をえて、やっと〝ご対面〟の幸いをえました。思ったよりずっと立派な装丁で、旧蔵者たちの愛蔵のほどがしのばれました（注・樋口さんのお話によると、横田さんの印譜収集の苦労に接しておられた遺族の方が、その散佚《さんいつ》を惜しんで東京国立博物館に寄贈されたとのことです。昭和五十二年十二月〜五十三年二月「日本・中国の印譜展」によってその遺品が特集陳列されました〈宣和集古印史も出品〉）。

さて、問題の印。〝開《あ》けてびっくり〟とは、このことです。

前頁左図のように、ハッキリ鈕が書いてあるではありませんか——獣鈕。そして他の個所にその獣鈕なるものの見取図（左図）まであげてあります。あの『好古目録』の、明晰な「鈕製ヲ脱ス、惜ムベシ」とは、一体何でしょうか。まさに、狐につままれた感じでした。

思うに、古印の大家・藤貞幹は、原本『宣和集古印史』を実見していなかったのではないでしょうか。この『好古目録』に麗々しくのせられた押印は、その実、〝誰かの写し〟からとった〝また写し〟だったのではないでしょうか。その〝また写し原本〟は、押印だけで、下の来行学の註釈までは写してなかった。そこで、藤貞幹先生、てっきり『宣和集古印史』自身にも、〝鈕製は書いてないもの〟と思いこんでしまった。もちろん、わたしの想像ですが、ことのいきさつはそんなところと大同小異ではなかったでしょうか。

宣和集古印史獣鈕の例

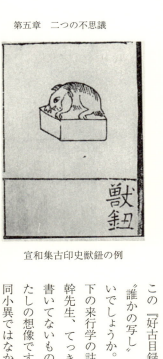

そして大庭さんも、『宣和集古印史』を見ないまま、江戸の大家、藤貞幹先生の筆先を信じて、「鈕が書いてないのは、当の『物がないから』だ」と推理を加えられたようです。もちろん、このわたし自身も、孫引きや早とちりをおかしたり、おかしそこねたりしてきたこと、今までのべてきた通りですから、決して大庭さんを責めるつもりなどありませんが、つくづく、大家の肩書を信ずることはこわいことだ、と今さらながら痛感させられました。

ですが、もっとこわいことは、その次にありました。「銅印」とそこにハッキリ書かれてあるではありませんか。卑弥呼に与えられた「親魏倭王」の印が金印であることは、常識です。倭人伝に、「今汝を以つて親魏倭王と為し、金印紫綬を仮し、装封して帯方の太守に付し仮授せしむ」と、明瞭に書いてあるからです。中国の史書になじみ、この個所に書かれた印の「偽印」を作ろうとするほどの者が、この明白な記述に気づかぬはずはありません。〝これは偽印ではない〟。わたしはこの「銅印」の文字に気づいたとき、このことを確信したのです。

「偽作」というのは、言い直せば「古印の偽作」です。つまり、第三者に本物と思いこませるために「古印」を新作したもののことです。しかし、「銅印」である以上、これを本物と思いこむ者がいたら、その方の早とちりであって、製作者の方の責任ではありません。製作者は、ことを知った上で模作したのですから。たとえば、最近、久野邦雄さん（奈良県立橿原《かしはら》考古学研究所）が銅鐸を原成分のまま模造し、それが金色に光る美しさをもつことを実証された、とのニュースがありましたが（朝日新聞、昭和五十三年一月十二日夕刊）、誰もこれを偽造などという人はありません。そこには犯意がないからです。「これは偽作ではなく、模印です」。わたしがそう告げると、ベテランの樋口さんは深くうなずいておられました。

この模印問題は、日本の書誌学界に有力な、「『宣和集古印史』偽書説」に一筋の疑いの光を投げかけることとなるでしょう。

謎の行く手

その理由は左のようです。

今、「この印の製作者に偽作の意図はない」と言いましたが、あるいはこれは十分に正確な表現ではないかもしれません。というのは、この製作者が実物は他《ひと》に見せず、紙に押印した結果だけを公示するとしたら、他には〝これは本物〟と思いこませえたかもしれないからです。この模作銅印の〝使い方〟いかん、ということになりましょう。

これに対し、ハッキリしていて疑いのないこと、それはこの本の著者、来行学には全くこれでもってこの本の読者（押印鑑賞者）をだまそうという意図のないことが明らかです。なぜなら、もしその意図があれば、「金印」と書いておくか、あるいはただ、何も書かないでおけばいいからです。それをわざわざ「銅印」と書いているのは、明らかに〝これは倭人伝に出てくる「金印紫綬」そのものではないぞ〟と読者に告げているからです。

このような態度には、偽書製作者とは異ったものがある、そう感ずるのはわたしだけでしょうか。といって、もちろんこの点だけからこの本を真作と断ずることも冒険ですが（この本の所蔵者であった横田実さんは、この本が真作である旨書きしるしておられます〈『中国印譜解題』二玄社〉）。

この「親魏倭王の銅印」の押印は、ザッと測ってみたところ、一辺約二・三二センチの正方形でした。もっとも、紙の場合、アジアモンスーン地帯内の日本列島のこと、かなり伸びちぢみするはずですから、これをもって「原寸」というわけにはいきません。この「模印」の素性をさらに探るためには、やはり実物を測ってみたいのですが、今のところかなえられぬ望みです。あるいは、中国の文化財保管所の片隅にでも、ひっそり遺存しているのかもしれませんが。

閑話休題。

中国の金石例をあつめた本、『金索』によると、「新銀竟《きょう》」というのが出ています。新は王莽《おうもう》の国号。「銀竟」は「銀鏡」です。その銘文が「新銀治竟」ではじまる文面であるところからつけられた名ですが、その鏡の肝心の材質が、「銀鏡に類せず」と註されています。

これも明らかに、偽作ではなく、模作のようです。

東方海上に紫庭あり——『宋書』の楽志をめぐって

最後に、中国の古代歌曲の話にふれましょう。その歌詞の中にも、わたしたちの日本列島の一端が幻想的に歌われていたのです。

紫の庭

わたしがこれを見出したのは、『宋書』中の「楽志」で、当時（三〜五世紀）の宮中で行われた音楽の歌詞の中からです。その中に、「白紵《はくちょ》舞歌」というのがあります。この「紵《ちょ》」というのは、呉地に産する織物です。だから本来これは、呉の舞であろうと書かれています。おそらく呉特産の真白な布をふりかざしながら、リズムにあわせて舞う、そういった舞曲だったのではないでしょうか。さて、その歌詞に、

「東、扶桑《ふそう》に造《いた》りて紫庭に游び、西、崐崘《こんろん》に至りて曾城《そうじょう》に戯る」

とあります。「曾城」とは、「二階以上、かさなった城」という意味で、「層城」とも書きます。崐崘山には三層の城があって、その最上層がこの「曾城」というわけです。「太帝の居」だと伝えられてい

ます。

「崑崙《こんろん》山、曾城有り」（淮南子《えなんじ》）

これに対する「扶桑」は、すでにのべましたように（一八〇頁）、東の方、日の出ずる所、湯谷《ようこく》に生えている、という木の名です（山海経、淮南子等）。この「湯谷の地」をこの歌詞では「紫庭」と呼んでいるのです。普通、辞書では「紫庭」とは、〝宮庭・禁裏〟のこと。天子の宮殿の庭を呼ぶ名、と書かれています。いってみれば〝都のどまん中〟です。ところが、この「白紵舞歌」の場合はちがいます。東の方、扶桑の地にある、というのですから。――それはこの本の論証の指さすところ。〝倭王の居〟です。

その上、「白紵舞歌」には、この歌詞に先立って次の句があります。

「羲《ぎ》和《わ》馳《は》せ、景逝《ゆ》きて停《とどま》らず」

「太陽の移動と共に、『景』（ひざし、ひかげ）はすぎゆきてとどまることがない」の意です。「羲和」とは〝日の馭者《ぎょしゃ》〟のことです。

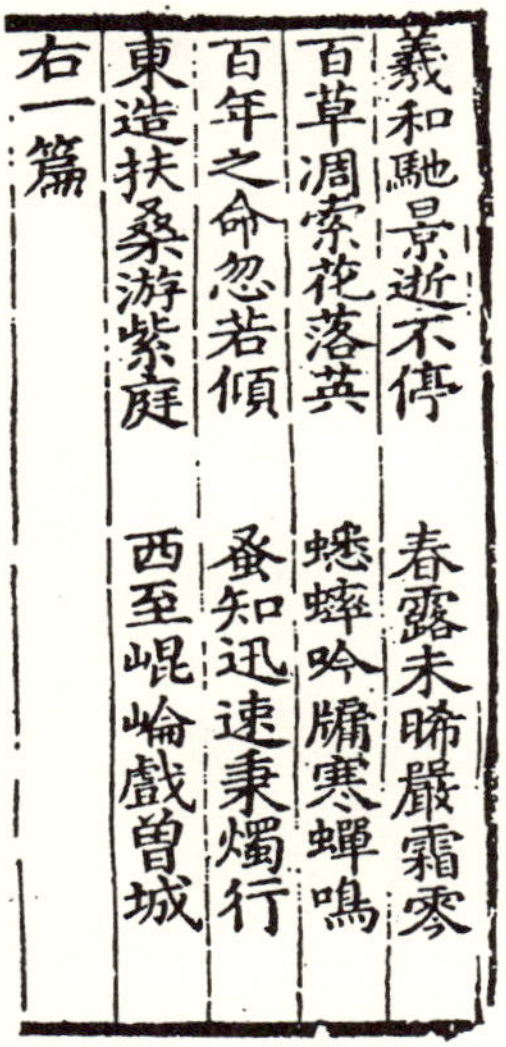
羲和馳景逝不停　春露未晞嚴霜零
百草凋索花落英　蟋蟀吟牖寒蟬鳴
百年之命忽若傾　蚤知迅速秉燭行
東造扶桑游紫庭　西至崐崘戲曾城
右一篇

東造扶桑游紫庭
（宋書楽志四）

「日御《にちぎょ》、之を羲和と謂《い》う」（広雅、釈天）

「日《ひ》、車に乗り、駕するに六竜《りくりゅう》を以てす。羲和、之に御す」（淮南子、許慎注）

さしずめ〝東アジアなるアポロン〟（ギリシアとローマの音楽などの神。のちに日の車を御する太陽の神とされた）といった所ですが、この日の御者の始発点が、扶桑の地の

「紫庭」というわけです。この日出ずる処にありとされた、東方の「紫庭」。この「紫庭」思想にわたしが注目した理由。この本を読みすすんでここに至られた方には、もうお分りでしょう。そうです。——筑紫。

『古事記』『日本書紀』にも早くから出現し、同時に現地でも、現在まで使いつづけられている筑紫の名。筑紫の国、筑紫郡、筑紫神社等々と数多いのですが、なぜ、その「チクシ」の字面にこの「紫」が使われているのか。わたしは、その「紫」のけぶる奥行きに、この中国側の「紫庭思想」が結びついているのではないか。そう疑っているのです。

もちろんこれは、中国の朝廷の中で舞われた歌姫たちの詞句です。従ってあの「九州思想」のような、正統的な論理性はもっていません。しかしそれだけに、「陸地人間」たる古代中国人の、東方海上に向けられた〝あこがれ〟を秘めたイメージだったのではないでしょうか。——東方海上、日出ずる処に紫庭あり、と。筑紫郡には「紫村」もあります。

「二日市。……太宰府址、天満宮、観世音寺等は駅の東北十余里に在り。……続風土記云、……紫《ムラサキ》村は二日市の隣村なり」（吉田東伍『大日本地名辞書』）。

閑話休題。

魏の曹操が政治・軍事の才だけでなく、詩文にも長じていたことはよく知られています。のち（唐代）の蘇東坡《そとうば》の「赤壁の賦《ふ》」にも、「月明らかに星稀《まれ》に、烏鵲《うじゃく》南に飛ぶ」という彼の詩が引用され、決戦の場に臨み、槊《ほこ》（一丈八尺の柄のある矛《ほこ》）を横たえて詩を詠じた、彼の姿が回顧されています。後代の毛沢東と同じく、気宇宏大な詩文の中にときどきの心懐を託した、一世の風雲児だったようです。

宋書の楽志には、「滄海《そうかい》を観る」と題した彼の詩が採録されています。

東、碣石《けっせき》に臨《のぞ》み、
以《もっ》て滄海を観る。
水、何ぞ淡淡《えんえん》たる。
山島竦峙《しょうじ》す。
樹木叢生《そうせい》し、
百草豊茂す。
秋風蕭瑟《しょうしつ》として、
洪濤《こうとう》湧《わ》き起る。
日月の行き、
若《あるい》は其の中に出《い》で、
星漢粲爛《さんらん》、
若《あるい》は其の裏《うち》に出ず。
幸甚《こうじん》なるかな、至れるや。
歌いて以て志を詠ず。

東、ここ碣石の断崖にのぞみ、
大海原の彼方を見つつ物思う。
いかに満ち、いかに平らなるか。水よ。
そして——山島、その中にそそり立つ。
木々はむらがり生え、
百草ゆたかにしげる。
秋風の声ただひびき、
さかまく波は湧きたつ。
日や月は天をゆくに、
この大海原の、さ中からのぼる。
天の河のキラキラとかがやきわたる光も、
この海なる、母胎から生れる。
何たる、わたしの幸せよ。この大海の涯《きし》に至り、
わたしの志《こころざし》を歌う日に会うとは。　（古田訳）

「碣石」の現在地は、諸説ありますが、曹操と同時代の文穎《ぶんえい》注（漢書、武帝紀）によりますと、渤海にのぞむ遼西《りょうせい》郡絫《るい》県の地です。

曹操がこの詩を賦《ふ》していたころ、同じ「中国海」をはさんでその東南辺なる博多湾岸では、青春の日の卑弥呼がその海辺を遊歩していたことでしょう。

八ヶ岳山麓の縄文都市——諏訪の阿久遺跡

この（五十二年）十月十二日、わたしは夜行列車で信濃路へ急いだ。毎日新聞（九月二十二日・東京）がスクープした諏訪の阿久《あきゅう》遺跡現地の状況をこの目で確認したい。そう思ったのである。

常識を破る二つの根拠

「縄文人——ナゾの遺構」と題されたその記事は、あまりにも異様、あまりにも〝常識はずれ〟だった。その最たるものは縄文前期前半の住居址の「方形配列土壙《どこう》群」だ。一辺五メートルの正方形。その周縁に点々と穴があいており、「太い柱跡」らしい、という。小林達雄氏（文化庁文化財調査官）によれば〝公会堂〟のようなもので〝まつりごと〟用かもしれぬ、とのことだ。何しろ、こんな早い時期の「木造建築物」など従来の常識にない。次に、前期後半の層には「環状集石群」があり、その石は二十万個に達しよう、という。これも空前の規模だ。その壮観をわたしは、是非ともこの目で確かめたかったのである。

考古学者でないわたしが、これほどの執心をもったのは他でもない。昨年末以来のわたしの文献研究の中から、縄文人についての旧来の常識を大きく打ち破るイメージが生まれてきていたからだ。一言でいえば、縄文後期末（紀元前一一〇〇年ころ）に日本列島の縄文人が中国の王朝（周の初め）に貢献した。それを中国側は記録し、漢代・三国期と伝承していた。——そのように解するほかない始末になってきたのだった。

ことの発端は『論衡』の一節だ。一世紀後半、後漢の王充が書いた本である。次の一節だ。「周の時、天下太平、越裳《えっしょう》白雉《はくち》を献じ、倭人鬯草《ちょうそう》を貢す」（巻八、巻一九には「成王〈第二代〉の時」と記す）。けれども、日本の古代史学界では、これを史実とは見ず、史料としての信憑性を一切認めなかったのであった。例外的に「史料」として使用した一部の学者（江上波夫・井上秀雄氏等）も「〝江南の倭人〟であって、日本列島の倭人ではない」と論じた。けれどもわたしがその史料性格を厳密に検証したところ、右のような従来の常識は結局成立しがたいことが判明したのである。

その根拠。第一に、この一節は周王朝批判論の前提として用いられている。「周王朝は越裳（ベトナム）献上の白雉や倭人献上の鬯草《ちょうそう》（芳草入り神酒）を縁起物として愛用してきたが、にもかかわらず現に滅亡したではないか」と、後漢の合理主義の立場から批判したのである。倭人貢献は「読者（後漢のインテリ）周知の歴史知識」という形だ。第二に、建武中元二年（五七）、倭人が洛陽で「朝賀」し、光武帝から金印（志賀島出土）を授与されたとき、王充は三十一歳。洛陽の「太学」（光武帝創建）にいた。つまり王充や読者（当時のインテリ）にとって「倭人」とは「あの、この間金印を授与された倭人」というイメージ以外の何物でもなかったのである。とすると、「江南の倭人」などではなく、やはり「志賀島の倭人」と見なすほかはない――以上だ。これにともなって、有名な「楽浪海中に倭人有り」（漢書地理志）の一文についても、従来の学界の認識に重大な誤認があったことが疑いようもなく明白となってきたのである。

そこで今の問題はこうだ。〝縄文人に「貢献」などできるのか〟と。明治以降、形造られてきた縄文人のイメージは、いわば〝毛皮のパンツ〟の〝狩猟採集経済〟。「権力」以前、「国家」以前だ。そんな連中に「貢献」など、とても。これが常識だった。

先入観の書き改めへ

ところがこの記事を書かれた本間さん（毎日新聞諏訪通信部長）の御案内によって、今わたしの眼前にひろがった大光景。まがうこともなき縄文前期前半の時点をしめす関山《せきやま》式土器をもつ住居址だ。それがまるで団地のように連結し、ひろがっている。その中に問題の五メートル平方が六つもある（注・当時点）。〝動物を飼う柵〟〝食料貯蔵所〟などというアイデアもあったが、どうもピッタリしない。やはり一種の「木造建築物の柱跡」という可能性も高いようだ──その判定はいま急がないとしても、確かなこと、それはこの一画がこの団地群の住民にとっての「共同施設」だ、という一事だ。明らかにここの住民たちは緊密な共同生活を営んでいたのである。しかも、住居址におびただしく出土する、鏃《やじり》等の黒曜石製品。大きな朱（丹土《はに》か）の塊。縄文中期などと異なり、この「前期前半」という時点では、それらがいかに抜群の〝富と武力〟の証跡であるか。それをわたしは疑うことができない。偶然一緒になった慶大の江坂輝弥氏（縄文の専門家）も、しきりに「例がない」という言葉をくりかえしておられたのが印象的だった。

次に「前期後半」の諸磯《もろいそ》土器の時点の「環状集石群」。その壮大な拡がりには驚歎するほかなかった。少し離れた所にある同時期の住居址。この住民たちによって、この八ヶ岳山麓の広大な集石の「聖地」の上でとり行われた共同の儀式。諏訪湖畔に拡がる諸磯期の全住民がここに集い来ったのであろうか。それは想像するだに〝そら恐ろしい〟ほどの光景だ。しかし、今はいたずらに想像の翼をくりひろげるのを止めよう。未だ発掘はほんの途中、中央道縦貫ルートとぶつかった一部分だけなのであるから。これは九州とは異なる中部の例だ。だが、わたしたちの従来抱いてきた縄文人への先入観は大きく書き改められるだろう。それだけはすでに明らかなのである。

アメリカ大陸への伝播という見地から日本の縄文人に注目してきた、あのアメリカの考古学者たち

（古田訳著『倭人も太平洋を渡った』創世記刊参照）が、この壮麗な遺跡群を知ったら、何と言うであろうか。やがて著しい関心が集中されるときが来るであろう。わたしは、再び夜行列車に乗って、いま眼前に見た壮大な光景を反芻《はんすう》しながら、一つの言葉を脳裏に浮かべていた――いわく「縄文都市」。

最後に国と長野県教育委員会によって、この遺跡が永久保存されることを切望したい。

おわりに

語りたいものを語り終えた――わたしは今、その喜びの中にいます。それは果実のように言葉の籠《かご》の中からあふれ（この本の中に盛りこまれたのは、わずかに半分あまりなのですが）、昨年の秋からこの冬まで、わたしは充実した収穫の日々にいました。

その日々の中で、わたしの目をひきつけた二つの新聞記事があります。

その一つ。「夏王朝の遺跡発見」という短い記事です（昭和五十三年一月二十九日、朝日・読売新聞）。『中国古代の伝説の帝王「禹《う》」の開いた夏王朝（紀元前二十一―十六世紀）の文化を解明する有力な手掛かりが見つかった』という書き出しで、二十七日の光明日報（中国）の報道を伝えています。ところは河南《かなん》省登封《とうふう》県告成鎮《こくせいちん》付近。あの「禹県《うけん》」と名づけられた土地からほど遠からぬところ。洛陽の東南です。

やがて詳報がもたらされることと思いますが、かつて架空説に立つ学界の手によって葬り去られていた古代王朝はよみがえり、『史記』『漢書』の記事が虚偽でなかったことを実証しつつあるようです。しかも、この古代文明の発祥に先立つこと、八千年。すでに〝世界最古級の土器文明〟が日本列島に誕生していました。こう考えてみると「中国海」をはさむ両者の早くからの交渉、それはむしろ必然の現象だと言えましょう。

昨年から今年にかけて、わたしがドキドキしながら発見してきたこと、それらはやがて万人の常識となる日が来るでしょう——わたしはそれを信じます。

その二つ。このほうは、一見古代史とは縁がなさそうな記事ですが、東京の衛星都市の一つでの事件。六歳の自閉症児が道に迷って歩き疲れ、くるぶし付近まで水につかった様子で、工場の跡地で凍死していたというのです（昭和五十三年二月五日、朝日新聞）。

この記事は、なぜかわたしにあの『三国志』の一節を思い起こさせました。東沃沮《よくそ》の海岸に流れつき、〝食わずして死んだ〟というシャム双生児の運命を。三世紀から二十世紀まで、一条のかすかな線がつづいている。わたしにはそのように感じられたのです。

荒波に流されゆく不幸な葦舟《あしぶね》。それはわたしの観測基点のすえられている場所です。そこから見える古代日本丸の航跡図を正確にしるしとどめる。それがわたしの願いでした——葦舟がきりはなされることのない、未来の日々のために。

この本を書き終えた今、海の彼方から新しい太陽がのぼってきます。たったひとりの考古学への挑戦。わたしは求めゆくときめきの中で、まぶしく光のあふれる暁を迎えようとしています。

昭和五十三年四月七日

著　者

解説にかえて

夢は地球をかけめぐる――小松左京さんと語る

司会　田澤雄三
市川　端

小松　「今度の本は、ほんとに東アジア古代史の謎の一番チャーミングなところを全部、古田さんにさらわれちゃった、という感じですね」

古田　「いや、いや。わたしこそ、小松さんの小説「東海の島」（『最後の隠密』立風書房所収）というのを見せていただいて、びっくりしました。殷《いん》末の中国人が山東半島から倭人たちの島に向う、という発想で、あんなに早く書いておられたとは、全く知りませんでした。どこからあんな発想をえられたのですか」

小松　「いいえ、とんでもない。あれはちょうど、古田さんも目をつけられた、あのエバンズの論文ですね。南米のエクアドルから出土したのが、日本の縄文土器じゃないかという話。あれをアメリカのレポートで読んだんです。それが頭にあったんです。もう一つは、殷王朝を建てた有娀《ゆうじゅう》氏ってのは、山東近くの出で、あの近辺にはあれだけの文明があったわけです。あの琅邪《ろうや》県（山東省、諸城県の東南）なんてのは、大変面白そうなところですね。南の方からも戦国時代の呉が一時進出してきたりしていますから、まあ、紀元前千数百年のころに日本の方へ渡ってくる航海術が中国にないとは、ちょっと考えられなかったんで、ああいう発想になったわけです。あとはもう、ほんとにわたしの妄想でして」

古田　「〝すぐれた詩的直観は、学問研究に先行する〟という言葉がありますが、本当ですね。そういうことをつくづく感じたですよ」

小松　「いや、いや、とんでもない。そんなことといわれると帰ります」（笑）

古田　「わたしの所は、子供や妻が小松さんのファンでしてね。小松さんの青春記なんか喜んで読んでいたんですよ。ところが、今度はわたしがあの小説を見て、びっくりして。ぜひ、小松さんとゆっくりお話したいなあ、と思ったわけです」

小松　「古い話だと、みんなあぶながって、ひとまとめにされてふせてしまってるんですが、その中でたとえば、例の上記《うえつふみ》なんか。あれを公開して今の立場で本気で学問的にとりくんだら、面白いでしょうね」

古田　「面白いですね。歴史学の立場から取り組むべき本ですよ、ね。最低限言って、室町前後の思想史上の史料であることにはまちがいないんですからね。そこからさらにどこまでさかのぼれるか、それを追求していきましたら、ね。それを、歴史学者はあぶながって手を出さない。一方の、手を出す人は、大いに出してるんですけど」

小松　「ええ、ですけれど、そちらのほうはなかなか厳密な学問的手続きとつながらない。想像力のほうが先に走っちゃう、というところがあるみたいですね」

古田　「そう、〝不幸な分離〟が存在している、といった感じですね」

小松　「それと、これも将来どうなるか分らない、という感じもするんですが、例の神代《しんだい》文字の問題もからんできそうですね。あれも面白いと思うんですが」

古田　「ええ、面白いですよ。わたしなんかも将来、時間があればやりたいという気もあるんですが、もしやるなら、まず紙などの検査ですね。顕微鏡写真なんかも必要かもしれませんし、それから筆跡の検査ですね。そういう基礎手続き。これは歴史学なら必ず要るわけですが、この場合は普通でやるより何層倍も厳密にやってゆく、という用意がいると思いますね」

小松　「そうですね。写本の時期とその成立のいきさつが分ればいいですね。それと考古学的遺跡との対応がついてくれば、ますます面白いんですが。

それと、わたし、古田さんさすがだな、と膝《ひざ》を打ったのは、例の太宰府《だざいふ》ですね。あれを誰かやらないかな、と思っていたら、ちゃんと今度おやりになっていますね」

古田　「地名から判断して歴史的理解に到達する、というやり方には、なかなか危険な場合が多いんですが、この太宰府や九州のケースは、ちょうど中国側の史書と対応していたために、手がかりがえられたわけですね」

小松　「もう一つ。あの〝中国《なかつくに》〟のことですけど。日本のことを本気でそう呼びだしたのは、意外に新しいようですね。どうも、しらべてみると、山鹿素行《やまがそこう》あたりですね。それをまた本居宣長あたりが古来から日本のことだったとはっきりきめてしまった。もっとも記紀（古事記・日本書紀）に書いてあることはありますが。要するに〝中国《なかつくに》〟とか〝天子〟とか言うのは、もともとは中国だけの概念だったんでしょうね」

古田　「見馴れている言葉の中から、まだいろいろの問題が出てきそうですよ」

小松　「そうですねえ。そういう論証をやっといた上で、また発掘をかけてみますと面白いでしょうね。文献の方から、そういうイマジネーションがふくらんでいないと、発掘して出てきても、ポイと横にほうり出しておく、ということがこれまでに時々あったようですな」

古田　「そう思いますね。考古学の報告書を読んでみますと、従来紹介されているのは、その中でむしろまともな方の要素です。つまり一般の通念にあう方はよくとりあげられ、考古学関係の本なんかでも紹介されます。ところが反面、一般の通念にあわない、異分子というか、何か変なものも、時に出てきているんですよ、ね。ところがそういう方は、ほうり出されたまま、あまりとりあげられていない。しかし、その中にとても面白い問題がひそんでいる、という場合があるんではないか。そう思うことがよくあります」

小松　「これは有名な話なんですが、ヨーロッパの先史学が基礎になって、日本に移されたとき、それまでの発見と対比してみて、どうも日本には旧石器がない、ということが大前提になっちゃった。だから相沢（忠洋）さんみたいなアマチュアが岩宿《いわじゅく》で見つけ出さないと、学者にはみんな見えなくなって、あえて探そうとしなかった。例の明石原人なんかも、そうですね。直良《なおら》（信夫）さんがあれだけハッキリ指摘してたのに、学界のほうは、〝学問の枠《わく》〟があるから、それにはずれたやつはインチキだ、ということにしてしまった。えてして、そういうことになりかねないんですね」

古田　「ああ、今度直良さんの伝記が聞き書きの形で出ましたね。あれはいいものですね（高橋徹『明石原人の発見――聞き書き・直良信夫伝――』朝日新聞社）。ああいう形でよくまとめておいてくれた、という感じがします」

小松　「本当にそうです。高橋さん、いいものを書かれましたね」

古田　「孔子が〝中国で道が行われないなら、由《ゆう》（子路。孔子の弟子）よ、一緒に桴《いかだ》に乗って海に浮かんで東夷《とうい》の国へ行こうか〟と言いますよ、ね。論語の有名なくだりですが、あれなども、わたしのような素人《しろうと》が見たら、当然島に住む東夷、つまり倭人のことなんかが頭に浮かぶんですが、かえって現代の論語学者の方が、そう見ようとしないんですね。朝鮮半島どまりだ、というわけで。やはり〝学問の枠〟かもしれませんね」

小松「そうですね。わたしも、もし中国へ行くんだったら山東半島へ行ってみたい、と前から思っていたんです。孔子は魯ですけど、やはり東のほうです。黒陶がずいぶん出てますから、古くからの黒陶文明の地ですね。殷も山東の青県あたりから出てきています。のちに周や秦が山西や陝西《せんせい》あたりから出てくるより、ズッと前から開けていたんじゃないかと思いますよ。あそこらへんは、インテリがようよ出てくるところで、ズッとさがりますが、三国期の諸葛孔明の諸葛氏だって、山東の諸県から出てありましょう。山東半島っていうのは、絹も早くから有名ですし、日本からも行きやすいし、来やすいだろう、という感じですね。琅邪県なども、一時造船のセンターになっていたようですが、これも伝統はかなり古いらしいです。だから孔子が〝海に浮びたい〟と言ったとき、彼の頭の中にかなり土地カンがあったんじゃないか、そういう気がするんです。やっぱり山の奥から出てきて内陸を支配した連中とは、かなりちがうように感じられます。

山東半島というのは、北は渤海に面し、海の向うには、蜃気楼が見えるのかもしれませんが、たしか長山列島というのが朝鮮半島の北の方に出てますし、真北は遼東半島に近いし、ちょっと南へ来ると、朝鮮半島の、昔百済のあった、全羅《ぜんら》南道あたりには簡単に行けるようです。ひょいと手をのばせば、済《さい》州《しゅう》島にも行くし、対馬にも行くし、北九州にも行くという土地でしょう。で、わたしとしてはあそこらへんが一番面白いんですよ」

古田「ああ、それで思いつきました。例の孔子が桴《いかだ》の話のあとで、〝由よ、お前なら、勇気があるから一緒に行ってくれるだろうな〟と言ってから、『材を取るなけん』とからかって言うんです。つまり、

〝お前には桴の材木を調達する能力はないよ、なあ〟というわけです。あれは孔子が子路の出身地などを知っていて、〝お前には駄目だね〟と言っているのかもしれませんね。逆に言うと、山東半島の海岸部のどこどこの人間なら、桴作りはお得意だが、といった実際の知識がバックになっているのかもしれませんね」

小松　「それは面白いですね」

古田　「それに、孔子は言っていますね。〝自分は生れがいやしいから何でも知っているんだ〟と。すると、山東半島の漁民などの生活感覚に通じるものがあったのかもしれませんね」

小松　「そうですね。それに中国の海岸部の、山東半島から江南までの人たちは、中原《ちゅうげん》で駄目だったら、東の海上に出てしまおう、という感覚がズーッとつづいているんじゃないか、と思います、ね」

古田　「『山海経《せんがいきょう》』とか『淮南子《えなんじ》』。ああいった中国の古い書物の中に奇々怪々な話がたくさん出てきますね。あれらの素材がどこにあるか、というのは、もう今ではなかなかたぐりにくいですけれども、もしたぐれたら、案外、この〝中国海〟周辺文明圏の各地で生れた説話や伝承がここに入りこんでいるのではないか、と思いますね。

われわれは、巨大な中国文明から片ほとりの日本などが受けた影響、という方向にばかり目を奪われ勝ちです。それはもちろん大切なことですけど、反面から言うと、中国文明自体も、何も周辺の諸文明から孤立してひとりぼっちで存在しているわけではないのですから、周辺の、後世彼らの言う、いわゆる〝夷蛮〟の地の、はるか古代の諸文明をたくさんふくみこんで、それらを栄養としながら、大きく生育していったのではないか、と思います」

小松　「彼らには、さっき言った、南へ、あるいは東へ、といった亡命感覚がズーッとあるようですね」

古田　「百越《ひゃくえつ》というのがありますね。江南から福建・広東あたりにまたがっていた、一種の海洋民族を指した言葉のようですが」

小松　「日本で中国のことを、唐土と書いて〝もろこし〟と読ませるでしょう。あれは『諸越《しょえつ》』を〝もろこし〟と呼んでいるんだそうです。日本の中国感覚はかなり南のほうにパネルがあっている、という感じですね」

古田　「なるほど」

小松　「中国海があって、南海があって、あのあたりにも、一つ、コースがあるようですね。
　秦の始皇帝がのぼった鄒嶧《すうえき》山（山東省鄒県の東南）というのはどこだったかな。泰《たい》山（山東省泰安県の北）にものぼった、というが。碑がありますね。あれは海は見えないかな。五〇〇メートルくらいですから」

古田　「会稽《かいけい》山（北浙江《せっこう》省紹興《しょうこう》県の東南。また山東省日照県の北にも同名の山がある）というのは、どうですかね。海はどのくらい見えますかね」

小松　「いや、その辺、中国を自由に歩かしてもらえたら、ぜひ行きたいところですね」

古田　「わたしも小松さんについて行きましょうか」

小松　「山東あたりへも、ぜひ行きたいですね」

古田　「ええ」

小松　「王充の『論衡』についてですが、漢というのは、革命で権力を奪取して実力で行こう、というやり方ですから、周の王室の迷信墨守《ぼくしゅ》を批判しよう、という論者が出てくるのは、分りますね」

古田　「中国というのは、古くからもう、いろんな思想段階を経てきているんだなあ、と感心するんですが、たとえば『三国志』を読んだとき、びっくりしたことがあるんですよ。

文帝紀に魏《ぎ》の文帝の詔勅《しょうちょく》が出ているんですが、そこで『古より今に及ぶに、未だ亡びざるの国有らず。亦《また》、掘られざるの墓無きなり』という言葉が出てくるんです。すべての国家は有限であり、どんな神聖な権威にも亡び去る日が来る、という思想ですね。それが孔子みたいなインテリが言うのならまだしも、天子の詔勅でズバリ言い切っているんですから、驚きますね」

小松「そこらへんのわりきり方は、たいしたもんですね。話が変りますけど、わたし、この間ギリシアのクレタ島へ行ってきたんです。エーゲ海で今から三千五百年くらい前に爆発した島が見つかりまして、ギリシアの学者が発掘して、その一人があれがアトランチス伝説（プラトンの作品に現われる伝説上の楽土。一日一夜のうちに海底に没したという）のもとじゃないか、と言いだしたんです。サントリーニーという島ですが、すごい都市があったんです。そこへBC一五〇〇年頃水爆七千発分くらいの大火山爆発がありまして中心部が海没しちゃうんです。この事件がもとになってアトランチスの話ができたんではないか、というわけです。ところが、島の大きさがあわないんです。例のプラトンの著述（『ティマイオス』と『クリティアス』）――プラトンは、おじいさんのソロンがサイス王朝の神官に聞いた話をまた聞きした形で書いたんですが、――その話に出てくる大陸とスケールがあわない。ところが、島のスケール叙述のうち、千以上の単位を十分の一にすると、ピタッとあう、というんですよ」

古田「いや、あの辺は面白いですねえ。わたしなんかもやりたいと思うんですが、とてもあそこまで研究に行けませんから、もっと若い人がとりくんでくれると、うれしいと思いますよ」

小松「全く、あの辺の話は面白すぎましてねえ。わたしも一応、メイバーという海洋学者のまとめた『アトランティスへの旅』という本の紹介だけはしといたんですが」

古田　「そういう小松さんの本を読んで、若い人が、よし、おれがやるぞ、と決心してくれたらいいんですがねえ。わたしも青年時代、戦後間もない頃ですが、『死海写本』（一九四七年以来、数回にわたって死海北岸のクムランその他の洞窟から発見された古写本。紀元前一二五—後六八年の、イザヤ書など聖書の断片を含む。〈広辞苑〉）の発見が伝えられたのをニュースとして聞いて、ドキドキしましてねえ。イエスをとりまく原初的宗教性の時代の史料として、文献批判をしてみたい、と思っていたんですが、戦争直後ですから、とても現地へ行くこともできない。そこで同じく原初的宗教性をもったものとして、親鸞にとりくんだ。そういう思い出があります。ですから、あの辺の文献をやれたら、面白いだろう、と思いますねえ」

小松　「先史学といえば、このごろ、アメリカのほうでも、おかしいことが出てきましてねえ。コロンブス以前に、ヨーロッパからアメリカ大陸へ来ていた連中の話です。例のレイフ・エリクソンというやつがノルマンで十一世紀に来ていたと言うんですが、今度はそのはるか前に、ケルト人がたくさん来ていた、ということが言われ出しているんです。大体、紀元前五世紀くらいから来ている。ところがゴール地方にいたケルトがフェニキアのカルタゴにおさえられましてね。フェニキア人もやって来た、という。——これは北米の東部から中部にかけて碑文がいっぱい出てくるんです。今までは後世のいたずらだろうと思って、ほっぽらかしていたんだそうです。ところがニュージーランドの海洋生物学者で、バリイ・フェルという人がいましてね、ニューギニアの洞窟の中で石壁に奇妙な文字が連ねられている。それを見つけてしらべてゆくうちに古代リビア語だということが分ったんです。それから興味をもって彼は古代ケルト語の文字も調べる。オガム文字というんですが、北アメリカで見つかっていた碑文石板をそれで読んだら読めたという。今まで、〝インディアン〟がいたずら書きでもやったんだろう、あるいは十六世紀以後のいたずらだろうと、ハーバードの考古学博物館にずっとおっぽらかしておかれていたのが、全部古代ケルト語（オガム文字）だということが分ってきて、それを読むと、何とあのカルタゴの有名なハンノが、アメリカ大陸に領地をもっていた、ということも分ってきたんだそうです。その連中が海岸だけじゃなくて、リオグランデといいますから、テキサスとメキシコの間まで来ているんです。またアイオワのダベンポートという所で、古代エジプト語とリビア語とケルト語の三文字が対照された、ちょうどロゼッタ・ストーンみたいなのが見つかった。それで今、アメリカの先史学は、急速に変わりつつある、というんですよ。もちろん、反論はありますけど、少なくとも大西洋側の大陸間交渉は相当さかのぼれそうですね。

のちのバイキングは、北のほうからハドソン湾へ入ってきたんですが、このケルトの方は、ずっと南の方へ来ていたらしい。各地に点々と発見されているんです。毛皮貿易をやっていて、ローマがカルタゴを第二ポエニ戦役でつぶしたあと、毛皮をおさえようとしてゴール地方を探してみたが、何もない。だから、ゴールというのは、『アメリカ』の隠語だったんだろう、という話もある」

司会「それは一方通行じゃなくて、行き来があったんですか」

小松「ええ、行き来があったんです。ケルトがカルタゴへ行くのと共にアメリカ大陸へ往復していたんだろう、というんです。当然、ここに船の問題も出てくるわけです」

古田「わたしにちょっとした経験があるんです。昭和二十三年頃、わたしが大学を出てすぐ、信州の松本の深志《ふかし》高校で教師になったとき、世界史をもたされたんですね。ところが、教科書、いや指導要領でしたか、そこに〝アメリカのインディアン〟は、〝アジアのモンゴリアンがベーリング海峡を渡って行ったものだ〟と書いてあったんです。わたし、びっくりしましてね。戦前の教科書では、そんなこと全く出てきていませんでしたから。そこで他の先生に聞いてみたんですが、誰も、よく分らん、というわけです。そこでまあ、仕方がない。一応その通りにしゃべって、〝自分には分らんが〟と言ったのです。

ところが、今度翻訳した本（『倭人も太平洋を渡った』）を読んでゆくと、この問題が焦点になっているんですね。しかし、この、かつての新説たるベーリング海峡通過説が、今や旧説として猛烈に攻撃されているんです。その海峡の前後の先史遺跡が、アメリカ大陸内部、ことに南の方の先史遺跡より古いか、というと、全然そんなことはない。全然遺跡の新古といった実証からでなく、ただ机の上で考えただけの従来説は駄目だ、というわけです。そんなシベリアからアラスカを越える超・大陸行をするより、人間には海を渡る力があるんだ、というわけですね。それが原題の『海を渡る人間』（〝Man across the Sea〟）という言葉にあらわされた根本思想なんですね」

小松　「もう一つ、わたしに関心のあるのは稲の問題ですね。稲作の渡来が政治的事件と関係がないかどうか、ということです。直良さんなんかも昔から言っているように、陸稲は、縄文からあった、とわたしは思います。しかし水田稲作になると、相当水田管理の技術が必要です。その点、秦の始皇帝が呉・越をガッチリおさえたのとの関係がないかどうか、という問題ですね。

江南でも、えらいことになってきたみたいで、紀元前五〇〇〇年くらいの水稲遺跡が出てきた、というニュースがあります。これはもう、メチャクチャに古い。もっと詳細な報告がなければ、何とも断定できないと、中尾佐助先生などおっしゃっていますけどね。いずれにしても、水田稲作が南朝鮮と北九州に現われてくるのは紀元前、三世紀ぐらいですか。ところが福建の向いの台湾に入ってゆくのは十五世紀なんですね。単なる伝播だったら、ちょっとおかしいですよね。とすると、南朝鮮から日本などの場合のような、比較的唐突な出現に対してその橋を渡すような、何か、事件があったのじゃないか、という問題もあります」

古田「なるほど。それとはちょっとはなれますが、わたしはあの倭人の周代貢献の問題で考えたんです。従来は稲の渡来というと、何か〝人間が稲をもってきた〟という風に、政治関係抜きで考えていますよね。しかし少なくとも向う側が未開状態ならともかく、ちゃんとした国家も権力もあるわけですから、〝おれは政治はきらいだ。稲だけくれ〟と言って通るものじゃありませんよ、ね。当然、『山海経』の〝倭は燕《えん》に属す〟といった、貢献の政治関係が存在してこそ、そのバックのもとに、いわゆる稲の渡来も考えるべきじゃないか。それなら、たとえ倭人が江南へ行ったとしても、〝ああ、あの燕を通じて周王朝に貢献している倭人か〟というわけで、海賊扱いされないわけですからね」

司会「木原さんの麦の渡来は、純粋に生物学的な渡来なんですか」

小松「そうでしょうね」

古田「生物学的にやられるのは、それはそれで大変結構なことですけれども、それを歴史の問題として考える場合には、別の政治的その他の中間項を入れて考えてみなければいけない。そういうことじゃないでしょうか。

それから今度、気がついたんですが、倭人の周代貢献というテーマが、なぜ従来うけ入れられなかったか、これを考えてみたんです。すると、例の『国家・権力は弥生から。縄文に国家・権力なし』という、今では教科書にも出ている有名なテーマ。あれが、案外〝学問の枠〟として影響していたんじゃないか、と思いついたのです。これには広い意味でのマルクシズムの歴史観の影響があるのではないかと思うのです。マルクスの『国家と権力は、かつてこの地上に誕生した。それゆえやがて死滅してゆくのだ』という思想。すばらしい仮説だ、と思いますね。わたしは人類史上に現われた思想的な探究者の一人として、マルクスはすばらしいと思っています。ただ、それは科学としての仮説ですから、本当にそれが真理であるかどうか、検証されねばならないことは、当然です。そしてもう一つ。もしその仮説が正しいとしても、それを日本の歴史にあてはめる場合、どこにどうあてはめるか、という問題がありますね。その点、戦前から戦後にかけての時期の、縄文と弥生というものに対する先入観、いいかえれば〝まだ未熟な認識〟と結びついて、さっきのテーマが生れたのではないか。そういう疑いをわたしはもっているのです。

少なくとも、この周代貢献問題とか、アメリカ大陸への縄文人渡来問題、また最近の、日本の縄文前期の大遺構の発見（八ヶ岳山麓の縄文都市）など、あのマルクスが生きていたら、目を輝かせて研究したと思いますね。人間本来の好奇心にあふれて、新しい情報を大英博物館などで集めていた人のようですから」

小松　「ペルシア人やローマ人が呉まで来ていた、などというのも、面白すぎる話なのに、今までその意味を注目せずに来ましたね」

古田　「ああ、この間、一緒に（時代背景など）やらせていただいた、東宝の映画〝女王卑弥呼〟の問題ですね。あのストーリーにも、ペルシア人が瀬戸内海辺の狗奴国《こうぬ》に出現する、というのがあってビックリしました。あれも、そこから思いつかれたのですか」

小松　「そうです。三世紀には呉まで来ていたんですよ。そこで狗奴国は、卑弥呼の倭国が魏と結んだのに対抗して、呉と通交していたのではないか。こう考えてみたわけです」

古田　「アメリカ大陸からペルシアと、まさに全地球的な視点から日本の古代史に、実証から想像へ、想像から実証へと、光を当て直す時代がついにやってきた。そういう感じですね」

〈対談後記——古田〉

この対談が行われたのは一九七七年十月六日。二時間の予定が二倍近く伸びても、いつ尽きるとも知らず、楽しい大阪の一夕でした。

テープをまとめるとき、紙数の関係で全部とはいかず、面白い数々の話が後日の機会にまわされることとなりました。この対談のとき、まだわたしの原稿は稿了してはいなかったのですが、論証の内容を、当日、小松さんにお話しながらの対談でした。

今ふりかえってみて、驚くことがあります。わたしが『漢書《かんじょ》』の司馬相如《しょうじょ》伝に斉《せい》（山東半島）を中心とする倭国描写のあることを発見したのは、今年（一九七八）の一月、この原稿の終り間近でした（第四章参照）。ところが、このテープを聞いてゆくと、なんと、小松さんがまざまざと、語っておられるではありませんか。——この山東半島中心の「中国海」俯瞰図、それが北九州にたやすく及ぶべきことを。このへんの口吻《こうふん》、そのユーモアの軽妙さ、広大な語り口。いずれが烏有《うゆう》先生、いずれが左京先生か、と見まがうばかり。まさに現代の相如なるかな、と感歎した次第です。ここでもまさに〝詩的直観が学問的認識に先行した〟のを見たのです。この対談の行間に、両人の呵々《かか》大笑の声がひそんでいることを感じとっていただければ、幸甚《こうじん》です。

《著者紹介》

古田武彦（ふるた・たけひこ）

1926年　福島県生まれ。

旧制広島高校を経て，東北大学法文学部日本思想史科において村岡典嗣に学ぶ。

長野県松本深志高校教諭，神戸森高校講師，神戸市立湊川高校，京都市立洛陽高校教諭を経て，
1980年　龍谷大学講師。

1984～96年　昭和薬科大学教授。

2015年　歿。

著　作　『「邪馬台国」はなかった――解読された倭人伝の謎』朝日新聞社，1971年（朝日文庫，1992年）。

『失われた九州王朝――天皇家以前の古代史』朝日新聞社，1973年（朝日文庫，1993年）。

『盗まれた神話――記・紀の秘密』朝日新聞社，1975年（朝日文庫，1993年）。

『古田武彦著作集　親鸞・思想史研究編』全３巻，明石書店，2002年。

『俾弥呼――鬼道に事え，見る有る者少なし』ミネルヴァ書房，2011年。

『真実に悔いなし――親鸞から俾弥呼へ 日本史の謎を解読して』ミネルヴァ書房，2013年。

シリーズ「古田武彦・歴史への探究」ミネルヴァ書房，2013年～，ほか多数。

古田武彦・古代史コレクション㉕
邪馬一国への道標

2016年１月25日　初版第１刷発行　〈検印省略〉

定価はカバーに
表示しています

著　者　古　田　武　彦
発行者　杉　田　啓　三
印刷者　江　戸　孝　典

発行所　株式会社　ミネルヴァ書房
607-8494 京都市山科区日ノ岡堤谷町１
電話代表（075）581-5191
振替口座 01020-0-8076

　共同印刷工業・兼文堂

ISBN978-4-623-06672-8
Printed in Japan

人名索引

あ 行

か 行

さ　行

た　行

な　行

は　行

ま　行

や　行

ら・わ行

事項索引

さ　行

た　行

な　行

は　行

ま・や行

ら　行

わ　行

地名索引

あ 行

か 行

さ 行

た・な行

は・ま行

や　行

ら・わ行